高职高专“十二五”规划教材

國學概說

主编 夏 华

北京航空航天大学出版社

内容简介

本书融历史性、知识性为一体，运用史料，以通俗易懂的语言，厘清国学文化发展的基本脉络，并力图导正由于种种原因而导致的对中国传统文化的误读，使读者在轻松的氛围中加深对祖国灿烂文化的了解。本书可以作为普通高校的通识读本。

图书在版编目（CIP）数据

国学概说 / 夏华主编 . -- 北京 ：北京航空航天大学出版社，2012.8

ISBN 978-7-5124-0793-0

Ⅰ . ①国… Ⅱ . ①夏… Ⅲ . ①国学 - 基本知识 Ⅳ . ① Z126

中国版本图书馆 CIP 数据核字（2012）第 075868 号

国学概说

主编 夏 华

责任编辑 谢作涛

*

北京航空航天大学出版社出版发行

北京市海淀区学院路 37 号(邮编 100191) http://www.buaapress.com.cn

发行部电话:(010)82317024 传真:(010)82328026

读者信箱: goodtextbook@126.com 邮购电话:(010)82316936

北京建宏印刷有限公司印装 各地书店经销

*

开本: 710×1000 1/16 印张: 16.5 字数: 305 千字

2012 年 8 月第 1 版 2022 年 10 月第 6 次印刷

ISBN 978-7-5124-0793-0 定价: 59.00 元

若本书有倒页、脱页、缺页等印装质量问题，请与本社发行部联系调换。联系电话:(010)82317024

序

“国学”一词最早见于《周礼·春官·乐师》:“乐师掌国学之政，以教国子小舞。”《礼记·学记》也说:“古之教者，家有塾，党有庠，术有序，国有学。”“国学”本义是国家级的贵族子弟学校，从周朝开始，已有几千年历史，几千年来伴随着王朝更迭，国学逐步由小学演变为高等学府，到了清末，国学成为国家最高层次的学校。优秀的庶民子弟也可进入国学，经过考试，量才授官。

而今天我们所讲的“国学”，指的是对中国传统文化进行综合性研究的“学问”和“学术”，它可以划分为义理、考据、辞章、经世等四个门类。相对于“新学”，“国学”指“旧学”；相对于“西学”，“国学”指“中学”。它兴起于20世纪初，大盛于20世纪20年代，“文化大革命”期间停滞，后来逐渐恢复，20世纪80年代有“寻根热”，90年代有“国学热”。

但关于“国学”概念，一直以来就没有一个权威的统一的界定和说法。胡适说:“中国的一切过去的文化历史，都是我们的‘国故’；研究这一切过去的历史文化的学问，就是‘国故学’，省称为‘国学’。”章太炎在其《国学概论》中讲:“国学之本体是经史非神话、经典诸子非宗教、历史非小说传奇；治国学之方法为辨书记的真伪、通小说、明地理、知古今人情的变迁及辨文学应用。”国粹派邓实认为:“国学者何？一国所有之学也。有地人生其上，因以成国焉，有其国者有其学，学也者，学其一国之学以为国用，而自治其一国也。”原中国人民大学校长纪宝成指出:“国学可以理解为是参照西方学术对以儒学为主体的中华传统文化与学术进行研究和阐释的一门学问。它有广义与狭义之分。广义的国学，即胡适所说的‘中国的一切过去的历史文化’，思想、学术、文学艺术、数术方技均包括其中；狭义的国学，则主要指意识形态层面的传统思想文化，它是国学的核心内涵，是国学本质属性的集中体现，也是我们今天所要认识并抽象继承、积极弘扬的重点之所在。”相比较而言，纪先生的阐释更全面、更准确。

进入21世纪，随着改革开放的深入、社会的不断发展，各种思潮涌动，观念庞杂，人们的物质文化生活日益丰富，而精神生活相对匮乏。当代青年人对中国古老的文明和优秀传统文化了解不深不透，甚至知之甚少，这对于国家的发展和民族的振兴是相当不利的，也是十分危险的。邓实说："国学者，与有国而俱来，因乎地理，根之民性，而不可须臾离也。君子生是国，则通是学，知爱其国，无不知爱其学也。"党的十七届六中全会提出了文化强国战略，并强调指出"文化是民族的血脉，是人民的精神家园"。为了进一步弘扬中华民族优秀的传统文化，提升大学生的道德水准、文化素养和文化自觉，克服文化自卑，增加文化自信，增强民族的凝聚力和向心力，我们学院开设了《国学》选修课程，但又一直苦于没有一个合适的教材，于是在总结前人成果的基础上，结合教学需要和学生实际，编写了《国学概说》一书。

本书的编写，以时间为主线，以义理之学为重点，融历史事件与国学知识为一体，突出知识性、历史性，兼顾生动性、趣味性和可读性，运用丰富翔实的史料，以通俗易懂的语言，厘清国学文化发展的基本脉络，并力图导正由于种种原因而导致的对中国传统文化的误读，使读者在轻松的氛围中加深对祖国灿烂文化的了解。本书既可作为普通高校的教材，也可作为普通读者的通识读本。

本书的书名由中国书法家协会理事兼学术委员会委员、中国当代著名书法家、教授、博士生导师叶培贵先生题写，在此表示诚挚的谢意。

由于能力和水平有限，书中疏漏和不足之处，敬请各位读者和专家指正，我们将虚心接受批评，广泛听取各方面的意见和建议，并予以不断修改完善。

夏　华

2012年7月于成都

前 言

什么是国学？目前并没有统一的权威解释。“国学”的存在虽然已经有数千年的历史，但国学概念的出现却是20世纪初期的事。那时西学东渐，文化转型，“国学”概念是与“西学”相对应而产生的。

国学大师季羡林先生曾对国学做过一个简明的定义：“什么是‘国学’呢？简单地说，‘国’就是中国，‘国学’就是中国的学问，传统文化就是国学。”他还提出了“大国学”的概念，认为国内各地域文化和56个民族的文化，都应包括在“国学”的范围之内，五术六艺、诸子百家之学，都可称为“国学”。

先秦时期的百家争鸣，其实大致是道、墨、儒、法、兵、名、农、杂、阴阳、小说、纵横这十一家学说的先后涌现，其中最流行的是道家学说，它主要探究宇宙本源、世界法则、历史经验，后来又从中派生出阴阳家、小说家、法家、兵家等，当时的名家、农家、杂家与纵横家，也都在较大程度上受到道家的影响。

秦始皇统一六国后，奉行法家学说。两汉时期，特别是从汉武帝开始，盛行儒家经学，汉初占主流地位的道家学说逐渐被儒家学说取代。后来，儒家经学一直延续到清末，直到五四新文化运动才告终结。

魏晋时期流行玄学，道家与儒家爆发了本末之辨，但玄学并没能取代经学，而是与经学并行。

南北朝时期，般若学一度大出风头。“般若”是梵语的译音，意为超越世间、了解一切事物的智慧，也即中国化的佛学。这一历史阶段，佛教的一些代表人物曾与道家学派发生多次论争，至隋唐时期，佛学达到鼎盛阶段。尽管如此，佛学始终没有逾越儒学的正统地位，而是逐渐呈现融合的趋势。

宋代到明代，风行理学。学者认为理是永恒至上的，以理为宗，包融性命，这是儒学吸收了佛学精华后形成的学派。后来从理学之中又派生出了心学，认为心是宇宙万物的根源。

到了清代，朴学主张明道救世，也是从儒学派生出来的。

1919年五四运动爆发，儒学、道学、佛学被一概“打倒”，然而有价值的东西是不可能一打即倒的，所以20世纪20年代又出现了“国学复兴”的热潮。

“文化大革命”期间，国学作为“四旧”，被人们视为封建腐朽的垃圾，几近彻底扫除。但改革开放之后又出现了文化的寻根热，20世纪90年代“国学热”兴起，至今不衰。

1988年，参加巴黎聚会的75位诺贝尔奖获得者形成共识：“如果人类要在21世纪生存下去，必须回到2500年前去汲取孔子的智慧。”

党的十七大报告进一步强调：“用以爱国主义为核心的民族精神和以改革创新为核心的时代精神鼓舞斗志。”

2009年7月，国家副主席习近平在中央党校讲话时强调：“要通过研读优秀传统文化书籍，吸收前人在修身处事、治国理政等方面的智慧和经验，养浩然之气，塑高尚人格，不断提高人文素质和精神境界。”

如何弘扬优良的传统？如何培养高素质的人才？教育工作者肩负重任。而近几年来，我们在对高职学生进行教育的实践中，经常痛感年轻人国学常识的匮乏。我们要实现中华民族的伟大复兴，要建立新时代的文化精神，却绝不能将传承几千年的道德价值观完全摒弃，否则会使年轻人处于迷茫之中，只能跟着感觉走，或者任性而为，不考虑后果，更不愿承担责任。高职院校诚然是以教授实用技能为主的，但一个没有高尚的道德文化的人，即便掌握了实用技能，也未必能成为一个好公民，成为一个社会需要的建设者和接班人。因此，在课堂上，我们经常用一些传统文化中有生命力的道理或故事教育学生，收到了较好效果，于是，我们产生了编写一本通识教材的想法。

但是，我国的国学典籍可谓浩如烟海，高职学生又不可能花很大精力和过多时间去研读经典，学生也很难在一个学期里通读一本面面俱到的大部头文化史专著。因此，我们将本书起名为“概说”，以中国文化的核心——“和”为贯串全书的主线，简要阐述中国传统文化的基本精神，使读者能大致了解中华文化的发展历程及杰出成就，增强民族自尊心和自豪感，提高自身素养。

自2011年初开始至2012年2月成稿，历时一年多的时间，由夏华主编，庞念念任副主编，宋武俊云、陈珍、陈薇等参与编写。参与编写的教师以传承中华灿烂文明的责任感和对教育工作的极大热情，投入到这项工作中，期望读者能从中汲取营养、获得助益。当然，由于经验不足、水平有限，还存在一些不尽如人意之处，恳请读者批评指正。

编者

2012年2月

目录

绪 论

盘古开天地，中华立根基，三皇五帝夏商周，春秋战国百家聚。
秦王扫六合，大汉雄风起，三国两晋南北朝，隋唐又统一。
唐威通天下，宋韵建海隅，辽金元明清交替，辛亥风云急。
血肉筑长城，古国迎晨曦，东方醒狮昂首腾飞，自强永不息。

——《历史歌》

“中华”一词，源远流长，寓意颇深。追溯起来，它是魏晋时期笃信“天人合一”观念的哲人从“中国”和“华夏”两个名称中各取一字复合而成的。“中”侧重自然（天），寓意天下之中；“华”侧重民族（人），寓意华夏族群（汉族的前身）。因此，“中华”是一个自然与人和谐统一的实体，它寄托着生活在这片土地上的人们的美好心愿。

中华文明，亦称华夏文明，是世界上最古老的文明之一，也是世界上唯一没有中断的文明。一般认为，中华文明的直接源头有三个，即黄河文明、长江文明和北方草原文明。黄河流域农业文明区域和北方草原游牧文明区域有一个过渡地带，这一地带也是历史上游牧民族和农业民族（主要是汉族）相互争夺的主要区域，在这一区域，农业文明和游牧文明也不断获得交流、融合。

中国文化的发展史是一幅壮美的景观，它包括社会物质文化、学术思想、科技、文艺和史学、制度、宗教、风俗等很多方面，包罗万象，不一而足。

远古至夏朝建立以前为中国文化的起源阶段。这一阶段，中国先民在物质文化、精神文化和社会组织形式等方面的创举，都是中国传统文化的渊源。

夏、商、西周、春秋时期，青铜器、铁器、牛耕的出现，宗法制、分封制的建立以及“六经”的编订，标志着中国文化正式进入形成阶段。

战国、秦、汉时期，社会物质生活内容更加丰富，而政治领域影响中国数千年之久的皇帝制、郡县制和各级官僚制度逐渐形成；以造纸术为代表的一大批科技成果，以诸子散文、汉赋为代表的文学作品及以《左传》、《国语》、《战国策》、

《史记》、《汉书》等为代表的史学著作相继出现，道教产生，佛教传入，是中国文化的发展阶段。

魏晋南北朝时期，中国农业文明与游牧文明在民族迁徙、冲突中互相交流和融合，北方世族南迁，促进了南方文化的发展，随之南方文化又向北方回流，实现了南北文化的沟通。同时，玄学从儒、释、道争论中诞生，各民族文化风习也在战乱中薪火相传，可谓是中国文化内部冲突与融合的阶段。

隋唐五代时期，由于生产力提高，人们的物质生活条件进一步得到改善。唐诗、建筑、佛教造像、纺织、科技等标志性成果接踵而出；辽阔疆域内，因地制宜施行多种形式的行政管理制度及以“胡化”为特征的诸族荟萃的社会风俗习惯，都说明这是中国文化的繁荣阶段。

宋、辽、西夏、金、元时期，南北各地城市崛起，商品经济空前活跃；以理学为主导的儒学新派别在三教合一的时代潮流中形成；宋词、元曲等文艺形式适应士人和市民的情趣而出现；《资治通鉴》等史学巨著层出不穷；中国历史上的“四大发明”，这一时期出现三大发明。种种迹象表明，这是中国古代文明发展的巅峰阶段。

明清前期，商品经济继续发展，海上“丝绸之路”冲破封建统治者的重重束缚和限制，通向世界各主要资本主义国家，社会经济生活领域不断扩大；近代启蒙思想、考据学从封建极权政治下产生，并在反封建宣传，历史文化整理、总结和研究中发挥了巨大的作用；以《三国演义》、《西游记》、《水浒传》、《红楼梦》为代表的章回小说，数以千计的地方史志及《永乐大典》、《四库全书》等大规模典籍的编写，都是文化领域的辉煌成果和中国文化继续发展的标志。然而随着西方资本主义文化的涌入，中国文化在一定程度上又面临劣势，处于出现转机的阶段。

鸦片战争至民国时期，随着资本主义列强的入侵，西方文化涌入中国，在民族、国家危机的同时，中国文化也第一次遇到了严峻的考验和危机。于是，一些观念先进的中国人开始正视现实，主动向西方国家学习科技、制度和思想、文化，先后掀起了洋务运动、维新变法和新文化运动。反映西方文化面貌的机器制造技术、民主共和制度及数学、物理学、化学、天文学、生物学、医学等现代科学引入中国。在西方文明的冲击下，中国文化开始反省自强，摆脱困境，逐步走上了近代化发展道路。

新中国成立以后，尤其是改革开放以后，全球化背景下各个国家、民族的交往互动日益频繁，文化的认同意义得到凸显。中国人越来越迫切地需要了解自己民族的历史，越来越需要表明自己的文化所具备的独特价值，这激发了中国人复兴传统文化的强烈愿望。20世纪80年代开始的“文化热”，其着眼点在于从文化寻根的角度对“文化大革命”等政治运动进行反思；2004年，在北京举办的“文化高峰论坛”上，来自世界各地的50多位著名学者联名发表《甲申文化宣言》，倡议保护和传承优秀的传统文化；同年，中国政府宣布将在全球范围内开设100所孔子学院。

中国的文化正进行着传统与现代文明的全面融合，东方的古老思想焕发着新的生命力，延续着下一个五千年的辉煌。

一、中国文化的特征

作为一种特殊的文化形态，中国文化有其不同于世界其他文化的特征。以孝为核心的道德伦理体系，影响着中国传统意识形态的各个领域及各时代人们的心理和行为规范。中国传统文化的哲学思想以及教育、文艺、史学、制度、宗教、风俗中，无不体现着孝亲、尊祖、忠君、敬天等伦理观念，这是其他文化形态所没有的，是中国文化最本质的特征。世人普遍认为中华民族有十大传统美德：仁爱孝悌、谦和好礼、诚信知报、精忠爱国、克己奉公、修己慎独、见利思义、勤俭廉正、笃实宽厚、勇毅力行，这种追求至善至美的道德理想人格的精神对中国知识阶层乃至所有中国人而言都影响深远。

“孝”是千百年来中国社会维系家庭关系的道德准则，自古以来就有很多的孝子孝女故事在民间流传。

汉文帝刘恒的母亲薄太后身体不好，长期卧病在床，汉文帝常常目不交睫、衣不解带地侍奉母亲；母亲所服的汤药，他亲口尝过后才放心让母亲服用。这位以孝义之名闻于天下的仁君在位23年，以己推人，重孝德，兴礼仪，使西汉初年社会稳定，人丁兴旺，经济得到恢复和发展，开创了“文景之治”的盛世。

在历史发展的过程中，各地区、各民族、各质态文化融汇到一起，最终形成了中华民族共有的文化。比如见于记载的先秦区域性文化，就有楚文化、吴文化、齐鲁文化、巴蜀文化、秦文化、西域文化等，秦统一六国后，这些文化的大部分都先后融入汉文化的主干了。在融合各区域文化的同时，还吸收了蛮、夷、戎、狄及氐、羌、匈奴、鲜卑、突厥、铁勒、回鹘、契丹、女真、蒙古等少数民族文化。中国传统文化的融合性，还表现在它对域外不同文化的改造、消化和吸收，如印度的佛教文化，中亚、西亚的科技文化等。“海纳百川，有容乃大”，正是由于无比恢弘的气度和无限宽阔的胸怀，中国文化才有今日的面貌。

中国文化受其伦理道德基本精神的影响，在价值取向上有许多不同于西方文化的地方。如在天人关系上，更重视人文研究和人的道德的修养，而对天的探索相对薄弱，与西方文化重视自然知识的钻研大相径庭；在群己关系上，强调群体利益和存在，主张个人服务和服从于群体，儒家的“克己复礼”，墨家的“兼爱”、“尚同”，法家的“无私”，佛教的“普渡众生”等都反映了这一点；在义利关系上，持先义后利、“义以为上”的态度，在必要的时候，可以舍生取义而决不见利忘义；在理欲关系上，倡导存理灭欲，理性优先的原则。仅这些独特的价值观念，就可以将中国文化与世界其他类型的文化区别开来。

“欲以究天人之际，通古今之变，成一家之言”。对“天人关系”的研究贯穿在整个中国文化的发展中。远古时期，人们对天的认识局限性很大，他们往往认为人事听命于天，称统治者为“天子”。在天人关系中，人处于被动地位。后来人们慢慢认识到自己的力量，明白了人事不是完全服从于天命，人本思想应运而生，人与天的关系走向合一，所谓“大人者，与天地合其德”。圣人甚至可以通过同样没有固定模式的《易经》来测知天地万物的变化。再后来，人们开始将自己的意识作用于自然，将自身的主观感知附着在万事万物上，“以类合之，天人一也”。当自然界出现异象，人们就会提出在人世间相应的解释：日食代表统治者的权威受到威胁，地震是上天对人间失德的惩罚等。

二、中国传统文化的基本精神

中国传统文化的基本精神，是贯穿于中国文化发展全过程、各领域，能够激励人们奋发向上、积极进取的思想观念。如上所述，中国文化的内涵极其广博深厚，其基本精神也有不同的层面和结构，其中最积极、最有价值，可以贯古通今、涵盖全体的基本精神，浓缩起来就是“刚健有为、取验务实、贵和尚中、生生不息”。

（一）刚健有为

在《论语》中有“士不可以不弘毅，任重而道远，仁以为己任，不亦重乎？死而后已，不亦远乎”的感叹；在《孟子》中有“居天下之广居，立天下之正位，行天下之大道。得志与民由之，不得志独行其道。富贵不能淫，贫贱不能移，威武不能屈”的呐喊。中国的无数仁人志士，用自己的实际行动阐释着这种“刚健有为”的精神。在他们看来，这种精神是他们立于天地之间应具有的精神状态，他们也为了达到这种境界而不断积极地践行着，因而今天我们才能听到

“三军可夺帅也，匹夫不可夺志也”的豪言壮语，也才能体会到“志士仁人，无求生以害仁，有杀身以成仁”的精神震撼。

那些仁人志士为了实现这种境界，经历不同的艰难坎坷，命运也和他们开着各种黑色玩笑，但他们坦然接受，因而苦痛之后的他们都在历史上留下了熠熠生辉的篇章。“盖西伯拘而演《周易》；仲尼厄而作《春秋》；屈原放逐，乃赋《离骚》；左丘失明，厥有《国语》；孙子膑脚，《兵法》修列；不韦迁蜀，世传《吕览》；韩非囚秦，《说难》、《孤愤》；《诗》三百篇，大抵贤圣发愤之所为作也。此人皆意有所郁结，不得通其道，故述往事，思来者。及如左丘无目，孙子断足，终不可用，退论书策以舒其愤，思垂空文以自见。”这些圣贤历经磨难却依然强志不屈奋发有为，在逆境中思辨人生的方向和矢志进取的道路，这种“天行健，君子以自强不息”的精神状态是中国文化最宝贵的财富。

与刚健有为相连的是乐观豁达的文化性格，二者在某种程度上是正相关的关系。但是这种乐观豁达的人生态度要以冷静的思考为基础，以理性的认识为前提，并要与自强不息的奋斗精神相结合，否则就是一种自欺欺人的盲目乐观的态度。鲁迅笔下的阿Q完整展现了一代人自欺欺人的精神面貌，阿Q与人家打架吃了亏，心里就想：“我总算被儿子打了，现在世界真不像样，儿子居然打起老子来了。”于是他心满意足，俨然得了胜利似的；当他被关进牢房时，他便“以为人生天地间，大约本来有时要抓进抓出”；当他被拉去杀头时，他便“觉得人生天地间，大约本来也未免要杀头的”。所以，阿Q“永远是得意的”。

（二）取验务实

自孔子“子不语怪、力、乱、神”以来，中国的文化便表现出重实际而黜玄想的思想倾向。这种倾向对中国传统社会的知识分子产生了重大影响，他们“以天下为己任”，自觉地担负起关心时政、关注国事、针砭时弊甚至救国于危难之中的使命，最终形成了“为往圣继绝学，为万世开太平”的经世致用的文化传统。

传说黄帝长着四张面孔，可以同时看到东、西、南、北之事。子贡问孔子这是不是真的，孔子马上答道：“黄帝取合己者四人，使治四方，不计而耦，不约而成。”认为黄帝派了四个心腹，分别管理东、南、西、北四个区域，这种解释其实是很牵强的，但是即使没有完全否定传说，远在2500年前的哲人也已经开始了去掉夸饰成分、力求实用的努力。

然而官本位的社会构成使得中国很早就形成了严格的等级秩序，这也使得提倡"经世致用"的中国文化在漫长的历史岁月中都面临一个尴尬的境地：作为社会主流的知识分子有总结经验、提炼理论的能力，却没有实践操作的机会；下层人民能够在生活中发现规律，但由于知识能力有限，不能对其进行总结，因而中国没有像西方国家那样出现系统的理论知识总结，这使得中国的科技大大落后于西方，直接导致了近代中国在强大的科技生产力面前一败涂地。

传说很久以前，有一位老窑工手艺精湛，烧制出的瓷器精美绝伦。皇帝想要一张陶瓷做的龙床，要求窑工限期烧成，否则就要砍头。但是一次次的烧制都失败了，眼看期限已到，官兵来抓人了，他知道再也活不成了，就纵身跳进火里。军队走后，乡亲打开窑门，意外地发现龙床已经烧成了，并且釉色变化莫测，鬼斧神工。后来窑里也经常出现这样的变化，人们都说是那位老窑工在暗中保佑，才烧出了绝世珍品，窑工们把这种现象叫"窑变"。

传说不尽然可信，但窑变的瓷器确确实实成了珍品，然而直到清康熙年间，人们才基本掌握了窑变的规律，提高了获得窑变釉的几率，依靠的仍旧是代代相传的经验。

而另一方面瓷器传入欧洲，西方人迅速将总结出来的标准化数据投入到批量生产中，最终在国际市场上取得了绝对优势，甚至将"中国制造"挤出了上流社会。如今看到"china"一词中包含的"瓷器"的意思仍让国人欷歔不已。

（三）贵和尚中

"和"是价值取向，"中"是思想路线。贵和尚中的文化精神来自"天"的启示。《易传》有"地势坤，君子以厚德载物"的话，《彖传》云："保和太和，乃利贞"，都启发人要以和为本。"太和"是天地万物高度和谐的状态；"和"是不同事物的协调共处。古人提出了高度关注和积极倡导万物和谐的思想：五味相和，才能产生香甜可口的食物；六律相和，才能形成悦耳的音乐；不同民族、地区和质态的文化相融合，才能形成博大精深的中华文化，确保国家的大一统。因此春秋时期的史伯有"和实生物，同则不继"的论断，孔子提出"和为贵"、"君子和而不同，小人同而不和"的命题。老子主张处事有道，"莫与人争"、"不为人先"，与贵和尚中的精神基本一致。北宋理学家张载在《正蒙·太和篇》中更加明确地提出："太和所谓道，中涵浮沉、升降、动静相感之性，是生絪缊、相荡、胜负、屈伸之始。"揭示了"太和"之道包含多样性，"相感"而生万物，推动宇宙事物发展变化的道理，启示人们要胸怀宽阔，广纳百川，在和谐的自然、社会环境和心态下奋发进取。

尚中的“中”即不偏不倚、不走极端的意思，它是中国传统文化的又一基本概念。《易传》云：“刚健中正，纯粹精也”，就是要人们效法天，在行为上允当适度，中道而行，即“持中”，无过，无不及。儒家认为“度”的掌握，要以礼为原则。《中庸》说：“中也者，天下之大本也”，这是将“中”作为实现“和”及“自强不息”的根本方法提出来，强调了“中”在人们认识和实践中的重要性。可见无论“和”还是“中”，都是针对人提出来的论题。

古人在精神上追求这种境界，并将其引入到政治、伦理体系之中，人们自觉地进行自我修养、自我监督、自我教育、自我完善，把自己培养成具有理想人格，从而达到至善、至仁、至诚、至道、至德、至圣、合外内之道的理想人物，共创“致中和，天地位焉，万物育焉”的“太平和合”境界。

（四）生生不息

中国传统文化的连续性在世界文化发展史上是独一无二的。由远古文化到夏、商、周的三代文化，中国传统文化表现为一个长期发展、不断积累的过程。春秋时代，孔子整理、总结三代文化的成果，创立了影响深远的儒家学说。继孔子之后，出现了中国文化史上最活跃、最富创造性的百家争鸣局面。至秦汉，董仲舒又倡导“独尊儒术”，他建立的天人感应、阴阳五行、儒道法互补的思想体系，开始成为在中国封建社会长期发挥影响的意识形态。至宋明理学时期，这一传统文化走向自己的鼎盛时期。在这一历史过程中，中国古代社会曾历经战争动乱、社会分裂和王朝更替，但中国文化并未中断自己的传统，而是在继承已有成果的基础上，不断地获得发展更新的动力。

事实上，中国传统文化发展的这种连续性本身就是一个在传统的基础上不断创新的变化过程。代有更新，人有创造，文化才得以生生不息。仅就先秦而论，从周人对前人的文化维新，到孔子对周礼的重新阐释；从孟子对孔子思想的深化与发展，到荀子对先秦百家争鸣学术的总结与融合，就表现为一个连续性与变革性的统一过程。

在文化发展史中，取之国外，而在中国发扬光大的事例举不胜举，远的如民族器乐胡琴、笛子、琵琶就来自西域；近的如乒乓球，从20世纪起中国人几乎垄断世界乒乓球坛，是被中国人引为骄傲的“国球”，可乒乓球却源自19世纪的英国，并非中国土生土长。而在中国土生土长的某些传统，不合时宜的，只能请进博物馆，供后人观摩它昔日的辉煌。

中华上下五千年，文明一脉相承，从茹毛饮血的远古时代，到封建文明极度繁荣的明清时代；从睁眼看世界的西学东渐，到复兴中华文明的新国学，在上下五千年的历史进程中，中华民族创造了无数的辉煌与成就，也经历了无数的苦难与挫折，数不清的英雄豪杰、仁人志士在历史的长路上留下了自己的足迹。

2500年前的孔子建立了中国文化思想的主体学说——儒家学说，其后孟子穷毕生之力进一步丰富了儒学的内涵。但在孔子身后300年，秦王朝的“焚书坑儒”几乎将儒学毁于一旦。汉武帝采纳董仲舒“罢黜百家、独尊儒术”的建议后，儒学得以成为汉王朝的主流意识形态，从此开始正式以国学根基的面貌登上历史舞台。但是好景不长，300年后的东汉，历经两次“党锢之祸”后，盛极一时的两汉经学从此一蹶不振。宋代儒家与佛、道融合，创造了全新的“理学”，但在后来的斗争中，连理学之集大成者朱熹也差点被送上断头台。明清两代，理学重新被统治者奉为正统思想，延续600年之后，迎来了新文化运动的洗礼。此后，传统文化遭受了接连不断的打击，几近灭顶，然而跨入21世纪时，“国学热”再度兴起，中国文化又焕发出新的生命力，它得到社会和民众的重视，成为培养昂扬向上的民族精神的奠基石。

第一章　文明起源　教化初显

最迟在距今5000多年前的上古时代，也就是新石器时代，中国就已经现出了文明的曙光，许多杰出人才在诸多文化的孕育下，也陆续诞生了。

第一节　中华文明的起源

2007年，一座290多万平方米的5000年前的古城在浙江余杭良渚遗址的核心区域被发现。这座古城东西长1500 ~ 1700米，南北长1800 ~ 1900米，略呈圆角长方形，正南北方向。城墙部分地段残高4米多，做法考究：底部先垫石块，宽度达40 ~ 60米，上面再用纯净的黄土夯实。在中国史前文明的各大遗址中，良渚遗址的规模最大，水平最高，也是目前所发现的同时代中国最大的城址，它证明了5000年前的中华文明已经进入了成熟的史前文明发展阶段。因此，良渚文化一向被誉为“文明的曙光”。

良渚玉琮

在良渚文化时期，农业已率先进入犁耕稻作时代；刻画在出土器物上的“原始文字”被认为是中国成熟文字出现的前奏；手工业趋于专业化，琢玉工业尤为发达。良渚的玉器，达到了中国史前文化的高峰，其数量之众多、品种之丰富、雕琢之精湛，在同时期中国乃至环太平洋拥有玉传统的部族中，独占鳌头。不仅如此，良渚的玉器在墓葬中的分配也耐人寻味：埋于大型墓台之上的贵族墓中出土的玉器种类达20余种，主要有琮、璧、钺、锥形器、三叉形器、冠形器、璜、纺轮、圆牌饰等。而在那些散落于居址周围的所谓小墓中，随葬的只有小件玉器，这些小件玉器仅为管、珠及单件锥形器，而无贵族墓中所见的其他玉器种类。这种用玉制度的等级差别表明了礼制的产生，这无疑是社会发生质变的表现，它标志着良渚社会已从荒蛮的史前期踏入文明社会。

这一时期，无论是黄河流域还是长江流域，都相继出现了举世瞩目的文明，裴李岗文化、磁山文化、仰韶文化、河姆渡文化、大汶口文化、齐家文化、辛店文化、马家浜文化、良渚文化、大溪文化、屈家岭文化等形成了壮丽华美的文化风景线。

先民们用勤劳的双手，打造出许多先进的石器，制作出各种精美的陶器和木器，并在器物上刻画出美妙的几何图案和原始符号。他们不再像旧石器时代的元谋人、蓝田人、北京人、山顶洞人一样过着野兽一样的生活，他们不但学会了栽培作物，还开始饲养猪、狗等牲畜，从而进一步推动生产力蓬勃向前发展。

中国古书中保留了不少有关远古时代的传说。从盘古开天辟地，到有巢氏构树为巢、燧人氏钻木取火、伏羲氏结网而渔、神农氏播五谷尝百草，又有所谓三皇五帝，凡此种种，在国人眼中早已因历代积淀而变得真实起来，并逐渐成为常识，口耳相传，人们崇拜圣人英雄并将他们的德行作为世间的典范。

一、盘古开天辟地

相传，在遥远的太古时代，宇宙不过是混混沌沌的一团气，里面没有光，没有声音，就在这样的世界中，诞生了一位伟大的英雄，他的名字叫盘古。盘古在混沌中沉睡了一万八千多年，终于苏醒过来。他想伸展一下筋骨，却被混沌紧紧包裹，无法动弹。于是盘古舞起同样孕育于混沌中的“盘古斧”，奋力向前劈去。“轰隆隆……”一阵巨响过后，一股清新的气体散发开来，飘飘扬扬升到高处，变成天空；另外一些浑浊的东西缓缓下沉，变成大地。从此，宇宙不再是漆黑一片，天空高远，大地辽阔。

但盘古担心天地会重新合在一起，于是他站在地上，顶住天空，然后施展法术，身体在一天之内变化九次。天日高一丈，地日厚一丈，盘古也随之长高。这样又过了一万八千多年，天空升得高不可及，大地也变得厚实无比。这时，盘古耗尽全身力气，慢慢地倒在了地上。

伟大的英雄死了，但他的遗体并没有消失：盘古的左眼变成太阳，照耀大地；右眼变成皓洁的月亮，给夜晚带来光明；千万缕头发变成颗颗星星，点缀美丽的夜空；他的四肢和身躯变成三山五岳，给大地以雄壮；鲜血变成江河湖海，奔腾不息；肌肉变成千里沃野，供万物生存；骨骼变成树木花草，供人们欣赏；牙齿变成石头和金属，供人们使用；精髓变成明亮的珍珠，供人们收藏；汗水变成雨露，滋润禾苗；呼出的空气变成轻风和白云，汇成美丽的人间风光……

盘古开天地

人们感念盘古牺牲自己开辟天地的壮举，称他为“盘古大神”或“盘古王”，认为他是中华民族文化精神的先驱代表，至今仍有很多地方保留了“盘古祭”的古老仪式。

二、三皇五帝

（一）有巢氏

上古时，人类少而禽兽多，人类经常遭受禽兽的攻击，每时每刻都存在着伤亡危险。在恶劣环境的逼迫下，部分人类开始往北迁徙。他们来到今山西和陕西一带，受鼠类动物的启发，在黄土高原的山坡上打洞，居住在里面，用石头或树枝挡住洞口，这样就安全了许多。但是北方气候寒冷，许多人宁愿留在危险的南方，也不肯往北迁移。

这时候有巢氏出现了。传说他出生在九嶷山以南的苍梧，曾经游过仙山，得仙人指点而有了超人的智慧。他受鸟类在树上筑巢的启发，发明了“巢居”。他指导人们用树枝和藤条在高大的树干上建造房屋，房屋的四壁和屋顶都用树枝遮挡得严严实实，既挡风避雨，又可防止禽兽的攻击，人们从此不再过着担惊受怕的日子。

人们非常感激这位发明巢居的人，便推选他为当地的部落酋长，尊称他为有巢氏。有巢氏被推选为部落酋长后，为大家办了许多好事，名声很快传遍中华大地。各部落的人都认为他德高望重，有圣王的才能，一致推选他为总首领，也就是部落联盟总部的大酋长，尊称他为“巢皇”。

（二）燧人氏

最早的原始人还不知道利用火，东西都是生吃的，生吃植物果实还不算，就是打来的野兽，也是生吞活剥连毛带血地吃了。

火的现象，自然界早就有了，火山爆发，有火；打雷闪电的时候，树林里也会起火。可是原始人开始看到火时还不会利用，反而怕得要命。后来偶尔捡到被火烧死的野兽，拿来一尝，味道挺香。经过无数次的试验，人们渐渐学会用火烧东西吃，并且想法子把火种保存下来，使它常年不灭。

又过了相当长的时期，人们把坚硬而尖锐的木头，在另一块硬木头上使劲地钻，钻出火星来；也有的把燧石敲敲打打，敲出火来。从那时候起，人们就随时可以吃到烧熟的东西，而且食物的品种也增加了。而在传说中“钻木取火”是一个叫做燧人氏的人发明的。据说，燧人氏还教人捕鱼，原来像鱼、鳖、蚌、蛤一类东西，有腥臊味不能生吃，有了火，就可以烧熟来吃了。

（三）伏羲氏

不知过了多少时间，人们开始用绳子结网，用网去打猎，还发明了弓箭，这比只用木棒、石器打猎要强得多。不但平地上的走兽，就是天空中的飞鸟，水里的游鱼，都可以射杀、捕捉起来。捕来的鸟兽，多半是活的，一时吃不完，还可以留着养着，留到下次吃，这样，人们又学会了饲养。

这种结网、打猎、养牲口的方法，传说是伏羲氏发明的，伏羲氏又叫“庖牺氏”，他的主要功绩有：教民作网用于渔猎，大大地提高了当时人类的生产能力，同时教民驯养野兽，这就是家畜的由来；变革婚姻习俗，倡导男聘女嫁的婚俗礼节，使血缘婚改为族外婚，结束了长期以来子女只知其母不知其父的原始群婚状态；始造书契，用于记事，取代了以往结绳记事的落后形式；发明陶埙、琴、瑟等乐器，创作乐曲歌谣，将音乐带入人们的生活，帮助人们“修身理性，反其天真”；将其统治地域分而治之，而且任命官员进行社会管理，为后代治理社会提供借鉴。

但是，伏羲氏的最大功绩还是创立八卦。在伏羲氏生活的远古年代，人们对于大自然知之甚少。下雨刮风、电闪雷鸣时，人们既害怕又困惑。天生聪慧的伏羲氏想把这一切都搞清楚，于是他经常站在山上，仰观天上日月星辰，俯察周围的地形方位，有时还研究飞禽走兽的脚印和身上的花纹。经过长期的苦苦思索，伏羲氏画出了八卦，以此来通神灵旨意，指导人们的行为。后来伏羲八卦成为中华文化的起源，同时也成为文字的起源。

相传伏羲氏的母亲名叫华胥氏，是一个非常美丽的女子。有一天，她去雷泽郊游，在游玩途中发现了一个大大的脚印。出于好奇，她将自己的脚踏在大脚印上，当下就觉得有种被蛇缠身的感觉，于是就有了身孕。而令人奇怪的是，这一怀孕就怀了12年。后来就生下了一个人首蛇身的孩子，这就是伏羲氏。当地的人们为了纪念伏羲氏的诞生，特将地名改为成纪，因为在古代，人们把12年作为一纪。古成纪就是今天甘肃的天水，所以，天水被称为“羲皇故里”。

伏羲氏

（四）神农氏

伏羲氏死后，神农氏出现，这个时代，是中国从原始畜牧业向原始农业发展的转变关头。那时，人口已生育繁多，维持生计的是猎物和植物的果实。可是，天上的飞禽越打越少，地上的走兽越打越稀，所得食物难以果腹。怎样才能解决人们的吃食问题？

神农氏苦苦思索，可谓绞尽脑汁。后来他大兴农业，教人们使用木制的耜等农具，大大提高了生产力；他还规定每日中午时分开市贸易，让人们来这里互换货物，各取所需。神农氏最为人称道的功绩还在于他首创医药，为了治病救人，他亲尝百草，最后甚至献出了宝贵的生命。

有一天，神农氏在尝草时，尝到一种草叶，使他口干舌麻、头晕目眩，显然是中毒了。这时候他突然闻到一种清鲜香气，四下一看，只见旁边灌木上有几片叶子落下，他心中好奇，遂拾起一片放入口中慢慢咀嚼，立即感到头晕目眩减轻，口干舌麻渐消，并且这股清香在身体里缓缓流转，就像在清理身体。神农氏将这种树叶带回去，将它定名为“查”，这就是茶的最早的发现记录。此后茶树渐被发掘、采集和引种，茶叶被人们用做药物，供做祭品，当做菜食和饮料。

神农氏

（五）炎黄子孙

神农氏之后出现的黄帝，被称为“人文始祖”，他生于山东曲阜，原本姓公孙，因为他长于陕西姬水附近，于是改姓姬。后来他迁居到河南新郑境内的轩辕之丘，所以又名轩辕氏，又因为他据说有像“土”一样的厚德，所以人们用“土”的颜色黄色来尊称他——这就是黄帝的由来。

黄帝天生神灵，传闻他刚刚出世几十天就能说话，长大后更是聪明睿智、才华超群，加之他品德高尚，所以很快就被人们推举为部落的首领。

当时黄河流域和长江流域散落着成千上万个氏族部落，各个部落之间经常发生战争，百姓深受其害。尤其是今天山西、河北、河南交界处的九黎首领蚩尤，勇悍善斗，传说蚩尤有八十一个兄弟，他们全是猛兽的身体，铜头铁额，吃的是沙石，凶猛无比。他们还制造刀戟弓弩各种各样的兵器，常常侵略别的部落。首先受到攻击的是与黄帝部落有近亲关系的炎帝部落，炎帝不是蚩尤的对手，便向黄帝求援，黄帝亲率士兵前往河北涿鹿，在那里打败了蚩尤部落，杀掉了蚩尤，这个涿鹿之战就是黄帝开创中华文明的奠基之战。

在追击蚩尤的时候，天空忽然起了一场漫天大雾，黄帝及其将士被困在山谷中，于是黄帝制造了能辨别方向的指南车来破阵，最终把蚩尤杀得片甲不留。

据说黄帝平时驯养了熊、罴、貔、貅、貙、虎六种野兽，在打仗的时候，就把这些猛兽放出来助战。蚩尤的兵士虽然凶猛，但是遇到黄帝的军队，加上这一群猛虎凶兽，也抵挡不住，纷纷败逃。黄帝带领兵士乘胜追杀，忽然天昏地黑，浓雾迷漫，狂风大作，雷电交加，使黄帝的兵士无法追赶。原来蚩尤请来了风伯雨师助战。黄帝也不甘示弱，请天女帮助，驱散了风雨。刹那间风止雨停，晴空万里，蚩尤终于被打败了。

黄帝

后来为了争夺进一步的权力，炎帝部落和黄帝部落在涿鹿以南的阪泉展开了激烈的战争，三场恶战后，炎帝落败，黄帝被推举为各部落联盟的首领，并在相当长的时期内成为中原以及周边地区最为强大与稳定的政治力量，这就是今天汉族的前身——华夏族。因为黄帝部落和炎帝部落是联盟中力量最强的两大部族，所以后来中原民族纷纷称自己为炎黄子孙。

经历了长时期万邦林立的局面后，这是中国历史记载的第一次“统一”。

黄帝通过各种努力促进民族统一和团结，同时也尽力于创造发明。黄帝时代是一个具有伟大创举的时代。中国历史上的许多发明，如仓颉造字、嫘祖养蚕、羲和占日、大荣作乐等，都始于黄帝时代。此后，中国从远古漫长的蛮荒时代，跨入了文明时代的门槛，成为世界四大文明古国之一。为了纪念这位传说中的祖先，后人还在今陕西黄陵县北面的桥山上造了一座“黄帝陵”。

相传，仓颉“始作书契，以代结绳”。在此之前，人们结绳记事，后又发展到用刀子在木竹上刻符号以记事。随着历史的发展，文明渐进，事情繁杂，名物繁多，用结绳和刻木的方法，远不能适应需要。

仓颉是黄帝的史官，有一年，仓颉到南方巡守，登上阳虚之山（在今陕西洛南），临于玄扈洛汭之水，忽然看见一只大龟，龟背上面有许多青色花纹。仓颉看了觉得稀奇，就取来细细研究。他看来看去，发现龟背上的花纹竟是有意义可通的。他想花纹既能表示意义，如果定下一个规则，岂不是人人都可用来传达心意、记载事情吗？仓颉日思夜想，到处观察，看尽了天上星宿的分布情况、地上山川脉络的样子、鸟兽虫鱼的痕迹、草木器具的形状，描摹绘写，造出种种不同的符号，并且定下了每个符号所代表的意义。他按自己的心意用符号拼凑成几段，拿给人看，经他解说，倒也看得明白。仓颉把这种符号叫做“字”。黄帝知道后，大加赞赏，命令仓颉到各个部落去传授这种方法。渐渐地，这些符号的用法全推广开了，就这么形成了文字。

（六）祖述尧舜

尧和舜是“三皇五帝”中的最后两帝，有关他们之间的“禅让”故事更是家喻户晓。

出于对黄帝的尊敬，在黄帝去世后，部落联盟的首领之位一直由黄帝的子孙担任。这一局面在黄帝的五世孙——尧帝这里被打破。尧的名字叫放勋，号陶唐氏，人们称他为唐尧。

尧生活的时代，阶级社会已初见端倪。由于生产力的提高，以前那种一切归全氏族公有和全体成员集体耕猎的制度，逐渐被以家庭为单位的劳动生产所取代，生产的主体开始由集体转变为个人。因此，“禅让”的出现也表明氏族部落之间已经开始结成新的政治军事联盟，这种联盟不再以单纯的血缘为依托，而逐渐转为以地域为基础，这种状态已经接近早期的国家形态，它标志着中国社会已经步入文明之始。

尧从小就怀有为天下百姓造福的远大抱负，他为人恭谨温和，处事诚实尽责，选拔人才采用德才兼备的原则，在中国人的心目中是一代明君的典范。

尧身为首领，却和黎民百姓一样住茅草屋，一起耕田，一起吃糙米饭和野菜汤，穿的衣物也和老百姓一样，从不搞特殊化，百姓爱戴这个仁慈的王，把他比做自己的父母和天上的日月。

尧在位期间，极力教导人与人之间要和睦相处，倡导人人向善，即后来被孔子奉为理想的“天下为公”的和谐思想。在他的努力下，华夏民族出现了路不拾遗、夜不闭户，人人互尊互敬的良好社会环境。

在这个时代，人们虽然已经知道了春夏秋冬的变化，却无法确定四季变换的时间，因此各种农事活动和日常生活都受到严重的制约。于是尧召集各部落首领，共同商议制定历法。天文官羲氏、和氏兄弟分别到东南西北观察天象和物象，然后根据日月星辰运行的情况，终于制定出中华民族历史上第一部以闰月定四时的农历。

历法的制定和推广，不但大大推进了农业生产的发展，还形成了中华民族尊重自然、顺从自然的传统，从而把人的存在纳入自然的轨道，使得人们的生产、思维等，都合乎自然法则，这就是中华文化“天人合一”的基本精神。

尧开创了中华文化“以德治国”的先河，他被看做政治文明的典范、做人的楷模，为人称颂，后来中国人追溯文化源头的时候，总免不了要“祖述尧舜”。

尧设置谏言之鼓，让天下百姓尽其言；立诽谤之木，让天下百姓攻击他的过错。他治理天下50年后，想知道天下治与不治，百姓爱戴自己与否，他怕身边的人不肯说实话，便微服访于民间，有一位老人含着食，鼓着腹，敲着土地唱道：“日出而作，日入而息，凿井而饮，耕田而食，帝力于我何有哉？”这首古诗就是著名的《击壤歌》。

尧在位70年后，召集各部落首领，共同推举了有德的舜作为新的王，史称“禅让”。

推举贤能

尧帝开创了帝王禅让之先河，他认为自己的儿子丹朱不成器，决定从民间选用贤良之才。尧问四方诸侯首领：“谁能担负起天子的重任？”四方诸侯首领说：“民间有个单身汉叫虞舜，是个贤德的人。”于是，尧微服私访，来到历山一带。

听说舜在田间耕地，便到了田间，果然看见一个青年在聚精会神地耕地，犁前驾着一头黑牛、一头黄牛。奇怪的是，这个青年从不用鞭打牛，而是在犁辕上挂一个簸箕，隔一会儿，敲一下簸箕，吆喝一声。

尧等舜犁到地头，便问：“耕夫都用鞭打牛，你为何只敲簸箕不打牛？”舜见有老人问，拱手以揖答道：“牛为人耕田出力流汗很辛苦，再用鞭打，于心何忍！我打簸箕，黑牛以为我打黄牛，黄牛以为我打黑牛，就都卖力拉犁了。”尧一听，觉得这个青年有智慧，又有善心，对牛尚如此，对百姓就更有爱心。

尧与舜在田间扯起话题，谈了一些治理天下的问题，舜的谈论明事理，晓大义，非一般凡人之见。尧又走访了方圆百里，都夸舜是一个贤良之才。尧便决定试一试舜。尧把两个女儿娥皇、女英嫁给舜，让两个女儿观其德；把九个男儿安排在舜周围，让九个男儿观其行。尧还把舜放进深山之中。舜头脑清醒，方向明确，深山之中不迷失，虎豹毒蛇都被他驯服，很快就走了出来。尧先让舜在朝中做官，考验了3年后，终于确定舜是个才德出众的人，于是高高兴兴地把王位传给了舜。

尧的继任者虞舜，也是一个不凡的领导者，人们把他和尧并称为圣王，他们所统治的时代被称为“大同之世”。

舜本姓姚，传说他因目有双瞳而取名“重华”，号有虞氏，故称虞舜。舜的家世甚为寒微，五世为庶人，处于社会下层，但他具备了仁孝和恭俭的德行，所以能成为尧的接班人，并使天下百姓都顺服他。

舜的父亲瞽叟，是个盲人，母亲很早去世。瞽叟续娶，继母生弟名叫象。舜生活在“父顽、母嚣、象傲”的家庭环境里，父亲心术不正，继母两面三刀，弟弟桀骜不驯，然而舜对父母不失子道，十分孝顺，与弟弟十分友善，多年如一日，没有丝毫懈怠。

后来人们向尧述说舜的德行，推举他为下一任的王，尧为了考察舜，把自己的两个女儿嫁给舜，还替舜筑了粮仓，分给他很多牛羊。那后母和弟弟见了，又是羡慕，又是妒忌，和瞽叟一起用计，几次三番想暗害舜。

有一回，瞽叟叫舜修补粮仓的顶，想把舜烧死。舜在仓顶上一见起火，想找梯子，梯子已经不知去向。幸好舜随身带着两顶遮太阳用的笠帽，他双手拿着笠帽，像鸟张翅膀一样飞下来，舜落在地上，一点也没受伤。

瞽叟和象并不甘心，他们又叫舜去淘井。舜跳下井后，瞽叟和象就在地面上把一块块土石丢下去，把井填没，想把舜活活埋在里面，没想到舜下井后，在井边掘了一个孔道，钻了出来，又安全地回家了。象不知道舜早已脱险，得意扬扬地回到家里，跟瞽叟说：“这一回哥哥准死了，现在我们可以把哥哥的财产分了。”说完，他向舜住的屋子走去，哪知道，他一进屋子，舜正坐在床边弹琴呢。

后来，舜还是像过去一样真诚对待他的父母和弟弟，终于用自己的德行感化了他们，使他们改恶从善。

舜一即位，就修订历法，统一乐律，严明礼仪，赏善罚恶，表现出明君的大德。当时各部族之间还没有明确的疆界，不利于行政管理，于是舜把全国分为12个州，并划定了疆界，还下令各州疏通河道，以避免水患。

他即位的当年，就到各地巡守，祭祀名山，召见诸侯，考察民情；还规定以后5年巡守一次，考察诸侯的政绩，明定赏罚，可见舜注意与地方的联系，加强了对地方的统治。

在他的主持下，部落联盟会议选举出一大批德才兼备的人来管理事务。他任命八元管理土地，八恺管理教化，契管理民事，伯益管理山林，伯夷管理祭祀，皋陶管理刑法，进一步完善了国家管理制度。还规定3年考察一次政绩，由考察3次的结果决定提升或罢免。通过这样的整顿，“庶绩咸熙”，各项工作都出现了新面貌。

和尧不一样的是，舜很重视对刑罚制度的完善，用“德”和“法”并行兼施的办法来治理国家。“象以典刑，流宥五刑”，他把5种常用的刑罚，刻画在器物上，使人们能经常看见并引以为戒；用流放的方法给悔过罪犯改造自新的机会；用鞭刑惩治犯了罪的官员；用铜作为赎罪的赎金；因过失犯罪，可以酌情赦免；如果不知悔改，就要加重刑罚。人们看到坏人受到惩处，都心悦诚服。舜的这个伟大举措，使社会得到了持续稳定的发展。

舜认为高雅的音乐可以陶冶情操，从而起到治世和培养君子的作用。因此，他任命夔为乐官，希望他能把子弟培养成合格的接班人。通过诗歌、音乐等艺术教育手段，以塑造贵胄和谐的、审美的人格，使其成为方良纯正的有德之人。后来的孔子所谓“兴于诗，立于礼，成于乐”的说法，就是对此的继续和发展。舜认为“人生在世，只知饱食终日，不讲礼仪人伦，就跟禽兽没有区别”，所以舜推行“父义、母慈、兄友、弟恭、子孝”的五常之教，使人知礼义廉耻，因而才出现了人们互相谦让、互相敬爱、民风淳厚的天下大治局面。

舜在位五十年后，遵循“禅让”的制度，没有把王位传给自己的儿子商均，而是传给了治水有功的禹。退位之后的舜仍然心系天下黎民，他不顾自己年老多病，不停地到南方各地巡视民情，最后病逝在湖南宁远县东南部的苍梧之地。

和尧帝一样，舜帝也为中华文化的发展做出了不可磨灭的贡献，因为他杰出的才能和高尚的品德，后人尊称他为圣德之君，赞颂不已。

第二节 教化治世的“黄金时代”

一、大禹治水

大约在四五千年前，中国发生了一次特大的洪水灾害。当时正处于原始社会末期，生产力极端低下，生活非常困难。面对茫茫洪水，人们只得逃到山上去躲避。为了解除水患，尧召开了部落联盟会议，在会上大家推举鲧去完成治水的任务。鲧采用的是“堙”、“障”等堵塞围截的方法，治水九年而无功，最后被放逐羽山而死。舜即位后，部落联盟推举鲧的儿子禹继续治水。禹请来曾同他父亲一道治过水害的人，总结过去失败的原因，寻找根治洪水的办法。有人认为：“洪水泛滥是因为来势很猛，流不出去。”有人建议：“水是往低处流的。只要我们弄清楚地势的高低，顺着水流的方向，开挖河道，把水引出去，就好办了。”这些建议使禹受到很大启发，他经过实地考察，制订了切实可行的方案：一方面加固和继续修筑堤坝，另一方面用“疏导”的方法来根治水患。

大禹治水图

禹亲自参加劳动，为群众做出了榜样。他手握木锸，栉风沐雨，废寝忘餐，夜以继日，不辞劳苦。由于辛勤工作，他手上长满老茧，小腿上的汗毛被磨光了，长期泡在水中，脚指甲也脱落了。

在治理洪水的过程中，大禹曾三次路过自己家门口，第一次他的妻子刚刚生下儿子没几天，从家里传来婴儿哇哇的哭声，他怕延误治水，没有进去；第二次路过家门，抱在妻子怀里的儿子已经会叫爸爸了，但工程正是紧张的时候，他还是没有进去；第三次过家门，儿子已长到10多岁了，使劲把他往家里拉。禹抚摸着儿子的头，告诉他，治水工作还是很忙，又匆忙离开，没进家门。“三过家门而不入”的故事被传为美谈，至今仍为人们所传颂。

经过13年的努力，禹率领人们开辟了无数的山，疏浚了无数的河，修筑了无数的堤坝，使天下的河川都流向大海，终于治水成功，根治了水患。在治水的同时，禹还指导人们恢复和发展农业生产，大兴水上运输，重建家园。禹每治理一个地方，都主动团结氏族部落酋长，完善政权建设，使百姓安居乐业。史书记载，洪水退去后，一块块平原露出水面，禹带领人们在田间修起条条沟渠，引水灌溉，种植粟、黍、豆、麻等农作物，还让人们在地势低洼的地方种植水稻。不仅治理水患获得巨大的成功，而且农业生产也取得了进步，因此人民歌颂禹的功绩：“如果没有禹，我们早就变成鱼和鳖了。”并尊称他为“大禹”，意即“伟大的禹”。

治水的成功，使大禹建立了极高的威望。舜召集各氏族部落酋长开庆功大会，赐给他用美玉琢磨而成的玄圭，以示其丰功伟绩。当舜年老时，众人一致推举禹为部落联盟的首领。帝舜在位33年时，正式将禹推荐给上天，把天子位禅让给禹。17年后，舜在南巡中逝世。3年治丧结束，禹避居阳城，将帝位让给舜的儿子商均。但天下的诸侯都离开商均去朝见禹。在诸侯的拥戴下，禹正式即天子位，以安邑（今山西夏县）为都城，国号夏。夏和后来的商、周被合称为“上古三代”，也是孔子心目中以德行教化天下的“黄金时代”。

为了更好地管理，大禹把全国分为九个区域，即冀州、兖州、青州、徐州、扬州、荆州、豫州、梁州、雍州，这就是中国别称“九州”的由来。

当了天子的禹更加勤奋地为万民谋利，招揽人才，广泛地听取民众的意见。有一次，他出门看见一个罪人，竟下车问候并哭了起来。随从说：“罪人干了坏事，你何必可怜他！”禹说：“尧舜的时候，人们都和尧舜同心同德。现在我当天子，人心却各不相同，我怎能不痛心？”

禹在巩固夏王朝统治过程中，特别重视恩威并济，加强教化。传说西部有个部族叫有扈氏，好战而不愿服夏。禹采取一边用兵征服，一边用德政教化的策略，收到良好效果，使有扈氏终于臣服于夏。

东南地区古称“九夷”，以当地九个较大的部落为名。禹为加强对其统治，几次出巡该地区，传播中原文化和礼教，受到当地百姓尊敬和礼遇。他沿途向当地人询问习俗，鼓励农耕，告其农时，播种五谷，教育部族酋长们讲礼仪、知法度，不以强凌弱，和睦相处。同时又宣布，若有不听教化者，要以兵征讨，绝不客气。当时，古越部落酋长防风氏，总想独霸一方，自称越人各部落之长，不听禹的命令。禹在苗山大会上当众命令将他处死，并暴尸三天。各地诸侯、方伯深知夏的威力和禹的神圣，再不敢冒犯禹王。那些没有参加朝见禹王的氏族部落听说此事，也纷纷向夏进贡称臣。

禹在位第10年南巡，到达涂山（在今安徽蚌埠西）的时候约请诸侯相会，献上玉帛前来朝见的诸侯竟达万名之众。禹为纪念这次盛会，把各方诸侯部落酋长们送来的青铜铸成九个鼎，象征统一天下九州，成为王朝之象征。

大禹在位15年后逝世，葬于会稽（今浙江绍兴），终年100岁。

二、上古三代

（一）“殷鉴不远，在夏后之世”

禹死后，其子启继位，由于传统的“禅让”观念没有完全消除，东方伯益与启争夺王位，“益干启位，启杀之”。西方的有扈氏更是起兵反抗，启亲领大军讨伐，声称有扈氏犯了“威海五行，怠弃三正”的罪行，他要“恭行天之罚”，要“剿绝其命”，双方大战于甘（今河南洛阳西），有扈氏终于被“剿绝”了。至此，启排除干扰，巩固了王权，正式确定了世袭制，从此开创了中国历史上的“家天下”局面。为了使世袭制王权为众多诸侯所承认，启在都城阳翟召集众多的诸侯，举行盛大的“钧石之享”，这是继“涂山会盟”之后的又一重要朝会。这一朝会“所以示诸侯礼也，诸侯所由用命也”。夏王朝的统治基础，到此完全确定了，中国的历史从此时起，进入了阶级社会，时间约在公元前21世纪。

夏启死后，出现了五子争权斗争。太康即位后，政事不修，沉湎于酒色，有穷氏的首领后羿乘机夺取了政权。直至后羿被他的大臣寒浞所杀，公子少康逃到有虞氏，得到有虞氏的帮助，组织夏的旧部，积蓄力量，乘寒浞内部混乱之时，出兵打败了寒浞父子，夺回了政权，才恢复了夏王朝的统治。这就是夏代历史上出现的“太康失国”、“后羿代夏”和“少康中兴”的事件。

夏朝末年，夏王室内政不修，外患不断，阶级矛盾日趋尖锐。夏桀即位后不思改革，骄奢淫逸，筑倾宫、饰瑶台，挥霍无度。他日夜与妹喜饮酒作乐，置百姓的困苦于不顾。大臣忠谏，他囚而杀之。百姓指着太阳咒骂夏桀，四方诸侯也纷纷背叛，夏桀陷入内外交困的孤立境地。

来自黄河下游的商族首领汤看到伐桀的时机已经成熟，乃以“天命”为号召，说“有夏多罪，天命殛之”，要求大家奋力进攻，以执行上天的意志。鸣条之战，商汤的军队大败夏桀的军队，桀出逃后死于南巢，夏王朝从此灭亡。

夏朝是世界上最古老的奴隶制国家之一。从禹开始，到桀灭亡，传14世17王，有400多年的历史。这个国家的范围，北到山西的长治，南达河南伊水流域，西到陕西华山一带，东至山东、河济之间。势力和影响已达到黄河南北和长江流域。

夏朝没有文字直接流传下来，所以，长期以来对其了解还主要依赖古代文献的记载，包括夏朝的国王、官吏、军队以及刑狱情况。近年来，陆续发掘的遗址宫殿、墓葬以及许多青铜器的出土，则从一个侧面揭示了夏朝的政治、经济及社会文化、生活等方面的情况。

（二）“汤武革命，顺乎天而应乎人”

商族兴起在黄河下游，相当于现在的河南、山东一带。商部落的历史可以追溯到母系氏族公社时期。这个部落的始祖叫契，传说契的母亲简狄洗澡，忽然发现燕子下了个蛋，吃了以后便怀孕生契。所以古代有“天命玄鸟，降而生商”的传说。

黄河下游是一个洪水经常为患的地区，所以从契到汤，经过了14代，8次迁徙。商部落的畜牧业发展很快，据说有名的先公相土作乘马，王亥作服牛，就是驯养牛马作为运输工具。商部落传到成汤当王的时候已经很强盛，农业、畜牧业、手工业都有很大发展，经济力量逐步超过了夏。成汤采取积极措施准备灭夏。他首先任用了伊尹和仲虺为左右相，提拔重用了出身低微而有才干的人，先后出兵攻灭了葛、韦、顾、昆吾等夏朝属国。成汤越战越强，“十一征而无敌于天下”，最终灭掉了夏。

商汤

成汤灭夏之后，向四方扩展了统治区域，建立了中国历史上第二个奴隶制王朝——商朝。商朝前期，因长时间的内乱，都城也多次迁徙。至盘庚即位后，将国都迁往殷（今河南安阳），才稳定了统治。此后，商朝出现过“武丁中兴”。但到商末纣王时，终因暴政而亡国，历时600余年，时间约在公元前11世纪。

商朝建立以后，广施仁政，深得民心，政权得到了初步巩固，建立了王以下包括许多官吏和大批军队在内的国家机器，同时还出现了刑罚、监狱。商朝的农业、手工业也较以往有所进步，出现了黍、稷、稻、麦等粮食作物和桑、麻、瓜果等经济作物，特别是青铜铸造的水平明显提高，可以制造各种大型、精美的器物。商朝的商业有了初步的发展，由于商业交换活动的增加，出现了早期的货币。经济发展的加快，促使私有制度进一步完成，商朝走向了奴隶制度占主要地位的时代。历史上把这一段时期称作“商汤革命”时期。

与此同时，商朝的文化获得了突出的发展。殷墟出土了大量刻有卜辞的甲骨，这些字都具备了汉字的基本结构。大量的甲骨文及铭文既记载了当时政治、经济、军事以及气象、占卜方面的情况，又标志着汉字接近成熟。商朝还拥有比较完备的历法，掌握了一定的天文知识。大量的出土实物，也反映出当时音乐、美术等艺术领域及生活方面取得的成就。

（三）“大启尔宇，为周室辅”

商朝末年，活动在渭河流域的姬姓周部落逐渐强大起来，周武王姬发继承父亲文王遗志，重用姜尚等人，使国力增强。公元前1046年，当商的军队主力远在东方作战，国内军事力量空虚之时，周武王联合各个部落，率领兵车300辆，虎贲（卫军）3000人，士卒4.5万人，进军到距离商纣王所居的朝歌只有35公里的牧野（今河南淇县西南），举行了誓师大会，历数纣王罪状，向纣王宣战。结果，纣王大败，连夜逃回朝歌，眼见大势已去，只好登上鹿台放火自焚。周武王完全占领商都，宣告商朝的灭亡。

武王灭商

周灭商以后，为了巩固和扩大周王朝的统治，有效地管理广大被征服的地区，镇抚各地原有的邦国，周初实行了分封制。即把周王的子弟、亲戚、功臣以及古代先王圣贤的后代，分配到各个地区，分别授给他们一定范围的土地和人民，建立封国。这些子弟等被称为“诸侯”，诸侯在自己的统治范围内建立政权机构，设置军队和监狱，但规模和地位都有一定的限制。诸侯对周王承担一定的义务，如定期朝见、缴纳贡赋、征调军队随周王出征，周王室重大祭祀活动，诸侯要前往助祭等。

周朝初期，经过了周武王和周公两次大的分封，形成了以王畿为中心，众多诸侯拱卫周王室的局面。王畿是周王室统治的中心地区，武王时已经计划将周的王都建于洛水与伊水之间的地区，但没有来得及兴建就去世了。周公东征以后，就按武王的计划修建了洛邑（今河南洛阳市东），把那些殷顽民迁移到这里加以监视。又在附近建王城（在今洛阳市内），以军队八师驻守，作为朝会东方诸侯的东都。这样，西起岐阳，东到圃田，所谓渭、泾、河、洛地带，都成为周的王畿。西边的关中平原，以镐京为中心，是周人兴起的地方，称宗周。东面的河洛地带，以东都王城为中心，是保卫宗周和镇抚东方的重镇，称成周。东西连成一片，长达千余里，王畿的政治、经济和军事力量都有显著的增强，成为控制全国的基地。

周武王去世后，年幼的成王继位，武王的弟弟姬旦即周公辅政。周公在“分邦建国”的基础上“制礼作乐”，建立了一整套有关“礼”、“乐”的完善制度，主要有畿服制、爵谥制、法制、嫡长子继承制和礼乐制等。其中最重要的是嫡长子继承制和礼乐制。在殷商时，君位的继承多半是兄终弟及，传位不定。周公确立的嫡长子继承制，以血缘为纽带，规定周天子的王位由长子继承，同时把其他庶子分封为诸侯卿大夫，他们与天子的关系是地方与中央、小宗与大宗的关系。周公还制定了一系列严格的君臣、父子、兄弟、亲疏、尊卑、贵贱的礼仪制度，以调整中央和地方、王侯与臣民的关系，加强中央政权的统治，这就是所谓的礼乐制度，孔子一生所追求的就是这种有秩序的社会。

周王朝实行的分封制，是当时历史条件下对广大的区域实行有效统治的最好的办法。周初分封了 71 国，其中姬姓 53 国，据《左传》记载，先后受封的文王后代有 16 国。大量分封诸侯，对巩固和稳定周王室确实起到了非常重要的作用，周灭商以后，在周王朝影响的范围内，还有众多的旧国存在；在边远地区，也有大量少数民族部落。周王朝的封国与这些旧国和少数民族杂处，有效地扩大了周王朝的政治影响，对传播先进的周文化，加速这些地区的发展都起到了积极的作用，对历史上民族统一体的形成有着重要的意义。在历史发展的进程中，各封国的发展程度不同，一些诸侯国发展壮大起来，向四周扩展，成为雄踞一方的大邦，而最终形成了诸侯割据、列国争霸的局面。

第二章 春秋战国 百家争鸣

公元前771年，犬戎杀周幽王，灭西周。翌年（公元前770年），幽王太子宜臼由镐京迁于洛邑（今河南洛阳），史称“平王东迁”，之后的周王朝为东周。周赧王五十九年（公元前256年），东周为秦所灭，共传25王，历时515年。

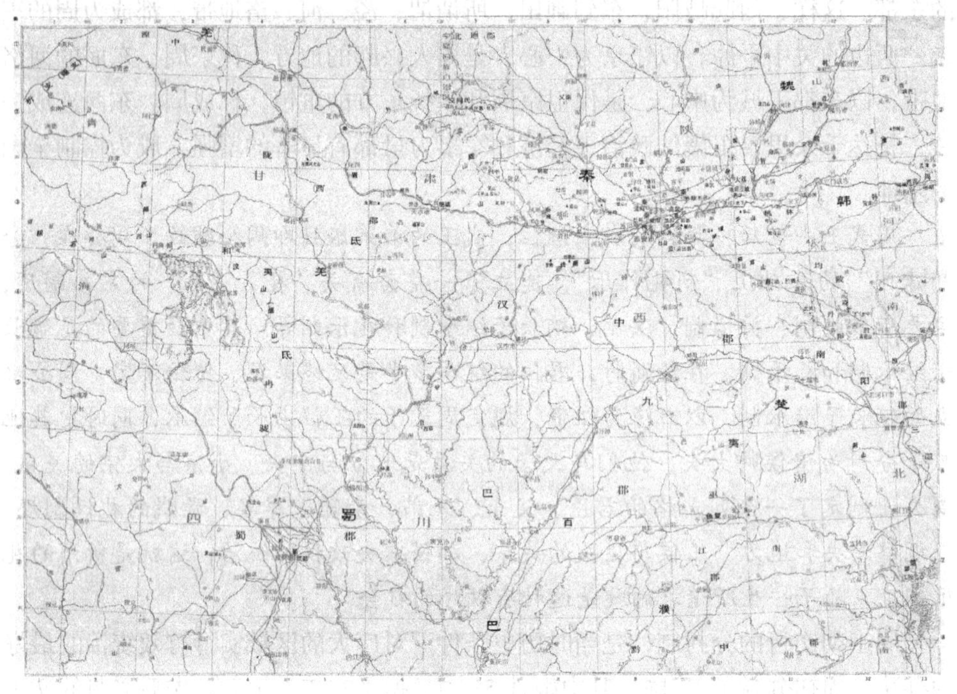

东周形势图

第一节 思想启蒙时代的社会发展背景

一、周王朝政权体制的分崩离析

（一）春秋五霸

公元前770年至公元前476年，史称“春秋时期”，这290多年正是中国从奴隶制向封建制变革的时期，那个由家喻户晓的《封神演义》中的主角周武王姬发创立的奴隶制王朝周王朝，已经日薄西山，逐渐衰败下来。从前是天子统率诸侯，“礼乐征伐自天子出”，现在这些权力都落到诸侯手里，“礼乐征伐自诸侯出”，“礼乐征伐自大夫出”，甚至于“陪臣执国命”，这就是孔子所说“礼崩乐坏”的境地。

随着周王室对各诸侯国控制能力的衰弱，社会动荡加剧，诸侯纷纷争夺霸权，烽烟四起、战火连天。仅据鲁史《春秋》记载的军事行动就有480余次，诸侯的朝聘和盟会450余次。司马迁《史记》说：“弑君三十六，亡国五十二，诸侯奔走不得保其社稷者不可胜数。”春秋初期诸侯列国有140多个，经过连年兼并，小的诸侯国纷纷被吞并，强大的诸侯国在局部地区实现了统一。历史上把先后称霸的五个诸侯叫做“春秋五霸”。

关于“春秋五霸”，历来有不同说法，有的说法为齐桓公、晋文公、楚庄王、吴王阖闾、越王勾践，有的说法为齐桓公、宋襄公、晋文公、秦穆公、楚庄王，也有人说“五霸”是虚指，并不是指具体的五位诸侯。

公元前685年，齐襄公的族弟公孙无知与大臣连称、管至父串通发动政变，杀了襄公，篡夺了君位。一个多月后，齐人杀死公孙无知，准备迎接公子纠回国即位，但国内的高氏、国氏等贵族却支持公子纠的弟弟公子小白继位。正在莒国流亡的小白抄近道先于兄长回到齐都临淄，当上了国君，史称齐桓公。齐桓公即位后，重用良相管仲，在政治、经济、军事各方面进行了一系列的改革，使齐国逐步富强起来。

公元前681年，齐桓公在齐国边境的北杏（今山东东阿北）召集宋、陈等诸侯会盟，被推举为盟主，随后他兴兵伐鲁，大获全胜。当时中原诸侯正苦于戎、狄等部落的攻击，于是齐桓公打出“尊王攘夷”的旗号，以盟主身份率领各国北击山戎，南伐楚国，最终完成了“九合诸侯，一匡天下”的伟业。公元前651年，桓公大会诸侯于葵丘（今河南兰考），周天子也派人参与并送重礼，承认了齐桓公的霸主地位，史称“葵丘会盟”。会上齐桓公代周天子号令诸侯，俨然成为春秋第一位也是中国历史上第一位霸主，开启了乱世争霸的新篇章。

齐桓公

到了春秋时代的中后期，随着农业生产中的牛耕逐步普及和铁制农具的应用，经济有了迅速发展，政治形势也产生了相应的变化，代表奴隶制的井田制瓦解，代表新兴生产力的私田开发兴起，社会制度产生深刻变革。同时，诸侯国内部中的卿大夫的势力逐渐发展起来，他们利用自己的经济实力，控制和瓜分公室，并互相争斗，以扩充领地。于是，出现了七雄并立、互相争霸的时代逐步到来，春秋时期走向了战国时期。

（二）三家分晋

三家分晋是春秋后期公室与私家之间展开激烈斗争的结果。在西周宗法封建制下，周天子分封诸侯，诸侯在自己的统治范围内再分封卿和大夫。卿大夫领有自己的封邑，拥有基本上是独立的政治、经济、军事力量，他们通过贵族宗族组织来统治自己的封邑。这样，在诸侯国内部就有了“公室”和“私家”之别。公室指诸侯国君，私家指卿大夫之家。在西周时期和春秋早期，卿大夫的封邑没有得到发展。春秋时期，西周以来的社会政治秩序遭到破坏，在诸侯国势力扩张的同时，诸侯国内部卿大夫的势力也有了很大的发展。他们统治的封邑，在诸侯国内也形成了一个个割据独立的小国，并且也在互相兼并。有些势力强大的卿大夫，还操纵了诸侯国的政治，诸侯国的政权由公室向私家转移。这些卿大夫比较能顺应社会经济发展的要求，是新兴的进步势力；以国君为代表的公室则主张维护旧的制度，是一批顽固的守旧贵族。

早在春秋初期，晋公族内部嫡系与旁支之间便展开了激烈的斗争，晋献公曾大批屠杀公族内的公子。献公死后，其儿子之间又发生争夺君位的斗争，直到晋文公即位才结束。到春秋中叶，旧公族只剩下栾氏、羊舌氏和祁氏等几家，而晋国的卿大夫之家即私家的力量却逐渐壮大起来，不断与晋国的公族展开斗争。晋厉公时，把私家看成最大的威胁。公元前574年，他举兵杀了三郤，结果很不得人心。次年，厉公被杀。

晋朝中期以后，晋国的卿位一直由19个卿大夫之家所占据，居卿位的同时又是统率军队的将领。这十几个卿大夫家族在晋国政治、经济和军事方面的势力，一天天膨胀起来，他们互相吞并，到春秋晚期，只剩下韩氏、赵氏、范氏、魏氏、中行氏、智氏六家最大的卿大夫家族，就是所谓的六卿。六卿与晋国旧贵族之间进行了持续不断的斗争。公元前550年，以范氏为首的新兴势力联合起来攻打当权的大夫栾盈，栾盈逃到楚国，不久又逃到齐国，齐国将他偷偷送回到他在晋国的私邑曲沃。栾盈以曲沃为据点，发兵进攻晋国的绛都。新兴势力迅速占领固宫（晋襄公庙），大败栾氏，栾盈及其党羽全部被诛。此后，新兴势力继续与旧贵族斗争，栾氏、郤氏、胥氏、原氏、狐氏、续氏、庆氏、伯氏等旧贵族继续受到打击，被降为奴隶和平民。晋朝公族被消灭，晋国的政治完全被卿大夫之家所把持。公室与私家的斗争，是旧贵族与新兴势力的斗争，旧贵族被消灭对晋国社会的发展来说是一种进步。

在与旧贵族斗争的同时，新兴势力内部也进行了激烈的斗争。当时新兴势力实行了一些有利于生产发展的革新措施。公元前493年，范氏、中行氏与郑国等联合起来，与韩、赵、魏发生战争，赵联合韩、魏与范氏、中行氏交战，每次都取得胜利。公元前490年，范氏、中行氏失败后，逃出了晋国。赵简子把邯郸据为己有，其他地方为晋公室所有。公元前485年，智、韩、赵、魏四家联合起来要瓜分原先属于范氏、中行氏的土地，晋出公不肯，四家就赶跑了晋出公，智伯另立晋哀公，自己控制了政权，又占领了范氏、中行氏的土地。智、韩、赵、魏四家成为晋国最强大的势力。当时四家的当权者分别是智伯瑶、赵襄子无恤、韩康子虎、魏桓子驹。智伯最为强大，晋国的政事都由智伯一人决断。他想独吞晋国，但时机不成熟，便采取削弱其他几家的办法。他以奉晋君之命攻打越国为名，要每家拿出100里的土地和户口给晋室，其实是要归他自己，韩康子和魏桓子都如数交出了土地和户口，而赵襄子则拒绝了智伯的要求。于是智伯就联合韩、魏两家攻打赵家，并答应灭了赵家后，赵家的所有土地和户口由三家平分。

公元前455年，智伯率领中军，韩氏的军队为右路，魏氏的军队为左路，三队人马直奔赵家。赵襄子知道寡不敌众，就跑到晋阳去，以晋阳为根据地与三家对抗。晋阳是赵氏原有的领地，又经过尹铎等人的治理经营，民心归附，对赵襄子很有利。智、魏、韩三家的兵马，把晋阳围住，但赵氏的军队士气旺盛，坚守城池，难以攻下，双方相持了近两年时间。到了第三年，即公元前453年，智伯引晋水淹晋阳城，几天后，城墙差几尺就要全部被淹了。城里粮食没有了，就交换孩子来吃。臣僚们也出现了离心倾向，形势很危急。赵襄子就派相国张孟乘黑夜出城，分化三家的联盟。张孟对韩康子与魏桓子说："唇亡齿寒，赵亡之后，灭亡的命运就要轮到你们了。"韩、魏参战本来是不情愿的，又见智伯专横跋扈，也担心智伯灭赵后将矛头对准自己。为了自身利益，所以决定背叛智伯，与赵襄子联合。一天晚上，韩、赵、魏三家用水反攻智伯，淹没了智伯的军营，智伯驾小船逃跑，却被赵襄子抓住杀掉。从此赵襄子灭掉了智氏一族，韩、赵、魏三家平分了智氏的土地和户口，各自建立了独立的政权。

公元前438年，晋哀公死，幽公即位。这时晋国完全衰弱，畏惧权臣，反向韩、赵、魏三家行朝拜礼，韩、赵、魏瓜分了晋国的土地，只把绛城和曲沃两地留给晋幽公。此后，韩、赵、魏被称为三晋。公元前403年，周威烈王正式册命韩、赵、魏为诸侯。到公元前376年，韩哀侯、赵敬侯、魏武侯联合灭了晋国，瓜分了晋国的全部土地，把当时的国君晋静公废为百姓，晋完全为韩、赵、魏三家所取代。

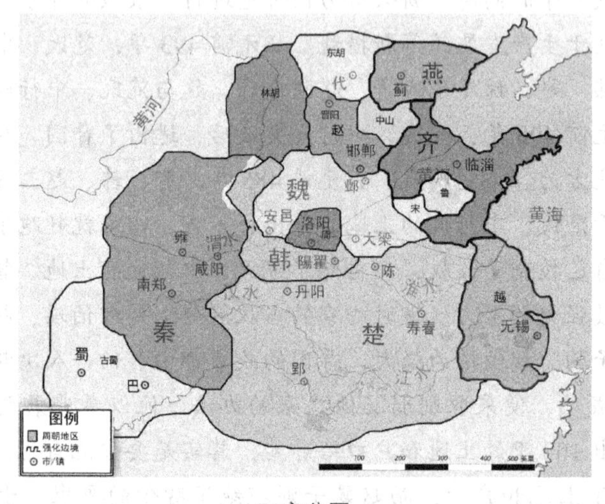

三家分晋

（三）战国七雄

公元前 475 年至公元前 221 年间，是中国历史上一个动荡时期。奴隶和平民起义风起云涌，各诸侯国之间的战争接连不断，社会呈现天下大乱的形势。这期间，北起长城，南达长江流域，先后出现秦、齐、楚、燕、韩、赵、魏七个大国。它们侵伐小国，互相兼并，史称“战国七雄”。

公元前 445 年，魏文侯任用李悝实行变法，较早地实行了社会改革，使魏国成为最先强盛的国家。公元前 354 年，魏惠王派大将庞涓率兵进攻赵国。魏军横冲直闯，如入无人之境，很快逼近赵都邯郸。在这形势危急的情况下，赵成侯派使者前往齐国求救。齐威王派田忌为主将，孙膑为军帅，出兵救赵。孙膑说：“要想解开纷乱的丝线，不能用手强拉硬扯；要劝解两个打架的人，不能直接参加进去打。派兵解围，应出其不意，攻其不备，采取避实击虚的策略，造成敌人的后顾之忧。”田忌接受孙膑的意见，领兵杀向魏国都城大梁。庞涓听说大梁吃紧，领兵回救，星夜赶路，而孙膑、田忌将齐军埋伏在桂陵（今山东菏泽东北），静待魏军前来决战。魏军长途行军，疲于奔命，人困马乏，双方一经交战，魏军全线崩溃，齐军获得全胜。这就是以“围魏救赵”的战法著名于世的“桂陵之战”。但事隔不久，魏国联合韩国打败齐国，挽回了败局，魏国在中原又成为第一强国。

公元前 342 年，魏国进攻韩国，韩国向齐国求救，齐国仍派田忌、孙膑率军解救韩国。孙膑采取退兵减灶、诱敌深入的战术，齐军佯败后退，第一天留下了 10 万人做饭的锅灶，第二天减少到 5 万人的锅灶，第三天减少到 3 万人的锅灶。庞涓以为齐军逃亡严重，穷追不舍。这时，孙膑在马陵设下埋伏，等庞涓带兵追到马陵，孙膑一声令下，齐军金鼓齐鸣，万箭齐发，大败魏军，庞涓自杀，魏太子申被俘，这就是著名的“马陵之战”。此后，魏惠王和齐威王会盟徐州，双方妥协，均分东方的霸权地位。

后来，魏国逐渐衰弱，齐国和秦国成为东西对峙的两个霸主，进入了齐、秦争强时期。秦国在商鞅变法之后，一跃成为七国中实力最强的国家。这时，东方的齐国与秦国旗鼓相当，双方在不断兼并周围弱国、扩大势力范围的同时，又进行着所谓“合纵”、“连横”的外交斗争。“合纵”就是指弱国联合起来，阻止强国进行兼并，“连横”就是强国迫使弱国帮助它进行兼并。实际上“合纵”和“连横”都是争取暂时同盟者的外交手腕，其目的是进一步兼并土地，扩张领土。齐、秦斗争的焦点在于争取楚国。

战国初期，楚悼王任用吴起为令尹，实行变法，国势富强，一举打败了魏国并出兵伐秦。公元前381年，楚悼王死，吴起的新法被废除，楚国一天天走下坡路。楚怀王在位时，秦国派张仪入楚鼓吹“连横”，劝楚绝齐从秦，并口头许愿，以归还楚国商於（今河南淅川西南）600里地方为代价，楚怀王信以为真，就和齐国断交。当楚国派人向秦国讨取土地，秦相张仪狡猾地说：“我和楚王商定是6里，没说是600里。”楚怀王十分恼火，发兵攻秦，结果吃了败仗，楚兵被杀800人，楚将屈匄被俘，汉中地方被秦国占去。楚怀王又调动所有兵力与秦军战于蓝田，这时魏国乘楚国空虚，袭击楚国，齐国却不派兵支援楚国，因此楚国吃了大亏，从此一蹶不振。

这时，秦、齐斗争趋于白热化。公元前298年，齐、韩、魏、赵、中山五国联军攻入函谷关，秦国被迫退还韩、魏的一些土地，五国才退了兵，齐国成为关东各国的盟主。公元前288年，秦昭王自称西帝，尊齐湣王为东帝，用远交近攻的策略拉拢齐国，破坏了关东的“合纵”联盟。公元前286年，齐国灭掉宋国，一时威势很盛，引起各国的不安。秦国联合了燕、楚、韩、赵、魏等国共同伐齐，于公元前284年，在济西（今山东聊城南）大败齐军。这期间，燕国自昭王即位后，招纳贤能，任用乐毅为将，决心报齐国入侵之仇，趁势攻下齐的国都临淄，连下70余城，并入燕国版图。后来，齐将田单利用燕国内部矛盾，驱逐燕军，收复了失地。然而，齐国已经丧失了与秦国抗衡的能力。

燕昭王即位时，燕国正被齐国打得大败，国家濒临灭亡。昭王下决心不惜一切代价招纳贤才，使燕国尽快强大起来。他亲自拜访老臣郭隗，请教寻求贤才的方法。郭隗向他讲了一个“千金市骨”的故事。从前有位国君，不惜用千金求购千里马，三年过去了，还是没有买到。有位侍臣对国君说：“请让我去寻找千里马吧！”国君就派他去了。过了三个月，侍臣打听到某地有匹千里马，可当他急忙赶到时，千里马已经死了。侍臣便用五百金买下千里马的骨头，带回来见国君。国君大怒，厉声斥责道：“我要的是活的千里马，谁让你花五百金买来马骨？”侍臣回答说：“大王请息怒。我用五百金买回马骨的消息传扬出去，天下的人都知道大王真爱千里马，难道还怕没有人送上门来吗？活的千里马很快就要到了。”果然，此后不到周年，就得到了三匹千里马。郭隗讲完故

千金市骨

事后对昭王说："大王果真要招纳贤才，就先从我开始吧！"于是昭王给郭隗建了豪华的住宅，像对老师那样恭敬地伺候他。消息传出之后，魏国的乐毅、齐国的邹衍、赵国的剧辛等，纷纷来到燕国，在他们的帮助下，燕国很快富强起来，并打败齐国，报了前仇。

秦国在"合纵"斗争中削弱了齐国，开始向东方发展。公元前 278 年，秦将白起率军攻破楚国都城鄢郢（今湖北江陵西北）。公元前 260 年，秦将白起率军进攻韩国的上党郡，郡守投降赵国。赵国派著名大将廉颇率大军镇守长平（今山西高平），筑垒坚守，以逸待劳，与秦军相持三年，不分胜负。秦国丞相范雎派人到赵国行施"反间计"，散布廉颇坏话，赵王信以为真，就派只会"纸上谈兵"的赵括替换廉颇。赵括骄傲轻敌，一到前线，便下令倾巢出击，白起采取了诱敌深入、迂回包抄的战术，迫使赵军在极为不利的情况下作战。最后，赵括被秦军乱箭射死，赵国 40 万大军被俘，白起把他们全部活埋。秦军乘胜前进，包围了赵都邯郸，赵向魏求救，魏派晋鄙率兵救赵，因为惧怕秦军，就在半路上逗留观望。魏国公子信陵君无忌盗出魏王的虎符，假传军令，挑选 8 万精兵援救赵国。同时，楚国援军赶到，联合打败秦军，解除了邯郸之围。

秦国虽然暂受挫败，但经过多年经营，其实力之雄厚，六国中已经没有一个能单独抗衡，秦国统一六国的形势完全成熟了。公元前 231 年，秦国开始了统一全国的战争，至公元前 221 年，消灭了其他六国，统一了中国。从此，中国由一个诸侯割据称雄的封建国家转变为一个中央集权专制主义的封建国家。

二、旧生产力的瓦解及新生产力的确立

春秋战国时期是中国从奴隶社会向封建社会转型的历史时期。在这一时期，农业生产技术的进步使劳动大众摆脱奴隶制时代的群体劳动成为可能；手工业技术的进步，尤其是冶金技术的发展给农业生产的发展提供了先进的工具；在农业和手工业发展的基础上，商业和作为商业中心的城市迅速发展。各地的农业和手工业产品如南方的象牙、北方的马、东方的鱼盐和西方的皮革等，都可以在城镇的市场上买到。作为商业中心（同时也是政治中心）的城市有了很大发展。典型的城市如齐国的临淄、楚国的郢和赵国的邯郸等。如果没有商业的发展，城市的繁荣是不可想象的。同时还出现了商业特权阶层参政的实例，比如奇货可居的吕不韦等。

阳翟大商人吕不韦到赵国都城邯郸做生意，在路上发现一个气度不凡的年轻人。有人告诉他这个人是秦昭王的孙子，名叫异人，正在赵国当人质。当时，

秦、赵两国经常交战，赵国人怠慢异人，使他生活非常贫苦，甚至天冷时连御寒的衣服都没有。吕不韦知道这个情况后，认为这是个大好机会，可以把异人当做珍奇的物品贮藏起来，等候机会，大赚一笔，即所谓“奇货可居”。

他首先拿出一大笔钱，买通监视异人的赵国官员，结识了异人。然后又到秦国，用重金贿赂太子安国君左右的亲信，把异人赎回了秦国。当时安国君有20多个儿子，但他最宠爱的华阳夫人却没有儿子。吕不韦给华阳夫人送去大量奇珍异宝，让华阳夫人收异人为义子。秦昭王死后安国君即位，史称孝文王，他在华阳夫人的劝说下立异人为太子。不久后孝文王去世，太子异人即位为王，称庄襄王。庄襄王非常感激吕不韦拥立之恩，拜吕不韦为相，封文信侯，并把河南洛阳一带的12个县作为封地，以十万户的租税作为俸禄。庄襄王死后，太子嬴政即位，尊吕不韦为仲父。

随着铁制农具和牛耕在农业生产上的使用和推广，社会生产力有很大的提高，推动社会经济进步，又促进了私田的发展，使井田制瓦解，封建土地所有制逐步确立。与此同时，在争霸和兼并战争过程中，大国为了发展国力而纷纷进行改革和变法，新的封建制度终于在各诸侯国确立起来。

战国初期，秦国贵族垄断政权，国君权力较小，国力很弱，国土常常受到别国的侵占。公元前361年，秦孝公即位，这位年轻的国君决心改变秦国的落后面貌，下了一道变法图强的求贤诏令，于是商鞅来到了秦国。商鞅到秦国后，宣传“强国之术”，得到了秦孝公的信任，任命他为左庶长。公元前359年和公元前350年，在商鞅主持下秦国两次公布了新法，其主要内容有：

第一，废除奴隶主贵族的世卿世禄制度，取消宗室的特权，按军功的大小重新规定官爵的等级和待遇。下级士兵在战争中勇敢杀敌的，也可以得到官爵；临阵脱逃和投降敌人的要受到严厉的处罚。凡是进行私斗的，按照情节轻重判处刑罚。

第二，废除奴隶制的井田制度，在法律上承认土地私有和买卖。鼓励男耕女织，凡是生产粮食和织布多的免除徭役和赋税。

第三，实行重农抑商政策。对弃农经商或因懒惰而贫穷的人，连同其家属罚作官奴婢。

第四，加强中央集权，普遍推行郡县制。全国设31个县，官吏由中央直接任免；同时进行户口编制，实行连坐法，规定五家为一伍，十家为一什，什伍中互相纠察告发“奸人”，有坏人不告发的，什伍连坐。

第五，由中央制定和颁发统一的度量衡。比如以“商鞅方升”作为当时的标准量器，有利于税收和经济交往。

商鞅新法直接打击了奴隶制旧势力，巩固了新兴地主阶级政权，因此，变法从开始到最后，一直是在激烈的斗争中进行的。旧贵族主张“法古无过，循礼无邪”，认为“依照原来的旧习俗来教导人民，可以不劳而成；根据旧有的制度来治理，官吏既熟悉，人民也安定”。商鞅反驳说：“制度和法令应该按照当时的客观环境来制定，治世从来没有一个划一的办法，只要求其便利于国家，不一定要效法古代。商汤和周武，是没有效法古代而称王的；夏桀和殷纣是没有更改旧制而灭亡的。从此可知，反古未必错，循礼未必对。”

新法拟好后，怎样才能使人民相信呢？经过一番考虑，商鞅让手下的人把一根三丈长的木杆竖立在国都的南门，宣称有谁能把它搬到北门的，赏给十金。人们觉得奇怪，不敢搬动。他接着又悬赏说：“有谁能搬去的，赏给五十金。”有一个人试探着把木杆搬到了北门，商鞅立刻赏给他五十金，以示信用，这样就奠定了人们对新法的信心。这时候，在朝廷内部新旧两种势力斗争更加激烈。当时有人议论新法不便执行的多至千数，太子的老师公子虔和公孙贾更是唆使太子触犯新法，企图用这个办法破坏变法。商鞅说：“太子犯法，是老师没有教育好，应该给老师处罚。”于是下令把他俩一个割掉鼻子，一个脸上刺了字，从此再没有人敢议论新法了。

秦国经过商鞅变法，面貌焕然一新。在土地所有制方面，基本废除以井田制为基础的封建领主所有制，确立以私有制为基础的地主土地所有制；在政治方面，基本废除了分封制，确立了郡县制。秦国一跃而为“兵革大强，诸侯畏惧”的强国，出现了“家给人足，民勇于公战，怯于私斗，乡邑大治”的局面。

商鞅变法

公元前338年，秦孝公死，太子惠文王继位。公子虔等强加商鞅以“谋反”的罪名，将他逮捕并用“车裂”的酷刑处死了他。商鞅虽死，但秦惠王和他的后继者都继续实行了商鞅的新法，秦国的国力得以进一步发展，为后来秦始皇消灭六国，统一中国奠定了基础。

第二节　百家争鸣，百花齐放

一、原始社会淳朴的道德思想逐渐崩溃

原始社会时期，由于生产力水平低下，社会生活原始粗放，民风淳朴，人们普遍没有私有观念。人人平等，过着一种美好的无忧无虑的生活。在氏族公社和部落联盟事务的管理上，部落各成员享有充分的民主，处理内部事务主要靠部落联盟首领的智慧和美德来教化民众，治理国家的思想处于萌芽状态。随着王位世袭制取代禅让制，产生了阶级和国家，统治者一方面制定了宗法等级制度以维护奴隶主阶级的统治，一方面以武力作为统治的后盾。

春秋战国时期，中国社会处于奴隶制崩溃封建制确立时期，历史经历着划时代的变革，周王室衰微，诸侯坐大，维护奴隶主宗法等级制度的“周礼”遭到极大破坏，诸侯争霸，社会处于动荡之中。随着社会动荡的加剧，国与国的交往和竞争，人际交流的扩展，也使人们的道德水准开始下滑，自上古至西周时期人们所尊崇的“德”让位于现实的权力欲望和利益，弱肉强食、强者为王的法则开始确立。这时候代表各阶级利益的知识分子异常活跃，成为一支重要的社会力量，他们纷纷登上历史舞台，著书立说，提出解决社会现实问题的办法，形成了诸子百家争鸣的繁荣局面。其中影响最大的是儒家、法家、道家，他们各自为新兴的地主阶级设计了一套结束割据、实现统一的治国方案，为秦汉以后的封建社会治国思想的选择奠定了基础。

二、“士”的兴起和百家争鸣

在西周宗法分封制中，士是最下层贵族。士隶属于上一级贵族，行动不自由；经济上可以不劳而“食田”；文化上“士竞于教”，享有受教育的权利，他们身通“六艺”，怀有文韬武略。春秋以前的士“大抵皆有职之人”，既有武士又有文士。

春秋战国时期的社会动荡、政治分裂为中国最早的知识阶层——士的兴起创造了条件。士人从贵族跌落为庶民，反而得到了思想意识自由发展的广大空间，他们以办“私学”的形式纷纷创立思想学派，促进了中国学术文化的大发展。

在那个时期，社会激烈地动荡、变革，作为政治结构的宗法制逐渐瓦解。首当其冲的贵族成员显然是处于贵族最底层的“士”，而其中社会地位最为低下的又是文士。因为当时社会政治动荡的一个主要表现是所谓“礼崩乐坏”，“礼崩乐

坏”的直接受害者则必然是那些依附于礼乐制度的文士。他们当中的许多成员在这次历史大动荡中跌入庶民的世界，在失去封土、爵位、职官的窘况下，他们虽不如平民胼手胝足可维持生计，但是可以把出卖智力作为新的谋生手段。于是，这些原本在宫廷中专掌典册、身通“六艺”之士愤然出走，游荡民间；他们所掌握的文化也被传播、普及，把原来集中于周王室和宋、鲁的文化逐渐扩散。在他们的教育之下，庶民中又产生出新一代文士，与他们一同构成了一个新的士阶层，他们即中国最早的知识阶层。

周王朝衰落的时期，官办的官学逐步瓦解，文士从士贵族中分离而流散于民间。官学的衰落，学术文化的下移，使民间逐渐兴起私人教育，出现“私学”。孔子办私学，在他的学生面前既不是贵族，也不是教官，确实是真正意义上的教师了。在春秋战国时期，私学中著名的教师几乎都是思想家，他们不拘泥于传统，根据自己的学识、意愿自由安排教育的内容、方式，自由发表对各种自然和社会现象的不同观点，从而形成了儒、墨、道、法、阴阳、名、纵横、杂各种学派。各学派为了探索客观世界的奥妙，相互竞争，自由论战，以空前的规模和速度，把人们的认识推向新的高度，终于迎来了春秋战国诸子百家的灿烂文化局面。

春秋战国时期，官学的没落和私学的兴起推动了诸子蜂起、百家争鸣的思想大解放。诸子百家掀起了中国历史上空前绝后的广泛思潮，引起了社会思想的激烈变化。

诸子百家

三、主要思想流派及其代表人物

（一）儒家的"圣人"及"亚圣"

1. 孔子

在中国的传统文化中，知名度最高的就是孔圣人——孔子。

孔子（公元前551—前479年），名丘，字仲尼，其先祖原为宋国贵族，后逃难到鲁国，成了鲁人。孔子幼年丧父，家道中落，曾做过小官吏。中年以后，担任过鲁国的中都宰和司寇等职，去职后，他周游列国，到处游说。晚年又回到鲁国，他后半生大部分时间从事讲学。孔子的言论，由他的门人整理成《论语》。《论语》是研究孔子思想的主要依据。

孔子"仁"学。孔子生活在"礼崩乐坏"的春秋晚期，以维护《周礼》为象征的奴隶制思想体系和重建文武周公事业为己任，他主张"天下有道，则礼乐征伐自天子出"。"仁"是孔子伦理思想的核心。仁的内涵主要有两点：一是"仁者爱人"；二是"克己复礼为仁"。前者是爱人；后者是修身，是对道德准则的遵从。"仁者爱人"即"泛爱众"，广泛地去爱众多的人。"克己复礼为仁"，就是要人们克制自己的私欲，认真按照周礼的规范行事，用"为仁"的方法去实现"礼"。孔子对颜渊说：一个人如果自己的视听言动都能符合周礼的规定，天下人就会送给他"仁人"的称号。孔子认为，仁是一种理想的精神境界，只有经过主观精神的自我克制才能够达到。

孔子周游列国来到蔡国，见到许多没有脚的人，他们的脚不是在战争中被砍掉的，而是因为滞纳地租和贡物被本国官吏砍掉的，是谓"刖刑"。见到这样的情况，孔子举起双臂大声疾呼：别打了，别打了，可怜可怜黎民百姓吧！他告诫人们：实行仁政，停止杀伐和酷刑，予民生息，使民安居乐业，人心就自然归服。

孔子大半生的时间都在从事教育活动。他的教学经验与方法可谓多种多样，形式各异。特别是《论语》中许多论述这方面的名言警句更是数不胜数。像"学而时习之，不亦说乎"强调了时时注意复习所学知识的重要性；"学而不思则罔，思而不学则殆"，则强调学习与思考的结合，要将学习到的东西进行消化吸收，使感性认识上升到理性认识；"多闻，择其善者而从之"，强调要博闻强识，增长各方面的知识，并且注重去践履那些具有真理性和规律性的东西，将知和行充分统一起来。另外，孔子还特别注重"因材施教"，针对不同类型的学生，采取不同的教育策略，发挥他们不同的个人才能和特长。"三人行必有我师焉，择其善者而从之，其不善者而改之。"这就是说，凡有一定特长的人，孔子都认为是老师；就是有一定错误的人，他认为也可以作为反面教员。这一思想非常了不起，在当时来说是非常新颖独特的，开了以不善者为师的先河。孔子所创立的这一套学说，后人称之为儒家学说，孔子被后世称为“圣人”。

孔子说：“恭、宽、信、敏、惠。恭则不悔，宽则得众，信则人任焉，敏则有功，惠则足以使人。”其中恭是指为人处世应有的一种端庄、严肃、彬彬有礼的仪容态度；宽是指待人处世的宽容厚道；信是指诚实不欺；敏是指勤勉力行；惠是指慈善恩惠。这些也正是我们在日常生活中应该遵循的最基本的道德。

孔子传歌

春秋宋国神降世，圣人孔丘字仲尼。仲尼三岁父离逝，随母鲁都阜迁移。
日子清苦怨无气，年少仲尼勤修习。十五志学三十立，精通六经能评批。
不惑开坛讲仁义，天命出仕心雄起。豪门势大顽强逼，偕徒周游颠流离。
诸侯争霸崇阴计，视仁视义过迂靡。仁政儒学伪君弃，甲子返乡删书诗。
众旺桃李满天地，古稀读易精注批。全身心力整订礼，首创儒学正气提。
论语万叁七百字，师徒言语汇编齐。论语半部天下治，可知论语藏神奇。
几经打倒终立世，济世育人精粮食。

孔子

2. 孟子

孟子（公元前 372—前 289 年），名轲，字子舆，战国时期鲁国人，鲁国庆父后裔。中国古代著名思想家、教育家，战国时期儒家代表人物，著有《孟子》一书。孟子继承并发扬了孔子的思想，成为仅次于孔子的一代儒家宗师。

相传孟子问齐宣王：“如果一个人把妻儿托朋友后远行，回来后发现妻儿在挨冻受饿，他该怎么办？”宣王回答：“应当同他绝交。”孟子又问：“如果管刑罚的官员不能管好自己的下级，又该怎么办？”宣王回答：“撤他的职！”孟子又问：“如果一个国家治理得很不好，那又该怎么办？”王顾左右而言他，不敢正面回答。孟子的意思很明确，国家治理得不好，国君不能胜任，人民有权使他易位。基于这样的理念，孟子发展了孔子“德治”的思想，提出了“仁政”的学说。根据这个学说，孟子进一步提出了“民为贵，社稷次之，君为轻”的民本主义思想。因为孟子对儒家学说作出了这样巨大的贡献，所以后人把他与孔子并称为“孔孟”。

孟子的经历和孔子差不多，都是周游列国去宣传自己的思想，但是因为“民为贵，社稷次之，君为轻”的这条建议不被大部分的君王所接受，即便这种情况下，孟子也把气节看得很重：“呼尔而与之，行道之人弗受；蹴尔而与之，乞人不屑也。”对于这种嗟来之食，孟子是不屑一顾的。而他对君子的要求：“富贵不能淫，贫贱不能移，威武不能屈 ”也一直激励着后来的志士仁人为理想而奋斗。

孟子传歌

孟子战国邹人事，贵族后代祖位低。儿时聪慧少顽皮，为子三迁母断机。
轲大能干懂事理，尊崇孔学拜子思。勤奋好学赶超师，学成不惑宗大师。
引领学生游各地，张扬黄道宣仁义。诸侯互斗尚武力，学说虽好时不宜。
返乡著书明告世，孟子七篇汇大集。时可造英雄造势，真豪不受俗气移。
只图私利埋道义，君行道义天支持。仁义礼智信身立，浩然正气善养滋。
名言箴语俯首拾，得道多助仁无敌。字里行间透慧智，两千多年未过时。
常读常新常对治，活学活用活心思。

孟子见梁惠王

（二）道家思想的老庄

1. 老子

中国三大宗教之一的道教是一个起源于本土的宗教，道教奉老子为教主，因为道家哲学思想的最早起源可追溯到老子的道论，首见于《老子想尔注》。但要注意的是，道家与道教不可混为一谈，道家所讲的道学不是宗教，也不主张立教。

老子，姓李，名耳，谥曰聃，字伯阳，楚国苦县（今河南鹿邑东）人，约生活于公元前 571 年至公元前 471 年，曾做过周朝的守藏史。老子的哲学思想和由他创立的道家学派，对中国古代思想文化的发展作出了重要贡献，他所撰述的《道德经》开创了中国古代哲学思想的先河，其“小国寡民，出世无为”的思想对后世影响深远。

传说老子还是孔子的老师，孔子问道于老子，老子无语，只微微张嘴，孔子百思不得其解，回到家以后反复地思考，突然有一天想明白了：原来老子嘴中，硬的牙齿已脱落，而软的舌头还在。这就是刚柔相济，以柔克刚的道理。老子借此说明“道”无处不在，甚至存在于自己的牙齿和舌头当中。当然，道在老子的心目中占有十分重要的地位。在五千余言的《老子》这本书中，讲到“道”的地方有 70 多处，可见他是多么地重视道。老子说：“道可道，非常道。名可名，非常名。”道是什么呢？老子认为，道就是不能够说出来的，能够说出来的那就不是道了。事物种种的玄妙，都是从道里边出来的。正因为老子认为道无法解释，而道又无处不在，所以老子在处世方法上主张“无为”。这里的无为绝对不是表面的无所作为的意思，而是一种积极的无为思想，正所谓“无为而无不为”。中国人提倡的“休养生息”和“韬光养晦”就是直接来自于这个思想的影响。当然，在老子的心目当中，辩证法的思想占有重要的地位。我们知道事物之间的矛盾会发生转化。但是，由于老子看不到转化的条件，更看不到人的主观能动性，因此他对人类社会的发展抱着消极悲观的态度，幻想回到“鸡犬之声相闻，老死不相往来”的“小国寡民”的社会。

老子传歌

生于春秋楚后期，苦县历乡曲仁里。祖祖辈辈高姓李，刚一来世容怪奇。
前额宽阔耳肩齐，乡里人称有福气。断言小子成大器，取名李耳号聃字。
聃前添老长寿示，年少老聃勤学习。博览群书强记忆，小小年纪大名气。
为觅真知别乡里，只身国都求知识。当上图书馆管理，读书环境更优异。
如棉吸水啃书籍，学问日进显各地。孔子专程拜老李，讨教圣贤之礼制。

老聃淡然笑孔子，告其无为治国理。丘受启发归故里，对徒称聃龙神奇。
周朝逐渐迅衰疾，刀光剑影战不息。聪鸟晓择良木驿，明士先知避乱世。
倒骑青牛奔西地，临关巧遇官尹喜。尹喜恭敬老施礼，先生渊博慧奥知。
求聃作书别推辞，无奈道得五千字。留下乱世救国理，过关匆匆遁关西。

老子

2. 庄子

庄子（约公元前369—前286年），名周，宋国蒙（今河南商丘市东北）人。庄子是中国先秦时期伟大的思想家、哲学家、文学家，原系楚国公族，楚庄王后裔，庄子继承和发挥了老子的思想，是道家学说的主要代表人物。后世把他与道家始祖老子并称为“老庄”，他们的哲学思想体系，被思想学术界尊为“老庄哲学”，更有人认为他的文采胜于老子。庄子曾做过漆园吏，生活贫穷困顿，却鄙弃荣华富贵、权势名利，力图在乱世保持独立的人格，追求逍遥无待的精神自由。

庄子流传下来的故事很多，例如著名的“庄周梦蝶”，这是庄子提出的一个著名的哲学命题。庄子运用浪漫的想象力和美妙的文笔，通过对梦中变化为蝴蝶和梦醒后蝴蝶复化为己的事件的描述与探讨，提出了“人如果能勘破生死、物我的界限，就能无往而不快乐”的观点。也由于这个短小的故事包含了浪漫的思想情感和丰富的人生哲学思考，引起了后世众多诗人、文学家的共鸣，成为后世诗人、文学家经常吟咏的题目。

庄子认为世界万物包括人的品性和感情，看起来是千差万别，归根结底却又是一样的，这就是“齐物”。物无贵贱，无是无非，是亦彼也，彼亦是也。

庄子的“逍遥”思想则是中国人精神上的终极追求，它是精神上的绝对自由，是理想境界的理想人格。“逍遥”指无拘无束，悠然自得，托身大道，与物周游。庄子认为站在“道”的高度，生与死、祸与福、物与影、梦与觉、是与非等各种现象表面看来是各不相同的，但是本体上是一致的，都是道的物化现象罢了，所以圣人在认识上取消了它们之间的对立关系，任之自然，随之变化。庄子的精神世界是中国文人的隐逸之魂，为解决入世与遁隐、责任与逍遥的矛盾，中国文化逐渐发展出“达则兼济天下，穷则独善其身”的平衡之道，在得志之时，以儒家信念仕进；当命运抛弃自己时，庄子哲学成为人们自我理解的精神依托，这正是道家哲学提倡的“无用之大用”。一旦懂得在儒、道之间寻求互补，便成为面对命运捉弄而无畏无怨的精神贵族。

庄子认为自然的比人为的要好，提倡无用，认为大无用就是有用。庄子的朋友惠子对庄子说：“我有一棵大树，它的枝干弯弯曲曲，长在路边，木匠连看都不看。现在您说的话，也跟这棵大树一样，没人理睬的。”庄子说：“您看见黄鼠狼吗？东西跳跃，不避高低，却中了机关，死在网里。您有一棵大树，还怕它没用吗？种到不知什么地方去，悠闲自得地在树边徘徊，逍遥自在地在树荫下睡觉。这大树没有用，就不会挨刀斧的砍伐了，您尽可以拥有它啊！”从庄子的角度看，无用就是有用，大无用就是大有作为，所以庄子提倡“无用”精神。

庄周梦蝶

（三）法家的韩非及中央集权

法家主要代表人物有商鞅、韩非、李斯。其中最著名的就是韩非，他是先秦法家思想的集大成者。韩非本是韩国的贵族，但是，他的理论不被当时的韩王所采纳，在悲愤之下，他写出了《孤愤》、《五蠹》、《内储》、《外储》、《说林》、《说难》等十余万言的著作。后来这些著作传到了秦国，秦王嬴政看完后，发出了“嗟乎！寡人得见此人与之游，死不恨矣”的感叹。但韩非在出使秦国时，没有得到秦王嬴政的信任，更被李斯、姚贾陷害，最后自杀于秦狱中。韩非虽然一生都没能施展自己的抱负，却著成了流传千古的《韩非子》。书中记载了大量脍炙人口的寓言故事，如“自相矛盾”、“守株待兔”、“讳疾忌医”、“滥竽充数”、“老马识途”等，流传至今。

韩非提出了君主专制中央集权的理论，他主张国家的大权要集中在君主一人手里，君主必须有权有势，才能治理天下，他认为只有实行严刑重罚，人民才会顺从，社会才能安定，封建统治才能巩固。韩非的思想理论最后被秦王嬴政所采用，最终帮助秦国统一六国，建立了中国历史上第一个封建王朝——秦王朝。

（四）兵家及墨家的代表人物

1. 兵家

兵家是中国古代对战略家与军事家的通称，又特指先秦对战略与战争进行研究的派别。兵家主要代表人物，春秋末有孙武、司马穰苴；战国有孙膑、吴起、尉缭、魏无忌、白起等；汉初有张良、韩信等。今存兵家著作有《黄帝阴符经》、《六韬》、《三略》、《孙子兵法》、《司马法》、《孙膑兵法》、《吴子》、《尉缭子》、《将苑》、《百战奇略》、《唐太宗李卫公问对》等。各家学说虽有异同，但其中包含丰富的朴素唯物论与辩证法因素。兵家的实践活动与理论，影响当时及后世甚大，是中国古代宝贵的军事思想遗产。

2. 墨家

墨家是一个有领袖、有学说、有组织的学派，他们有强烈的社会实践精神。墨者大多是有知识的劳动者，他们吃苦耐劳、严于律己，把维护公理与道义看做义不容辞的责任。墨家前期思想主要涉及社会政治、伦理及认识论；后期墨家在逻辑学方面有重要贡献。

墨家最具代表的人物就是墨子。墨子（约公元前468—前376年），名翟，鲁国人。墨子的弟子多半来源于社会下层，他和他的弟子结成一个严密的团体，有严格的组织纪律，在他之后的领袖号称“巨子”，所有墨者都得服从巨子的指挥。墨子是当时小生产者、小私有者阶层在政治上的代言人，流传的著作有《墨子》一书，现存53篇，大部分篇章都是墨子的弟子或再传弟子记述墨子言行的集录，是研究墨子思想的可靠材料。

墨子对劳动很重视，主张自食其力，反对不劳而获。墨子主张“节用”、“节葬”，他反对统治阶级穷奢极欲、挥霍浪费，要求节约开支、葬礼从俭，这反映了劳动人民珍惜劳动成果的要求。墨子主张“兼爱”、“非攻”，他既反对“大攻小，强执弱”的兼并战争，又反对强凌弱、富侮贫、贵傲贱等阶级压迫，试图用“兼相爱、交相利”的原则作为救世药方。墨子主张“尚贤”、“尚同”。“尚贤”是要求不分等级举用贤才，要求向“农与工肆之”开放政权，反映了小生产者企图提高自己政治地位的要求。“尚同”是在“尚贤”的前提下，要求人们与上级同是非，逐级逐层统一思想，最后使“天下之百姓，皆上同于天子”，也就是集中统一到中央，这反映了本身经济力量单薄的小生产者希望有一个政令统一的中央政权，使自己的生活得到相对的稳定。

墨子相信鬼神，宣传鬼神有超越常人的能力。在墨子看来，上天鬼神不是欺压老百姓的，而是为了百姓的利益来监督上自天子、下至万民的一种最高的权威力量。

先秦时期的百家争鸣直接启迪了中国人的思维，引起了中国人对自然、人生、社会的深刻思考。这一时期的学者探讨宇宙本原和自然规律问题、天人关系问题、人性善恶问题、认识论和逻辑学问题等，内容极为丰富，已包含着以后各个历史时期各种哲学观点的胚胎和萌芽，对中国哲学的发展产生了深远影响。诸子百家之学，也成为中国思想史上的经典，影响着无数的炎黄子孙，给予中国人民精神的慰藉。它们渗入到我们生活的各个角落中，融汇到中国人的骨子里，成为中国人内涵的支撑。

第三章　天下一统　焚书坑儒

公元前 221 年，秦王嬴政灭掉战国七雄中的最后一个强国齐国，实现了全国统一，结束了长期分裂割据的局面，建立了中国历史上第一个统一的中央集权的封建帝国。

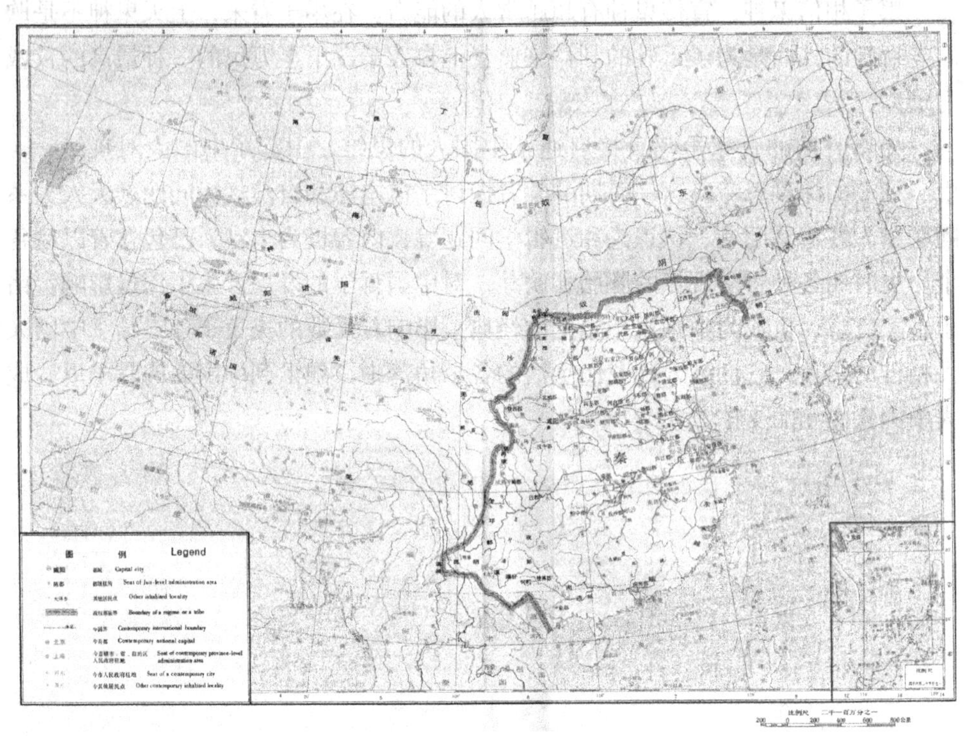

秦时期全图

第一节　天下一统，大势所趋

由于生产力的提高、社会经济的发展，各地区的经济联系已有一定程度的加强；同时，经过春秋、战国长期的民族融合，在中国境内形成了一个相当巩固的华夏民族共同体，各族人民逐渐融合，天下统一成为大势所趋。

公元前 247 年，庄襄王死去，年仅 13 岁的嬴政继位为秦王，他搜罗人才，重用客卿，甚至包括从敌营中来的人或曾讥评过自己的人，使秦国一时人才济济。公元前 230 年，嬴政派大将内史腾率兵攻打韩国，俘虏韩安王。前 229 年，秦将王翦、杨端和分别率兵向赵进攻，赵将李牧、司马尚坚持抵抗达一年之久。后来赵王宠臣郭开接受秦人贿赂，向赵王诬告李牧、司马尚，赵王派人暗中逮捕李牧并处死，同时杀掉司马尚。李牧一死，秦军如入无人之境，3 个月后，王翦大破赵军，俘赵王迁，是年 10 月，秦军进入邯郸，赵亡。

灭赵以后，秦兵临易水，威胁燕国。燕国太子丹曾为质于秦，一直想复仇，但因国小势衰，力不敌秦，未能实现。秦兵压境之际，燕国君臣皆惶惶不可终日，于是燕太子丹决意派勇士荆轲携带燕国督亢的地图和秦国逃将樊於期的人头作为觐见礼，去刺杀秦王，以挽救燕国。荆轲临行前，太子丹及宾客送其至易水之上，荆轲慷慨悲歌“风萧萧兮易水寒，壮士一去兮不复还”。至秦后，秦王在朝堂接见荆轲，荆轲上朝觐见，献图，图内藏有匕首；图穷匕见，抓起匕首刺向秦王。嬴政环柱逃避，后在臣下的提醒下，才拔出佩剑，将荆轲砍倒，肢解其身。秦王大怒，增兵向燕国大举进攻，秦王政二十一年（公元前 226 年）攻下燕都蓟，燕王喜与太子丹逃往辽东郡。至秦王政二十五年（公元前 222 年），秦军攻打辽东，俘燕王喜，燕亡。

魏国在秦的打击下，早已奄奄一息。公元前 225 年，秦国大将王贲率兵包围魏国都大梁，掘开黄河堤，水淹大梁，3 个月后，魏王请降，魏亡。魏国被灭后，秦国把下一个目标指向楚国。

公元前 226 年，楚国内部发生叛乱，楚将项燕将秦叛将昌平君拥立为荆王，秦以镇压荆王为名，举兵攻楚。

楚国当时虽败，但实力尚在。当秦破三晋之后，就全力攻楚。秦将李信自恃年少壮勇，在秦王面前夸下海口：以 20 万兵力即可横扫楚国。秦王又问老将王翦，王翦说非 60 万不可。秦王以为王翦怯弱而李信勇，于公元前 225 年派李信率 20 万兵众攻打楚国。李信轻敌惨败，秦军不得不退出楚境。嬴政遭此挫折，只好亲赴王翦家，请其率兵出征，倾全国兵力 60 万人，于公元前 223 年大举伐楚。楚国以全部兵力拒秦，大将项燕战死，楚军大败，楚王负刍被俘。而后，秦军又向江南广大楚地及降服于楚的越地发起进攻。不久越君降秦，至此，楚国全部覆灭。

五国相继被灭，只剩下一个孤零零的齐国。它的相国后胜，长期受贿于秦，既不备战，也不援助其他五国抗秦，齐王建昏庸，听信于相国。公元前221年，秦军一到，齐王建拱手请降，齐亡。

从公元前230年至前221年，不到10年的时间内，嬴政就灭了韩、赵、魏、燕、楚、齐六国，完成了统一大业。中国历史结束了割据局面，出现了统一的、专制主义中央集权的秦王朝。战国历史至此结束，中国历史翻开了新的一页。

第二节 封建集权的建立

一、“法家”在社会变革及天下一统中的作用

春秋以来，周礼逐步失去了原有的约束力，旧有的典章制度随之衰落。为适应封建土地关系发展的需要，奴隶主贵族中出现了一批改革家，他们颁布法令与刑书，改革田赋制度，促进封建化过程，成为战国时期法家学派的思想先驱。同时各国的统治者都想在弱肉强食的残酷竞争中保存自己的国家，增强国家军事、政治、经济实力，强化国家的统治，这就需要中央集权。面对这样的形势，儒家、道家、墨家等各派都试图解决君王的各种问题，可是都过于理想化，不切合实际。各国君王爱听的不是怎样谋求民众的安居乐业，而是如何解决当前严峻的国际形势。而法家适应了各国政治体系及生产力变革的需要，逐渐成为各国维持统治的中心思想。

战国末期的韩非集法家思想之大成，将“法”、“术”、“势”三者糅合为一，又吸收道家思想，将法治理论系统化。他主张加强君主集权，剪除私门势力，“以法为教”，厉行赏罚，奖励耕战。法家学派的法治理论始终符合春秋时期的政治改革和战国时期的统治的需要，并最终对秦国统一六国，建立中央集权专制的封建国家起了重大的作用，成为秦王朝的统治思想。

韩非的封建专制主义思想的形成，是时代需要的产物。战国时代，封建诸侯已经建立了政权，并进行了改革。处于战国中期的孟子虽有“定于一”的大一统思想，但那时诸侯割据，战争频繁，旗鼓相当，谁也吞并不了谁，还没有具备统一的条件，因此，不能产生封建专制主义思想。只有到了战国晚期，秦国通过商鞅变法，国力强盛，统一六国的条件已经具备，在客观上有了封建专制主义思想的迫切需要，因此才有韩非的封建专制主义思想的产生。

改革图治，变法图强，是韩非思想中的一个重要内容，他继承了商鞅“治世不一道，便国不法古”的思想传统，提出了“不期修古，不法常可”的观点，主张“世异则事异”，“事异则备变”。韩非还继承了荀子关于封建专制的一些思想，并进一步理论化和系统化，从而成为封建专制主义思想的倡导者。韩非认为，君臣之间，国君与其家庭成员和左右亲近之间，都充满着尖锐的矛盾。群臣服从国君，并不是有骨肉之亲，而是受到国君权威的束缚不得不如此。事实上，朝廷里如《韩非子·扬权》所说：是“上下一日百战”，“臣之所不弑其君者，党与不具也”。一旦臣下羽翼丰满，条件成熟，就可能取国君而代之。因此，要巩固国君的地位，就必须加强中央集权。韩非还提出，为了适应中央集权封建专制政权的需要，必须统一人们的思想。韩非的学说为专制主义的中央集权的封建政权——秦王朝的建立奠定了理论基础，虽然韩非在政治斗争中被害，但秦始皇采用了他的思想，完成了统一中国的事业，这可以说是韩非思想在历史上取得的胜利。

二、“大一统”

秦始皇统一六国之后，开始在原有的各国体制上实行全面的“大一统”。

建立中央集权，是一项空前的措施。统一中国以后，原封建割据的国家组织机构，已不能适应新形势的需要，于是，嬴政采取了一系列调整、完善和加强中央集权统治的措施。

第一，改“王”为“皇帝”。春秋战国时期的最高统治者一般都称为“王”，但秦统一中国以后，嬴政认为“王”已不足以显示其尊贵，便令臣下议帝号，诸大臣博士商议的结果认为“古有天皇、有地皇、有泰皇，泰皇最贵”，上尊号为“泰皇”。嬴政仍不满意，觉得自己是“德迈三皇，功过五帝”，便单取一个“皇”字，同时又采上古“帝”位号，号曰“皇帝”，自此“皇帝”就代替“王”而成为最高统治者的称谓，秦始皇成了中国历史上第一位皇帝。接着，他又下令取消谥法，不准下一代皇帝给上一代皇帝起谥号，自称为“始皇帝”，并安排好自己死后儿孙继位，“后世以计数”，称为“二世”、“三世”，“至于万世，传之无穷”。为显示皇帝的威尊和与众不同，从秦代开始规定了一套制度，如皇帝的命为“制”，令为“诏”，文字中不准提起皇帝名字。皇帝自称“朕”，印章称“玺”，而一般民众再不许使用“朕”、“玺”二字。

秦始皇

第二，加强中央政权组织。秦王朝的中央政权是秦国原来的中央政权的延续和扩大，但官职的名称和权力有许多变化：最高统治者是皇帝，皇帝以外，中央最重要的官职是三公，即丞相、太尉、御史大夫。丞相乃百官之首，“金印紫绶，掌丞天子，助理万机”。太尉“金印紫绶，掌武事”，“主五兵”，乃武官之长。御史大夫掌监察，“银印青绶，掌副丞相”，其位略次于丞相。在“三公”之下，有所谓“九卿”，而实际之数并不止九个，大部分为秦原有，少数是统一后新设的。奉常掌宗庙礼仪；郎中令负责皇帝的保卫和传达；卫尉掌皇宫的警卫部队；太仆掌皇室车马；廷尉掌刑罚，是全国最高司法官；典客主管王朝统治下的少数民族；宗正掌宗室亲属事务；治粟内史掌谷货；少府负责供应皇室用度之山海池泽之税；中尉负责京师保卫，主爵中尉掌列侯。

秦始皇统治时期，中央集权的重要特点是军政大权独揽于皇帝一人手中。为使大权不致旁落，使丞相、太尉、御史大夫分掌政、军和监察大权，互不统属。如丞相总领朝廷集议和上奏，协助皇帝处理日常事务，并收阅各地的“上计”。但统兵之权却属于太尉，而且御史大夫也有权复查大臣的上奏和地方的“上计”。太尉虽名为最高军事长官，但实际只有带兵权，而无调兵权。由于三公互不统属，所以最后的决断只能归皇帝一人，这样权力就集中起来了。

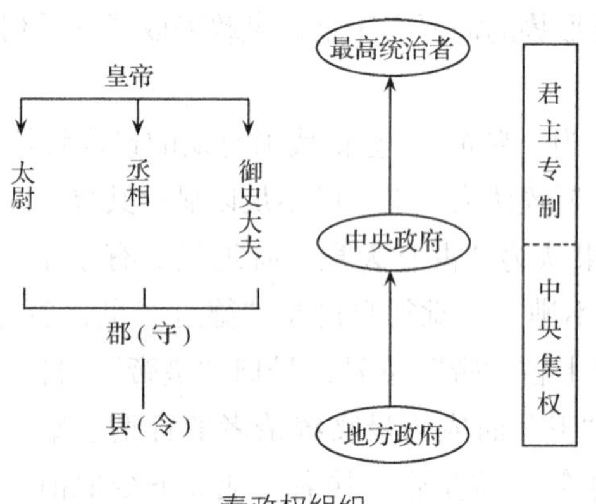

秦政权组织

第三，调整地方政权组织，主要是推行郡、县、乡、亭四级行政组织。刚统一时，秦分天下为36郡，之后，随着边境的开发和郡治的调整，总郡数最多曾达46郡。郡置守、尉、监，守治民，尉典兵，监御史则负责监督百姓及官吏，职务类似于中央的御史大夫。郡守、郡尉和监御史明确分职，是与中央政权的“三公”明确分职的原则相一致的。郡下为县，县的长官为县令（长），属官有丞。县以下以乡为单位，乡以下为亭，“大率十里一亭，亭有长。十亭一乡，乡有三老、有秩、啬夫、游徼”。乡三老、啬夫、游徼的职责大致与郡的守、尉、监相仿，“三老掌教化；啬夫职听讼，收赋税；游徼徼循禁贼盗”。亭为秦时重要的地方基层组织。亭有亭长、亭父、求盗各一人，任务是平时练习五兵，接待往来官吏，兼管为政府输送、采购、传递文书等。

秦王朝所推行的封建官僚制度，是中国政治制度史上的一大进步，它不仅改变了世袭制，而且取消了“食邑”、“食封”制，规定了每一个官吏俸禄，自丞相至下层官吏皆有定秩，由“二千石”至“斗食”不等。这种制度自秦统一后在全国实行，历封建社会两千多年之久而基本未变。

第四，以“五德终始说”为加强统治的思想武器。为了给自己的一统天下寻找正当的理论根据，秦始皇采用战国时期阴阳家邹衍的“五德终始说”，宣扬秦代周是水德代替火德。根据“五德”说，“更命河曰德水，以冬十月为年首，色上黑，度以六为名，音上大吕，事统上法”。“衣服旄旌节旗皆上黑。数以六为纪，符、法冠皆六寸，而舆六尺。六尺为步，乘六马”。将数字“六”神秘化并与“五德”说联系起来，使它渗透到政治措施、典章制度和文字记述中去。这对后世产生了深远的影响，后来历代最高统治者都自称“奉天承运皇帝”，所谓“承运”，就是继承某一“德”运的意思。

第五，颁布保护封建土地所有制的律令。秦始皇三十一年（公元前 216 年），发布“使黔首自实田”的律令，令占有土地的地主和自耕农，按当时实际占有的田数，向国家呈报，这就意味着秦王朝承认他们的私有权，并给予保护。又实行重农抑商政策，“上农除末”，打击非生产性活动，鼓励从事农业、手工业生产的政策。这一措施对保护封建土地所有制、发展封建经济起到了重要作用。

第六，统一货币、度量衡和文字。秦统一前，货币很复杂，不但形状、大小、轻重不同，而且计算单位也不一致。大致有布钱、刀币、圆钱和郢爰四大系统。除郢爰流行于楚国外，布钱流通于韩、赵、魏，刀币流通于齐、燕、赵等国，圆钱流通于秦、东周、西周和魏、赵等国，秦统一后，秦始皇下令统一全国货币，以黄金为上币，镒为单位；以方孔有廓圆钱为下币，半两为单位，称为“半两”钱，这种圆钱一直沿用了两千多年。

秦在统一全国前，度量衡方面的情况与货币相似，也非常混乱。秦已在商鞅变法时就对度量衡的标准做过统一规定。全国统一后，秦政府即以秦国的制度为基础，下令统一度量衡，并把诏书铭刻在官府制作的度量衡器上，发至全国，作为标准器。

战国时代由于长期的分裂割据，言语异声，文字异形，东方六国文字难写、难认，偏旁组合、上下左右也无一定规律，严重阻碍了文化交流。公元前221年，秦始皇下令对各国文字进行整理，规定以秦小篆为统一书体，令李斯作《仓颉篇》、赵高作《爰历篇》、胡毋敬作《博学篇》，作为标准文字范本。文字的统一，使小篆和隶书成为全国通行字体，对中国文化、政治的发展有着深远的影响。

第七，修驰道、堕壁垒。战国时期各诸侯国在各地修筑了不少关塞堡垒，同时各国间的道路宽窄也不一致，影响交通往来。秦始皇下令拆除阻碍交通的关塞、堡垒。公元前220年修建以首都咸阳为中心的驰道。公元前212年，秦始皇又下令修建一条由咸阳直向北伸的“直道”，仅用两年多的时间即告完成。这些“驰道”、“直道”，再加上西南边疆的“五尺道”以及在今湖南、江西、广东、广西之间修筑的“新道”，构成了以咸阳为中心的四通八达的道路网。后来，秦始皇又统一道路和车轨宽度，便利了交通往来。

秦统一后采取的以上措施，对于消除封建割据、加强中央集权、巩固多民族国家的统一、发展封建经济和文化，具有重大而深远的影响。

第三节　焚书坑儒

秦朝初年，战国时代刚结束，百家仍然在争鸣中，思想领域极度混乱，而一个国家能在多大程度上统一，最主要的条件是能在多大程度上形成共同的价值观，而思想混乱是形成共同价值观的大敌。因此，光在政治、经济、文化等方面有大一统措施还不行，最关键也最长远的统一要素是思想的统一，形成统一的核心价值观念，才能让政治、经济、文化等领域内的统一措施有效。而当时影响最大的两个思想流派就是儒家和法家，儒家是尊古的，而秦始皇统一中国偏偏是新事物，他采取的措施也都是些新措施，这些东西都是不符合儒家理念的，而当时六国贵族也借着儒家的“克己复礼”妄图恢复周朝的分封制，从而取得失去的权势。所以，对于刚刚统一的秦朝来说，统一思想就是维护大一统的关键措施。

焚书

公元前213年，秦始皇采用丞相李斯的

意见，于当年开始销毁除《秦纪》以外的所有六国史书和私藏于民间的《诗》、《书》，一直到公元前206年秦朝灭亡，史称“焚书”。

秦始皇在政治、经济上实行的改革，并不是一帆风顺的。还在统一之初，就在要不要分封诸子为王的问题上发生了一场争论。以丞相王绾为首的一批官吏，请求秦始皇将诸子分封于占领不久的燕、齐、楚故地为王，认为这样有利于巩固秦的统治。但廷尉李斯则持反对态度，认为春秋战国诸侯之所以纷争，完全是西周分封制造成的恶果，只有废除分封制，才可免除祸乱。秦始皇采纳了李斯的意见，认为立封国就是树敌兵，于是在全国确立了郡县制。

为了进一步实现文化思想的高度统一，从建立统一政权之初，秦始皇就开始从六国的宫廷和民间搜集大量的古典文献，同时又征聘70多位老学者，授以博士之官，还召集了两千余人的学生置于博士官之下，命之曰诸生。其目的在于利用他们对古典文化进行清理甄别，以政府的力量禁止不利于封建专制政权的书，奖励那些对秦政权有利的书籍。诚如秦始皇自己所说：“吾前收天下书，不中用者尽去之，悉召文学方术士甚众，欲以兴太平。”因此，秦政权不仅对70多位博士优礼备加，而且对于诸生也“尊赐之甚厚”。但是，事情的发展并没有按秦始皇的本来设想进行，这些博士和诸生满脑子都是尊古的思想，认为复古周礼的儒家思想都是好的。所以，他们不但对加强专制统治思想没有帮助，反过来对秦始皇的所为指手画脚、说三道四。而秦始皇恰恰是个蔑视儒家、推崇法家思想的人，他十分崇拜法家集大成者韩非的主张：“明主之国，无书简之文，以法为教；无先王之语，以吏为师。”认为这才是富国强兵、超越三皇五帝的唯一妙法，所以对博士诸生的表现早就心有不满。

始皇三十四年（公元前213年），在秦始皇于咸阳宫举行的宫廷大宴上，发生了一场“师古还是师今”的争论，焚书之举正是由此引发的。在宴会上，仆射周青臣吹捧秦始皇“自上古不及陛下威德”，博士淳于越针对周青臣的谀词提出了恢复分封制的主张。他说：“臣闻殷周之王千余岁，封子弟功臣，自为枝辅。今陛下有海内，而子弟为匹夫，卒有田常、六卿之臣，无辅拂，何以相救哉？事不师古而能长久者，非所闻也。今青臣又面谀以重陛下之过，非忠臣。”秦始皇听后不动声色，把淳于越的建议交给群臣讨论。丞相李斯明确表示不同意淳于越的观点，他反驳说：“三代之事，何可法也？”“今诸生不师今而学古”，“道古以害今”，“如此不禁，则主势降乎上，党与成乎下”，认为如果任由儒生“入则心非，出则巷议”，皇帝的权威会受到挑战，统一可能遭到破坏。为了别黑白而定一尊，树立君权的绝对权威，他向秦始皇提出焚毁古书的三条建议：

第一，除《秦纪》、医药、卜筮、农家经典、诸子和其他历史古籍，一律限期交官府销毁。令下三十日后不交的，处以黥刑并罚苦役四年；

第二，谈论《诗》、《书》者处死，以古非今者灭族，官吏见知不举者，同罪；

第三，有愿习法令者，以吏为师。

咸阳宫之争

秦始皇批准了李斯的建议，在宴会散后第二天，就在全国各地点燃了焚书之火。不到 30 天时间，中国秦代以前的古典文献都化为灰烬，留下来的只有皇家图书馆内的一套藏书。

焚书开始的第二年，即公元前 212 年，秦始皇在当时秦首都咸阳将 460 余名术士坑杀，即为所谓的“坑儒”。这件事是由两个术士的畏罪逃亡引起的。

原来，秦始皇十分迷信方术和方术之士，以为他们可以为自己找到神仙真人，求得长生不死之药。他甚至宣称：“吾慕真人，自谓‘真人’，不称‘朕’。”而一些方士，如侯生、卢生之徒，也投其所好，极力诳称自己与神相通，可得奇药妙方。但时间一长，他们的许诺和种种奇谈总是毫无效验，骗局即将戳穿。而秦法规定：“不得兼方，不验，辄死。”因此，侯生、卢生密谋逃亡。在逃亡之前，侯生、卢生非议了秦始皇，说他天性刚愎自用，专任狱吏，事情无论大小，都由他一人决断，贪于权势等。秦始皇听了这一消息，龙颜大怒，指责方士“韩众去不报，徐市等费以巨万计，终不得药，徒奸利相告日闻。卢生等吾尊赐之甚厚，今乃诽谤我，以重吾不德也。诸生在咸阳者，吾使人廉问，或为妖言以乱黔首。”“于是使御史悉案问诸生，诸生转相告引，乃自除犯禁者四百六十余人，皆坑之咸阳”。并告知天下，以惩戒后。此一事件，后世往往和焚书并列，合称为“焚书坑儒”。

其实坑儒事件并不只这一次，此后又接连发生了第二次、第三次屠杀。《文献通考·学校考》云：始皇“又令冬种瓜骊山，实生，命博士诸生就视，为伏机，杀七百余人。二世时，又以陈胜起，召博士诸生议，坐以非所宜言者，各数十人。然则秦之于博士弟子，非惟不能考察试用之，盖惟恐其不澌尽泯没矣。”

据《史记》记载，秦始皇一直希望能长生不老。公元前219年，方士徐福上书说海中有蓬莱、方丈、瀛洲三座仙山，有神仙居住。于是秦始皇派徐福率领童男童女数千人，以及已经预备的三年粮食、衣履、药品和耕具入海求仙，耗资巨大。但徐福率众出海数年，并未找到神山。始皇三十七年（公元前210年），秦始皇东巡至琅玡，徐福推托说出海后碰到巨大的鲛鱼阻碍，无法远航，要求增派射手对付鲛鱼。秦始皇应允，派遣射手射杀了一头大鱼，后徐福再度率众出海。这次出海，徐福携带了谷种，并有百工随行，来到“平原广泽”(可能是日本九州岛）后，他感到当地气候温暖、风光明媚、人民友善，便“止王不来”，停下来自立为王，教当地人农耕、捕鱼、捕鲸和沥纸的方法，不回来了。

秦始皇“焚书坑儒”的目的在于打击复活的旧贵族政治思想，强化思想统治，当然，短时期内取得了成功，但其造成的后果极其严重深远：一是使先秦大批文献古籍被付之一炬，给中国文化造成重大损失；二是使春秋末叶以来蓬勃发展起来的自由思索的精神，遭受了一次致命打击，尤其是沉重地打击了儒家学派及广大知识分子，使法家学说完全官学化。

坑儒

第四节　帝国的陨落

秦始皇的事业，是在残酷地剥削压迫人民的条件下，在短短的十几年中完成的，这使秦的统治具有急政暴虐的特征。秦统一以后的十几年中，秦始皇维持了一支庞大的军队，建立了一个庞大的官僚机构，进行了多次的大规模战争，完成了巨大的国防建设和土木建筑。据估计，当时全国的人口为一千多万，而当兵服役的人数超过 200 万，占壮年男子 1/3 以上。当兵服役的人脱离了农业生产，靠农民养活，这就出现了男子力耕不足以供粮饷、女子纺织不足以供衣服的局面，大大动摇了秦的统治基础。为了强化地主阶级的统治，秦朝又推行严刑峻法以镇压人民，并且把数十万人民变为国家的囚徒。

另一方面，秦始皇在全国范围内正式承认土地私有制。地主阶级凭借这个命令，不仅得以合法占有土地，而且可以用各种手段兼并农民的土地。土地被兼并的农民，不得不以“见税什五”的苛刻条件耕种豪民之田。农民生活悲惨，穿牛马之衣，吃犬彘之食，往往在暴吏酷刑的逼迫下逃亡山林举行暴动。这种种情况说明，急政暴虐激化了社会矛盾，秦始皇在完成统一事业的同时，也埋下了秦王朝倾覆的祸根。所以西汉时的贾山谈到秦代“群盗满山”的情况时说：秦始皇在世时，他的统治已经在崩溃，虽然他自己并不知道。

秦朝制定了许多酷刑。据文献记载，刑罚有膑（剜去膝盖）、刖（锯脚）、宫、榜掠、腰斩、枭首、弃市、戮尸、坑死、凿颠、抽胁、镬烹、车裂、夷三族等。当时的中原地区人多儒雅仁义，社会是宗族形式结构，不具备法治统治的基础。秦尊韩非的以法治国，这就造成了作奸犯科的人大增，面对条条酷刑，人们怨声载道，这也是加剧秦王朝灭亡的另一个不可忽视的重要原因。

公元前 210 年，秦始皇病逝在南巡途中，第十八子胡亥在宦官赵高和丞相李斯的帮助下，矫诏害死自己的兄长公子扶苏，当上了秦朝的二世皇帝。二世即位后，进一步加重对农民的剥削和压迫，以“税民深者为明吏”，以“杀人众者为忠臣”。他令农民增交菽粟刍藁，自备粮食，转输至咸阳，供官吏、军队以至于狗马禽兽的需要。他继续修建阿房宫，继续发民远戍。徭役征发的对象进一步扩大，农民的困苦达于极点，大规模的农民起义已经到一触即发的地步。

秦二世元年（公元前 209 年）7 月，陈胜、吴广在大泽乡（在今安徽宿州市东南）举起了中国历史上第一次大规模农民起义的旗帜，附近农民斩木揭竿纷纷参加起义。起义军分兵东进，主力则向西进攻，连下今豫东、皖北的铚、酂、苦、柘、谯（分别在今安徽宿州，河南永城、鹿邑、柘城，安徽亳州境）诸县，当他们推进到陈（今河南淮阳）的时候，已是一支数万人的声势浩大的队伍了。在起义军的影响下，许多郡县的农民杀掉守令，响应陈胜，特别是在旧楚国境内，数千人为聚者到处可见，一些潜藏民间的六国旧贵族、游士、儒生，也都乘机来归，凭借旧日的地位，在农民军中发挥影响。半年后，陈胜、吴广被杀，起义失败了，但是反秦的浪潮却被他们激起，继续不断地冲击秦的统治。

大泽乡起义

陈胜和吴广等900人本来是开赴渔阳（今北京密云）的闾左戍卒，遇雨停留在大泽乡，不能如期赶到渔阳戍地。秦法规定“失期当斩”，戍卒们面临着死刑的威胁，决心起义。于是，他们在帛上书写“陈胜王”三字，置鱼腹中，戍卒买鱼得书，传为怪异。吴广又于夜晚在驻地旁丛祠中燃篝火，作狐鸣，发出“大楚兴，陈胜王”的呼声。接着，陈胜、吴广杀掉押送他们的秦尉，率领戍卒，用已被赐死的秦公子扶苏和已故楚将项燕的名义，号召农民反秦。游士张耳、陈馀劝陈胜派人“立六国后”，被陈胜断然拒绝。陈胜自立为“张楚王”，分兵三路攻秦：吴广为“假王”，西击荥阳；武臣北进赵地；魏人周市攻魏地。吴广在荥阳被阻，陈胜加派周文西击秦。周文以车千乘，卒数十万人，进抵关中的戏（今陕西临潼境），逼近咸阳。秦二世慌忙发修骊山陵墓的刑徒为兵，以少府章邯率兵应战，打败周文。这时，周市在魏地立旧魏贵族魏咎为魏王，自为魏丞相，并派人到陈胜那里迎接魏咎，旧贵族的势力很活跃，涣散了农民起义队伍。陈胜缺乏经验，决心不够，只能眼看着分裂局面的形成。秦将章邯又东逼荥阳，吴广部将田臧杀死吴广，迎击章邯，却一战败死。章邯进到陈，陈胜败退到下城父（今安徽涡阳东南），被叛徒庄贾杀死，陈县失守，后来陈胜部将吕臣率领一支“苍头军”英勇接战，收复陈县，处决了庄贾。

陈胜起义后，旧楚名将项燕之子项梁和项梁侄项羽在吴（今江苏苏州）杀掉秦会稽郡守，起兵响应。不久项梁率领八千子弟兵渡江北上，队伍扩大到六七万人，连战获胜。闽越贵族无诸和摇也率领族人，跟着秦鄱阳令吴芮反秦。原沛县亭长刘邦和一部分刑徒逃亡山泽，也袭击沛令起事，归入项梁军中。项梁立楚怀王之孙为楚王，后来项梁在定陶败死，秦章邯军转戈北上，渡河击赵。这时，代替蒙恬戍守朔方边塞的王离，也率大军由上郡（治今陕西榆林东南）东出，包围了张耳和赵王歇驻守的巨鹿城（今河北平乡境）。楚王派宋义、项羽救赵，派刘邦西入关中。宋义北至安阳，逗留不进。项羽杀宋义，引兵渡漳河，经过激战，解巨鹿之围，被推为诸侯上将军。随后，秦将章邯率20万人向他投降。

公元前207年，刘邦迂回进入武关，到达咸阳附近。当时秦二世已被赵高杀死，继立的子婴向刘邦投降，秦亡。进入咸阳后，刘邦废除秦的苛法，只约法三章：“杀人者死，伤人及盗抵罪”，深得秦人拥护。随后，项羽也率军入关，驻鸿门，然后进入咸阳，大肆烧杀掠夺，他在诸王并立的既成局面下，自立为西楚霸王，都彭城。被项羽逼至巴蜀汉中一隅为汉王的刘邦，于公元前206年进入关中，败项羽所封的关中三王。接着领军东出，远袭彭城，退守于荥阳、成皋之间，与项羽相持。刘邦巩固了关中后方，又联络反对项羽的力量，转败为胜。

公元前202年，刘邦与韩信、彭越等会攻项羽，项羽兵败垓下（今安徽灵璧境），退至乌江（今安徽和县）自刎。同年二月，刘邦在定陶即皇帝位，定国号为“汉”。

秦帝国在中国历史上具有极为重要的地位，这个由战国时代后期的秦国发展起来的统一大国，结束了自春秋起五百年来分裂割据的局面，成为中国历史上第一个统一的、多民族的、中央集权制国家。但是自秦始皇至秦王子婴，仅传三帝，享国15年，国祚甚短。

在这期间，由于秦始皇高压的文化政策，所以出现了“秦世不文”这样文学凋敝的状况，思想文化方面除了法家的大放异彩外也没有太大的惊喜。但是这个中国历史上第一个大一统，也是第一个封建集权的国家，其军事力量之强和与之相关的兵器冶炼、铸造技术之先进在当时世界上是无可比拟的，时至今日也还是让人惊叹于先人的智慧。

在秦始皇陵英武的兵马俑身上，我们仿佛能真切感受到两千多年前秦国军队的磅礴气势。在冷兵器时代，战争的两大要素一是军队，二是兵器。从兵器来看，我们不难发现，秦统一六国中，武器的胜出是攻城略地必不可少的因素之一。秦兵马俑坑出土的武器绝大多数是青铜兵器，约达 4 万余件。铁兵器数量极少，总共只有铁矛 1 件，铁镞 1 件，铁铤铜镞 2 件，出土的铁质兵器仅占俑坑出土兵器总数的万分之一。这说明，虽然战国中晚期铁器已在农业生产中广泛使用，但由于武器对铁质的要求过高，当时的冶铁水平还处在块炼铁和生铸铁的阶段，这两种铁的硬度和强度均不够，不宜大规模制作兵器。而青铜在当时的使用已经非常广泛，故秦人大量使用改良合金配比的青铜兵器，把中国青铜冶炼工艺推向了一个新的里程碑。秦军的兵器无论品质或是生产力都比前代有长足的提升，几乎囊括了当时盛行兵器的所有种类，既有以往常见的戈、矛、戟、剑、弩、殳、钺和铜镞等，也有首次发现的长铍和金（吴）钩。有些兵器上还有完整的铭文。按其功能可分三类：第一类是短兵器，有剑、金钩；第二类是长柄兵器，有矛、戈、戟、钺、殳、铍等；第三类是远射程兵器，有弩、弓等。这些兵器都是铸造成型，它们的主要成分是铜、锡、铅，另外还有微量的镍、镁、铝、锌、铁、硅、锰、钛等元素。

秦国军队当时号称步兵百万，战车千乘，骑万匹，所需兵器数量极为庞大，因而武器制造的保障机制就显得尤为重要。秦人的做法，就是让武器生产制度化、模具标准化和工艺流程规范化，并用法律加以约束。《秦律十八种·上律》明确记载：“为器同物者，其大小、短长、广亦必等。”在秦俑坑中出土的所有同类器物都是如此。如兵器中的铜弩，各个弩机上的同一部件都可以互换。又如青铜镞的头部是三棱形的，三个面和三个棱被加工成抛物线，基本相等。专家对镞的三个面放大 20 倍，发现同一个镞的三个面误差小于 0.15 毫米，不同镞的误差小于 0.2 毫米，这样的精度标准是很高的。与法律相配套的是推行“物勒工名，以考其诚”的奖罚办法，要求兵器上都要刻上制作年代、机构、督造者以及具体制作者的名字，这样工匠的聪明才智得到充分的施展和肯定。

俑坑中出土的兵器均未生锈，是因为当时已具备有效的防锈技术。通过电子探针和激光技术的分析，青铜兵器表面有一层铬盐氧化层，这种现象在兵器中普遍存在，说明这不是偶然因素造成的，而是有意进行工艺处理后形成的，从而起到良好的防锈作用，使兵器光亮如新、锋利无比。正是因为在严格的制度管理下，秦王朝把当时最为纯熟的青铜制造技术运用到兵器生产上，才使统一六国战争有了足够的武器保障，并创造出兵器史上一个又一个奇迹。

秦始皇陵兵马俑

第四章　独尊儒术　经学鼎盛

秦朝灭亡以后，项羽和刘邦展开了长达 4 年的楚汉之争，最后刘邦在萧何、韩信、张良等人的辅助下，于垓下打败了西楚霸王项羽。公元前 202 年，刘邦正式称皇帝，定国号“汉”，汉朝继承和巩固了秦朝开始的统一国家，经济繁荣、国力强盛、人民安乐，呈现出一派太平盛世的景象，被视为中国历史上的第一个黄金时期。在两汉历时 400 多年的时间里，中国一直以世界强国的面目屹立于世界之林，因此，外族开始称呼中国人为“汉人”，而汉朝人也乐于这样称呼自己，“汉”从此成为了华夏民族永远的名字。

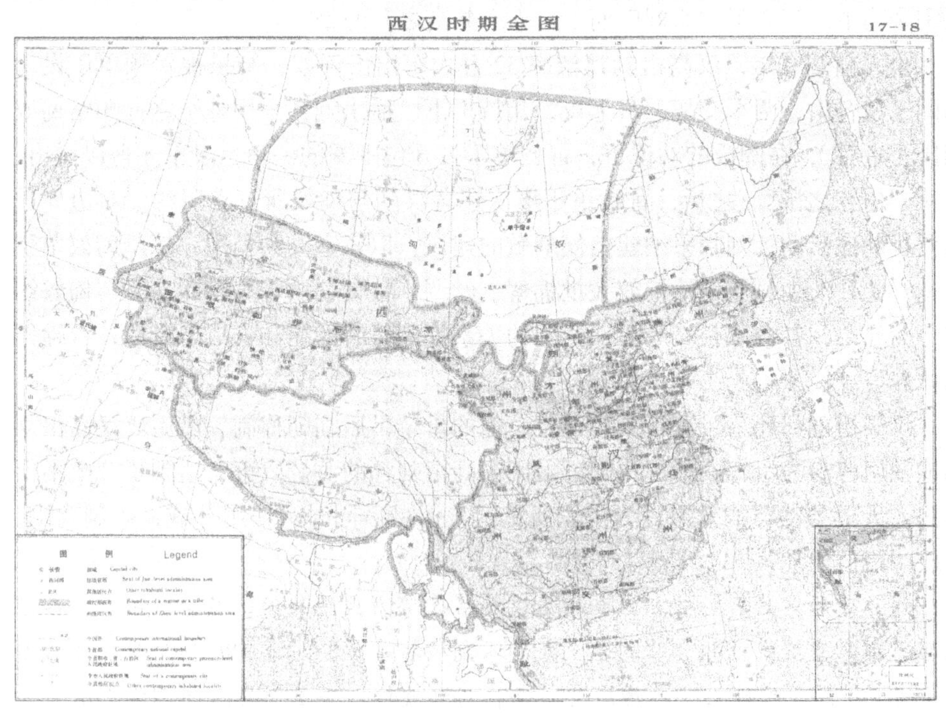

西汉时期全图

第一节　西汉前期的“无为而治”

秦以武力统一中国，结束了战国诸侯纷争的局面，但大一统秦帝国的速亡，使人们认识到：治理国家，法家的“法治”不如儒家的“德治”，儒家的伦理道德比严刑峻法更为重要，因为施行仁政能得人心，施行暴政只能树敌。

秦汉交替之际，儒家思潮逐渐抬头，陈胜、吴广起义后，有些儒生参加了反秦斗争，如孔子后裔孔甲一度为陈胜的博士。西汉初年，著名儒生叔孙通被任为太常，协助汉高帝制订礼仪。惠帝四年（公元前 191 年）废除《挟书律》，进一步促使了诸子学说的复苏，其中阴阳、儒、墨、名、法、道六家比较活跃，尤以儒、道两家影响较大。

汉高祖刘邦登基后，采用叔孙通的建议，恢复礼法，设三公和九卿，任用萧何为丞相，采取与民休息、清静无为、休养生息的黄老政策，鼓励生产，轻徭薄赋。在政治上，则先分封功臣韩信、陈豨、彭越、英布等为王，等到政权稳固，为了防止反叛和巩固皇权，则又以种种罪名取消他们的王爵，或贬或杀，改封刘氏宗亲为王，订立了“非刘氏而王，天下共击之”的誓言。

公元前 200 年，汉高祖刘邦亲率 32 万大军出击匈奴，结果被冒顿单于设伏围困于白登山，两军交战七日七夜，相持不下。后来刘邦采用陈平之计贿赂匈奴阏氏（皇后），在阏氏的劝说下，冒顿单于打开包围圈的一角，汉军才得以撤出，史称“白登之围”。之后，冒顿单于屡次违背汉朝与匈奴所订立盟约，对边界进行侵扰劫掠活动。刘邦采纳建信侯刘敬的建议，以宗室女为公主，嫁予匈奴单于和亲。此外汉朝每年送给匈奴大批棉絮、丝绸、粮食、酒等。自此，汉与匈奴约定结为兄弟，各自以长城为界，两国的关系得到暂时的缓和。战事既休，百姓得以休养生息。

汉高祖刘邦死后，惠帝刘盈继位，他的母亲吕后临朝称制。吕后尊汉高祖刘邦遗嘱用曹参为丞相，萧规曹随，沿用汉高祖刘邦的黄老政策，达到了“政不出房户，天下晏然”的效果，为史家所称道，但吕后同时又任用外戚，压制功臣，酿成“诸吕之乱”。

刘邦死后，吕后把持朝政，极力培养吕氏势力，她的侄子吕台、吕产、吕禄及吕通都封了王，刘邦“非刘不王”的限制被打破。公元前 180 年 7 月，吕后因病去世。9 月，吕姓王欲起兵叛乱，夺取刘汉政权。齐王刘襄随即调集军队，高举“率兵消灭不应当为王的人”的旗帜发兵西进，相国吕产派遣大将军灌婴率兵迎战。灌婴到荥阳后，安营扎寨，暗中派人与齐王联合，只等吕氏反叛，以率兵击之。在长安城里，太尉周勃、右丞相陈平等私下密谋策划，设计让上将军吕禄交出了兵权。周勃进入军中号令："拥戴吕氏的袒露右肩，拥戴刘氏的袒露左肩！"军中士卒纷纷袒露左肩，呼声震天。周勃很顺利地将北军控制，成为反吕的一支主要部队。接着，周勃命令朱虚侯刘章率兵千人以进宫护卫皇帝为名，伺机捕杀了统率南军的相国吕产，后又捕杀吕禄，并分派人手去捕杀诸吕，不论老少全部处死。至此，吕氏被剿灭，统治大权又回到刘氏皇族手中。

"诸吕之乱"平定后，众臣迎立代王刘恒，是为太宗孝文皇帝，他和儿子汉景帝刘启在位期间，继续实行轻徭薄赋、与民休息的政策，恩威并施，修复了多年战争带来的巨大破坏，使人民负担得到减轻；汉景帝刘启时期（公元前 154 年）发生了此时期唯一的动乱——"七国之乱"，但是仅经历 10 个月即为太尉周亚夫平定，并未对汉朝带来实质影响。这段时期，匈奴虽然几次入寇中原，但大多数时间处于相对和平的状态。汉朝方面则不断积蓄国力，社会安定繁荣，百姓生活富足，这一时期史称"文景之治"，是中国进入大一统时代以来，第一次被传统历史学家称羡的治世时代。

汉文帝

汉景帝

文景时期，重视"以德化民"，奖励努力耕作的农民，劝解百官关心农桑。每年春耕时，他们亲自下地耕作，给百姓做榜样。他们提倡节俭，并以身作则。文帝在位二十多年，宫室、园林没有什么增加，他修建自己的陵墓，要求从简，不许用金银等装饰，只能用陶瓦。到景帝后期时，国家的粮仓丰满起来了，新谷子压着陈谷子，一直堆到了仓外；府库里的大量铜钱多年不用了，穿钱的绳子烂了，散钱多得无法计算了。

第二节　罢黜百家，独尊儒术

西汉初期，国家的主要任务是恢复生产，稳定封建统治秩序。因此，主张无为而治的黄老学说受到重视，而五经博士仅为具官待问，在政治上并未得到重用，然而儒、道两家在政治、思想上的斗争相当激烈。武帝即位时，经过七十多年的休养生息，社会经济已经得到了极大恢复，于是武帝依靠文、景两代积累的财富，大事兴作。与此同时，随着地主阶级及其国家力量的强大，对农民的压迫和剥削也逐渐加重，农民和地主阶级之间的矛盾逐渐加剧。因此，从政治上和经济上进一步强化专制主义中央集权制度已成为封建统治者的迫切需要。在这种情况下，主张清静无为的黄老思想已不能满足上述政治需要，更与汉武帝的好大喜功相抵触；而儒家的春秋大一统思想、仁义思想和君臣伦理观念显然与武帝时所面临的形势和任务相适应。

汉武帝

儒家集以往文化之大成，尤其是对于如何驭民的问题，制定了一套符合中国封建宗法社会国情的办法：以宗法制度和宗法思想驾驭天下。中国的封建社会改造并保留了奴隶社会的宗法制度，以家族为单位的小农经济是封建社会的基础，这是一个重要特点。对此，先秦以来的各个学派有着不同的认识：法家认法不认亲，对宗法制度有否定的一面；墨家主张“兼爱”，抹煞等级差别，不利于宗法制度的确立；管仲学派则是肯定与否定参半；黄老学派继承了这一传统，没有对宗法制度给予至高的位置。儒家则不同，声称以“孝悌为本”，主张强化君父之权。儒家经典系统保存了中国自原始社会末期至春秋战国以来有关宗法观念的思想资料，经历秦汉之际思想学术的大融合，儒家学者又根据井田制废除、私有经济产生、宗族解体为家族以及郡县制和中央集权制确立等新情况，对古老的宗法制度进行了一番加工改造，设计了一套以个体家族为基本单位的宗法制度，这一加工改造体现在汉初儒师的造礼活动之中。董仲舒继之又明确提出了“三纲五常”(“三纲”即君为臣纲、父为子纲、夫为妻纲；“五常”即“仁、义、礼、智、信”)之说，进一步强化了儒家的宗法思想，并有助于巩固中央集权。按照儒家的学说，可以循着修身、齐家、治国、平天下的顺序，理顺国家政权和家族性个体农业者之间的关系。儒家的这种关于宗法制度和宗法思想的理论，符合当时社会的实际状况，这是它被定为一尊的重要原因。

而另一个原因，则是加强君权、制止分裂割据的需要。中央集权与分裂割据的矛盾，在汉初70年间从未平息过。汉朝建国时，分封异姓功臣为诸侯王，实行郡、国并行的制度，结果发展了割据势力。刘邦为了维护统一与君权，采取了削藩的政策，剪除了异姓王，改设同姓王以拱卫王室，但是同姓诸侯王很快也发展成为一种离心的势力，并且和朝廷内的宗族多有联系，如何对付宗族权贵集团形成的分裂割据势力，是摆在汉朝统治者面前一个十分棘手的问题。至文帝执政时，吴王刘濞肆无忌惮地发展实力，并且谋作乱逆。但是，文帝信奉黄老之术，采取了“静以待动、不为祸先”的办法，反而滋长了吴王的野心，最终酿成了“七国之乱”。虽然七国之乱不久就平息了，但是诸侯王分裂割据的状况仍然存在，这就迫使封建统治者必须改变清静无为的政策。由于宗族权贵集团组成的分裂割据势力与君主存在着宗法血缘关系，而儒家关于巩固和强化宗法制度与宗法思想的理论，特别是有关宗法继嗣制度的理论，有助于削弱地方势力，强干弱枝，加强君权，建立和协调统治阶级内部的等级秩序。因此，当董仲舒针对当时统治阶级集团内的尖锐矛盾提出了“大一统”观点，汉武帝便认为自己找到了加强中央集权、打击地方割据势力的最好依据。

刘邦在消灭了韩信等异姓诸侯王以后，面对广大的国土深感无力控制。因此，他一面消灭异姓诸侯王，一面又陆续分封了9个刘氏宗室子弟为诸侯王。这9个人是：刘邦叔父之子刘贾为荆王、刘邦同父异母弟弟刘交为楚王、刘邦庶长子刘肥为齐王、刘邦次兄刘喜之子刘濞为吴王、刘邦少子刘长为淮南王、刘邦子刘如意为赵王、刘邦子刘恢为梁王、刘邦子刘友为淮阳王、刘邦子刘恒为代王，这9个同姓王占据了全国的大部分土地。当时全国有54个郡，各诸侯国就占了39个，仅齐一国就占有7郡，而归西汉王朝中央政府管辖的只有15个郡；从户口构成上看，在全国277万户、1300万人口中，由中央政府统辖的只有97万户、450万人，仅是全国户口总数的1/3。刘邦为防止诸侯王位被异姓篡夺，还特地杀白马为盟，立誓“非刘氏而王，天下共击之”。

刘邦死后，由于文帝是以庶子身份被宗室大臣拥立而登上帝位的，为笼络刘氏宗室，他又陆续分封了许多诸侯王。此时各诸侯王业已长大，他们在自己封国内的势力迅速膨胀起来，这种情况削弱了以皇帝为代表的中央集权，双方的矛盾日益激化。

文帝三年（公元前177年）五月，乘匈奴寇边、文帝亲至太原（今太原市西南）督军作战之机，齐王之子济北王刘兴居在后方举兵反叛。文帝闻讯后，立即派柴武率军10万前往平叛，同时还下诏宣布叛军凡投降者一律赦免，并恢复原官职，结果叛军望风瓦解。同年八月，刘兴居被俘自杀。文帝六年（公元前174年），淮南王刘长勾结匈奴和闽越，准备发兵反叛，结果被文帝发觉，废了他的王位，将他流放到蜀郡，刘长在途中绝食而死。

刘兴居和刘长的两次叛乱引起了朝中一些有识之士的高度关注，他们纷纷献计献策，建议削弱诸侯王的势力。文帝接受了“众建诸侯而少其力”的建议，于文帝八年（公元前172年）分别将淮南王的四个儿子封为列侯；十六年（公元前164年）又将齐国一分为六、淮南一分为三。不过，文帝虽然采取了这些措施，仍然不能有力地阻止诸侯势力的急剧膨胀。

吴王刘濞在惠帝、高后时即利用吴地的盐铁之利，招天下亡命者前来铸钱、煮盐，牟取暴利。到文帝时，刘濞更是肆无忌惮，其子在京师被皇太子误杀后，刘濞便心怀怨愤，为笼络人心，他竟保护各地逃到吴国的罪犯。针对这种情况，身为太子家令的晁错提出用削夺诸侯封地的办法抑制其势力的发展，没有为文帝所接受。文帝死后，景帝即位，晁错再次提醒景帝注意吴王刘濞的动向，建议削夺诸侯的封地。景帝终于下定决心，在公元前154年以各种罪名先后削去了楚王戊、赵王遂和胶西王卬的部分封地。这一举措在朝野引起了很大震动，被削地的诸侯王们心怀不满，而未被削地的诸侯王们兔死狐悲，也都惶惶不可终日。

景帝三年（公元前154年）冬，下令削夺吴国的会稽、豫章郡。吴王刘濞闻讯后，串通楚、赵、胶西、胶东、淄川、济南六国的诸侯王公开反叛。刘濞征发了封国内14岁以上60岁以下的全部男子入伍，共聚众30余万人，号称50万，又派人与匈奴、东越、闽越贵族勾结，用“请诛晁错，以清君侧”的名义举兵西向，这就是“吴楚七国之乱”。由于刘濞早有预谋，所以七国军队在叛乱之初进展顺利，先攻梁，再围齐，前锋直指今河南东部。景帝见叛军来势凶猛，一时慌了手脚，听信了谗言，将晁错腰斩，以图换得吴、楚退兵。但叛乱的诸侯不但没有退兵，反而认为景帝软弱无能，刘濞更公然自称东帝，与西汉政权分庭抗礼。

太尉周亚夫奉命率军至洛阳，出奇兵断绝了叛军的粮道，当时正值天寒地冻，叛军士卒粮尽援绝，终于自行崩溃。汉军乘胜追击，大破吴、楚联军，吴王刘濞逃到东越，企图以东越为据点，待站稳脚跟后再卷土重来，但东越人不愿依附刘濞，遂将他诱杀，献其头于汉。此后，其他诸侯王的叛军也相继被击败，纷纷投降，叛乱很快便平息了。景帝趁势收夺各诸侯国的支郡，同时取消了王国自行任命官吏和征收赋税的特权，诸侯王不得治理民政，只能“衣食租税”，即按朝廷规定的数额收取该国的租税作为俸禄，王国的地位已与汉郡无异。

“七国之乱”的平定和诸侯王权力的削弱，基本解决了刘邦实行诸侯王制度时所产生的弊病，后来汉武帝以“推恩策”进一步解决了王国问题，加强了中央集权，社会经济也得到了复苏和发展。

汉武帝建元元年（公元前140年），新儒家代表人物董仲舒在举贤良对策中提出建议：凡是不在六艺之科、孔子之术的各家学说，都要从博士官学中排除出去。汉武帝对董仲舒的这种大一统思想非常赏识，同时又采纳丞相卫绾之议，罢黜主张申不害、商鞅、韩非、苏秦、张仪之言的大臣。然而汉武帝此举受到好黄老的祖母窦太后的强烈反对，她于次年借故把鼓吹儒学的御史大夫赵绾和郎中令王臧下狱，儒家势力受到打击。但武帝在建元五年（公元前136年）又置五经博士，使儒家经学在官府中更加完备了。建元六年（公元前135年），窦太后死，儒家势力再度崛起。元光元年（公元前134年），武帝将不治儒家五经的太常博士一律罢黜，排斥黄老刑名百家之言于官学之外，提拔布衣出身的儒生公孙弘为丞相，优礼延揽儒生数百人，还批准为博士官置弟子五十人，根据成绩高下递补郎中文学掌故，选拔担任重要职务，这就是历史上有名的“罢黜百家，独尊儒术”。独尊儒术以后，官吏主要出自儒生，儒家逐步发展成为此后两千年间统治人民的正统思想。虽然这样做不利于学术文化的多元发展，但在当时却有益于专制制度的加强和国家的统一。

独尊儒术

虽说是“罢黜百家，独尊儒术”，但汉武帝的“儒术”其实质是以儒学为主体而对众家学说的吸纳，在尊崇这种新儒学中确立其中华文化共同体的地位。融入阴阳、道、法等家思想而组成的“新儒学”，与孔孟之“儒”已不尽相同，尤其是儒术与刑名法术相糅合，形成了“霸王道杂之”的统治手段，对后世影响颇为深远。

秦朝以后的所有统治者，无一不把统一思想看成维护统治的关键手段，到汉武帝“罢黜百家，独尊儒术”，中国大一统思想正式形成。此后所有的统治者，基本上都把儒家思想作为国家的核心思想。其实秦朝“坑儒”和汉朝的“尊儒”，其本质是一样的，都是要统一思想。实际上，从汉朝以来，所有的封建统治者基本上都是施行的“阳儒阴法”，或者是“实法名儒”，就是表面上是采用儒家观点，实际上却是法家的手段。法家强调的是权、术、势，而儒家学说主要是强调仁和礼，所以历代统治者都用儒学教化百姓，用法度统治天下。

汉武帝“罢黜百家，独尊儒术”的政策，确立了儒家思想的正统与主导地位，使得专制“大一统”的思想作为一种主流意识形态成为定型。是他完成了专制政治结构的基本工程，所谓“内圣外王”、刚柔相济，人治社会的政治理想第一次因为有了一套完备的仕进制度而得以确立；是他使得大家族的生活方式成为一个社会牢固、安定的势力，并进一步推而广之，最终使之成为整个宗法制国家的基础。从此以后，在学术和仕进上，儒家被定为一尊，统治中国达两千年之久，至今仍然在现实社会中影响着中国的政治、经济、文化、教育、生活并及于法律等各个层面，我们现实中的很多为人处世之道也都来自于儒家思想，比如“仁、义、礼、智、信”的道德标准，以及天人合一、仁义、中庸之道等。

然而，物极必反，没有了百家争鸣的局面，单一的思想模式就会造就僵化的思想体制——专制。儒家在学术和仕进上被定为一尊后，在很长一段时期起到了统一思想、统一舆论、稳定国家的作用，但后来尤其是近代，作为封建专制的重要组成部分，它也确实禁锢了中国思想的发展，特别是个性思想。

第三节　儒家内部的“今古相争”

自汉武帝“罢黜百家，独尊儒术”之后，通晓儒家经典成为做官食禄的首要条件，攻读儒经成为一时之趋。汉武帝采取兼容并蓄的态度，对当时有名的儒家学派，皆为其在大学设一讲座，谓之学官，并设立“五经博士”传授弟子。儒家学说经政府的倡导，获得了广泛的传播，武帝时学官仅 7 家，到东汉时已有 14 家。但在传播的过程中，由于各家学派传承不同，对于儒家经典的版本、内容也多有争议，遂使得儒经越传越多，越传越烦琐。

汉宣帝甘露三年（公元前 51 年），鉴于当时诸经分派分支太多，对经义的解释也各有差异的状况，宣帝乃“诏诸儒讲五经同异，萧望之等平奏其议，上亲临制决”，史称“石渠阁（未央殿北藏秘书的地方）会议”。皇帝以大宗师、大家长的身份，亲自裁定经书的是非异同，作为文化最高统治者的形象已然确立。奏疏经过汇集，辑成《石渠议奏》，成为中国封建政权第一套完整的法典，经学的地位无可撼动，也大大加强了儒家礼仪制度对社会的控制力度。

秦始皇“焚书”后，先秦典籍通过学者们的口传心授被传诵下来。到了汉代，人们用当时通行的隶书抄录而成以供研究，成为“今文经”。董仲舒就是“今文经学”的代表人物。到武帝去世，昭帝即位的时候，今文经学俨然占据了统治地位，当时的每个博士门下弟子都达百人之多。后来“古文经”兴起，双方互相抨击，都自以为正统。两者主要的分歧在于“今文经学”主张经世致用，“古文经学”主张训诂文字；“今文经学”主张微言大义，而“古文经学”主张返璞归真。

西汉末年，人们陆续发现藏于民间的先秦典籍，这些典籍都是用先秦文字书写的，因而被称为“古文经”。尤其古字体《春秋左氏传》、《毛诗》、《逸礼》等问世，引起了极大轰动，学者们认为“六经”是古圣先贤所作，孔子只是“述而不作”，这一学派被称为“古文经派”，他们和“今文经派”在文字内容、篇章多寡以及学风等方面分歧较大。但西汉年间由于认识古文字的人不多，所以它虽有经本，却只能在民间流传，没有得到朝廷的重视，也没有设立学官。但当时的“古文经”学者已看到“今文经学”在研究口耳相传的“五经”时所产生的弊端，甚至有人以自己的心意说成是孔子的意思，而“今文经学”本身内部又流派众多，辩论激烈，汉代的思想文化界一片热闹。

西汉末年，经学家刘歆极力主张将“古文经”列入学官，认为“古文经”确凿可信，可以填补现有经传的不足。汉哀帝拿不定主意，就让刘歆和“今文经”学者辩论，双方针锋相对，互不相让，最终也没分出胜负。哀帝死后，王莽篡权建国，出于政治需要，他大力提倡学习周公制礼作乐，以刘歆为“国师”，“古文经学”终于建立了学官。

公元前 35 年，东汉光武帝即位后，为了消除王莽余迹，也曾一度撤销王莽所立的“古文经学”，倡导学习“今文经”，但“古文经”并未偃旗息鼓，两派的门户之见日益加深。为了巩固儒家思想的正统地位，光武帝宣布图谶于天下，进一步把儒家经义与谶纬图书等迷信东西结合起来，完成了东汉国教的形式。所谓谶是当做神灵启示人们的一种预言，谶纬即总集过去所有的具有一定性质的预言，而用以解释一般性质的儒家经典，使那些预言与儒家经典相交织，使圣人的教条与神灵的启示合二为一，这样，儒经变成了天书，孔子被扭曲成了“前知千岁，后知万世，有独见之明，独听之聪，不学自知，不问自晓”的神人。但今、古两派的争论仍未平息，其争论的范围甚至已远远超出了学术争辩本身。

光武帝对谶纬之学崇信有加，甚至一度下诏将谶纬定为官方学说，大有取代经学地位的意思，唯物主义学者桓谭因为公开反对谶纬，被冠以“非圣无法”的罪名，差点丧命。大批儒生只得转向研究谶纬，甚至随意发挥想象增删改写典籍。当时就有人把孔子描绘成“头顶像反置的天空、身长十尺、体大九围、坐如蹲龙、立如牵牛、就之如昴、望之如斗”的超人，简直让人啼笑皆非，直到现在有些地方还保留有青面獠牙的孔子塑像，令人望而生畏。

到了汉章帝建初四年（公元 79 年），经学家杨终认为今、古两派如此长期争执下去，会使学者更难以辨析，而且易使经学失去统治哲学的地位，就向刚登基不久的汉章帝刘炟建议，效法当年宣帝石渠阁会议裁决的办法，来解决这个老大难问题。章帝采纳了这个建议，于当年 11 月召集各地著名儒生于洛阳白虎观，讨论五经异同，把西汉宣帝、东汉光武的法典和国教更加系统化，这就是所谓的“白虎观会议”。这次会议由章帝亲自主持，参加者有魏应、淳于恭、贾逵、班固、杨终等。会议由五官中郎将魏应秉承皇帝旨意发问，侍中淳于恭代表诸儒作答，章帝亲自裁决。这样考详同异，连月始罢。此后，班固将讨论结果纂辑成《白虎通德论》，又称《白虎通义》，作为官方钦定的经典刊布于世。这次会议肯定了“三纲六纪”，并将“君为臣纲”列为三纲之首，使封建纲常伦理系统化、绝对化，同时还把当时流行的谶纬迷信与儒家经典糅合为一，使儒家思想进一步神学化。

白虎观会议后，虽然章帝仍未设立古文学官，但高第封爵者众，这在事实上承认了“古文经”学者的合法地位。自此，“古文经学”日渐壮大，相继涌现出许多著名的学者，尤其是东汉末年，“古文经学”大师郑玄认为两个学派相互攻击并非学术发展的福音，因此他各取所长，把两者融合起来，编注群经，影响巨大，他的弟子也遍布天下，这样一来，横贯两汉长达 200 年之久的今古文经学相争才得以暂时平息。

其后的一千多年间，贯穿整个封建社会，经今古文之争从未停止，这固然是政治集团之间的利益之争，然而它开创了独具中国哲学特色的“天人感应灾变宇宙论”，也奠定了义理与考据相结合的治学方式，对后世影响深远。

第四节　党锢之祸

东汉末年，外戚与宦官交替把持朝政，皇帝形同虚设。他们一方面大肆搜刮民脂民膏，强取豪夺；同时又把持官吏选拔大权，滥用亲朋，颠倒是非，混淆黑白，堵塞了一大批有品行、有学识的知识分子的仕途。当时民间流传着嘲讽官吏选拔制度的打油诗："举秀才，不知书；察孝廉，父别居；寒素清白浊如泥，高第良将怯如鸡。"可知在外戚宦官把持下选拔出来的官吏都是何等昏庸的人物。政治的黑暗，社会的动荡，国家命运和个人前途的渺茫，促使一部分官僚和知识分子对时政提出议论和尖锐的批评，贬抑篡权窃国的外戚宦官，褒扬不畏权势忧国忧民的清官廉吏，逐渐形成了所谓的"清议"，这种清议发展到后来，便酿成了中国历史上有名的"党锢之祸"。

外戚宦官主持朝政，有气节的士大夫必然退归田里，这是中国历史的一个规律。早在顺帝时，士大夫就曾毁裂冠带，避祸深山。到桓帝时，政治更加黑暗，更多的知识分子逃入乡下或山林，或躬自耕稼，自食其力；或隐居讲学，苦身修节。表面看起来是与世无争，而透过其表象则可以清楚地看出他们对外戚宦官当朝的强烈不满。所以，当朝廷安车玄纁，到深山中征请他们入朝为官，替宦官政治歌功颂德时，他们宁死也不肯与宦官为伍，不但不应征，而且指斥时政。《后汉书·党锢列传》称桓帝、灵帝时，"主荒政缪，国命委于阉寺，士子羞与为伍，故匹夫抗愤，处士横议，遂乃激扬名声，互相题拂，品核公卿，裁量执政，婞直之风，于斯行矣"。

与避居深山或山野的耆年渊德者相对应的，是居于太学年轻气盛的青年学生。东汉桓帝年间，太学生已达三万多人，他们有感于自己家世的零落和政治前途的暗淡，也对宦官当政感到怨恨。于是，以郭泰、贾彪等为首的一批学生领袖，一方面，在太学中进行反宦官政治的组织和宣传；另一方面，吸收社会上有识有才能者入太学，以扩充自己阵容，因此，太学成为当时又一政治活动中心，中国的年轻知识分子第一次出现在政治斗争的前线上。

桓帝永兴元年（公元 153 年）朱穆任冀州（今河北中南部）刺史，一上任就开始惩除贪官污吏和权贵，又以宦官赵忠葬父僭越规制为由，挖坟剖棺查实并逮捕其家属治罪。桓帝闻讯大怒，反将朱穆判作苦役，因此引发了历史上第一次大规模的学生请愿运动。太学生刘陶等数千人到宫廷向桓帝上书请愿，为朱穆喊冤。他们指责“中官近习，窃持国柄，手握王爵，口含天宪”，颠倒是非，滥用职权，而朱穆忠心忧国，深谋远虑，是难得的贤臣，纷纷要求代他受刑服苦役。桓帝只好赦免了朱穆。

桓帝延熹五年（公元 162 年），皇甫规平羌有功，因宦官徐璜、左悺向其敲榨贿赂不遂，诬陷其侵没军饷，判其服刑苦役。于是，太学生张凤等 300 余人又发起第二次请愿运动，诣宫廷上书为皇甫规鸣冤，皇甫规又因而得以赦免。

士大夫的清议与太学生的抗愤，给一批中下级正直官吏在精神上和舆论上以极大鼓舞，他们也刚正执法，制裁宦官及其亲朋。河东太守刘祐的属县令长大半为宦官子弟，百姓患之，刘祐到任，黜其强权，平理冤狱。苑康为太山太守时，郡内豪姓多不法，苑康奋威怒，施严令，再无敢犯者。南阳太守成瑨与功曹岑晊诛杀与宦官勾结的商人地主张讯。山阳太守翟超与督邮张俭籍没宦官侯览老家财产。太原太守刘瓆诛杀贪横放恣的小黄门赵津。东海相黄浮逮捕射杀太守李暠之女的下邳令徐宣一门老幼，并将徐宣弃市示众。

李膺

在野的知识分子、在朝的中下级官吏和太学生三股力量平行发展，交相呼应，遂形成了反宦官斗争的政治高潮，而这场斗争的首领人物就是出身中下层官吏、后来官至太尉的陈蕃和司隶校尉李膺等。桓帝初，李膺为司隶校尉，宦官张让的弟弟在其属下任县令，贪残暴虐，为躲惩治逃到张让家里藏起来，李膺不畏宦官权势，亲自率吏卒到张让家将其搜捕治法。张让诉冤桓帝，李膺据理驳斥，桓帝只好判李膺无罪。此后宦官一度收敛，李膺声望更高，当时人们若受到他的接待，则荣称作“登龙门”。

然而，宦官并没有坐视对手宰割，他们总在伺机反扑，这时发生了“张成事件”，成为他们发动第一次“党锢事件”的借口。

河内豪强张成据说善观天文星相，占卜吉凶，连桓帝也曾向他请教。延熹九年（公元 166 年），他算准近期将要大赦，就指使儿子杀人，李膺刚抓捕了他儿子欲治极刑，却正逢大赦当免，李膺心怀愤疾，竟不顾大赦令而按杀之。于是怀恨已久的宦官侯览指使张成的弟子上书，诬告李膺等“养太学游士，交结诸郡生徒，更相驱驰，共为部党，诽讪朝廷，疑乱风俗”。桓帝闻听大怒，即下诏逮捕党人，并向全国公布罪行，以求天下同声讨。结果，李膺、范滂等200多人被捕，“有逃遁不获者，皆悬金购募，使者四出，相望于道”。太尉陈蕃力谏桓帝，指出这种做法“杜塞天下之口，聋盲一世之人，与秦焚书坑儒何异”？桓帝听了更生气，竟找借口连陈蕃也罢免了。

窦皇后的父亲窦武不满宦官专权，同情太学生反宦官运动，很多太学生都求助于窦武，窦武上疏谏桓帝，赦免党人不要治罪，否则，将“天下寒心，海内失望”。永康元年（公元167年）桓帝赦免了党人200余人，但又将其全部罢官归家，并书名三府，终身禁锢不得为官。这就是第一次“党锢之祸”。

党人虽然被罢官归田，禁锢而不得为官，但他们却得到了比当官更为荣宠的社会敬仰。范滂出狱归乡，家乡人迎接他的车多达数千辆。名将皇甫规乃西部豪杰，也觉得自己未能列名党人是一种耻辱。天下士大夫皆高尚其道而污秽朝廷。他们共相标榜，指天下名士为称号，“上曰三君，次曰八俊，次曰八顾，次曰八及，次曰八厨。”以窦武、陈蕃等为三君，“君”指受世人共同崇敬；以李膺、王畅等为八俊，“俊”指人中英雄；以郭泰、范滂等为八顾，“顾”指品德高尚而及于人；以张俭、刘表等为八及，“及”指能引导人追行受崇者；以度尚、张邈等为八厨，“厨”指能以财富救助他人。这种相互的激励，使与朝廷权宦们的对立情绪更为强烈，朝廷的打压不但没能使党人屈服，反而更激发了他们的斗志。

桓帝去世后，灵帝立，宦官的权势更大，侯览、曹节、王甫等人操弄国柄。太傅陈蕃、大将军窦武计划诛杀宦官，不幸事泄，反被诛杀。由此开始，宦官们有恃无恐，开始对党人大肆迫害，演出了第二次“党锢之祸”。

建宁二年（公元169年），宦官侯览指使人诬告山阳郡东部督邮张俭结党，图危社稷，曹节趁机示意有关治狱部门将上次的党锢者也牵扯进去。灵帝昏庸，遂准其奏，于是，李膺、范滂等百余人被逮捕并死于狱中，张俭外逃出境才得以幸免，但他在外逃途中，曾得到过许多人的冒死掩护，官府沿途追查，因此上百人受牵累而家破人亡。这时候，仇人间也借机陷害对方，诬指与党人无关者。宦官又将天下豪杰及儒学有行义者皆指为党人，其死、徙、废、禁者，又六七百人。事情至此并未结束，熹平五年（公元176年），永昌太守曹鸾上书为党人讼冤，认为应该解除禁锢，以慰天命。曹鸾的上书本是好意，哪知皇帝龙颜大怒，不但不听劝谏，反将曹鸾拘死于狱，又下诏州郡，更考党人门生故吏、父子兄弟在位者，全部免官禁锢，波及五属。这就是第二次“党锢之祸”。这次事件打击面更宽，惩治也更残酷。自此以后，士人忌口，万马齐喑，有气节的知识分子几无遗类，社会陷入一片黑暗和混乱之中。

东汉的“党锢之祸”是中国封建社会历史上第一次党锢事件。它不同于秦始皇的焚书坑儒只坑杀儒生、禁锢百家思想而独崇法家，也不同于后来的文字狱。它是擅政宦官假借皇帝名义而对朝野反对士人及年轻学生的全面打击。但这种倒行逆施，并不能挽救其行将灭亡的统治，当士人、学生的“文争”被镇压下去以后，接下来的就是平民百姓们不堪压迫起而进行的“武斗”了。党锢后不久的黄巾大起义，给统治者以沉重打击，使汉灵帝意识到如不解决党锢问题，党人与起义军结合则后果不堪设想。于是，中平元年（公元184年）宣布大赦党人，流放者准许返回故里。至此，党锢问题才算最后解决。

这两次“党锢之祸”，直接导致了东汉朝廷的没落，但李膺、范滂等人在面对迫害时所展现的浩然正气，正是中华民族的精魂所在，它激励着一代又一代人献身于反抗残暴统治的斗争。

第五节 “黄金时代”的荣耀

中国文明起源于公元前1600年的商，及至公元前202年至公元220年汉王朝的兴起、繁荣和衰亡。汉以后的中国历史，基本上已经很大程度上由以公元前6世纪的孔子创立的儒教为基础的汉帝国的成就所确定。从起源于华北平原的商开始，中国政权和帝国版图到汉代时已经扩大到现代中国边界内的大部分地区。在这同一时期，中国文明的传统模式也已经确立，而且在此后20个世纪中一直坚持不败，因此，汉王朝被视为是中国历史上的第一个黄金时期，中华各民族人口最多的汉族也就是在这一时期出现的。

自秦始皇统一中国后，原战国时各国的文化便相互渗透融合，到汉代时，中国各地区在典章制度、语言文字、文化教育、风俗习惯多方面都逐渐趋于统一，构成了共同的汉文化。从此中国就出现了统一的汉族，汉族和周边各少数民族都是汉代中国多民族国家的成员。汉族由于文明程度较高，在中国各兄弟民族中一直处于主导地位，这是历史发展和自然形成的结果，汉以后历代的朝代名称虽有变换，但汉族作为中国主体民族的地位始终未变。而汉代建立的国家制度、政权模式以及其他形式机构和组织的大多数，则持续地存在并左右着其后2000年的进程。

在这样一个荣耀的时代，无论是哲学、经学和典籍著述，还是科学、医学和农学；无论是文学、史学和数学，还是天文、历法和军事，都出现了相当可观的成绩。

汉代最伟大的文学成就也许是撰史，这是中国历来强调保存往事记录的传统。被秦始皇焚毁的很多有关周代的记录，通过汉代学者回忆得以再现，因而我们拥有的文本基本上出自这一时期。帝国传统的新精英中出了一位杰出人物，就是被誉为伟大史学家的司马迁，司马迁的《史记》是中国第一部纪传体通史，也是“二十四史”中的第一部，为以后两千年正史的编纂提供了规范。全书分为十二本纪、十表、八书、三十世家、七十列传，共130篇，52万多字。100多年后，班固编撰了一部同样全面的汉代史书《汉书》，分为十二纪、八表、十志、七十列传。全书体例仿效《史记》，唯改“书”为“纪”，废“世家”入“列传”，还开创了刑法、五行、地理、天文、艺文四志和《百官公卿表》。《汉书》是中国历史上第一部内容完整的断代史，更成为以后历代王朝撰写历史的范本。而两汉时期其他的史书还有《东观汉书》、《汉纪》和《吴越春秋》等。很多西方学者认为，汉代的作家所开创的史学标准，直到18世纪都一直处于世界领先地位。

司马迁

这个庞大的帝国还以高度重视教育和学识著称于世。东汉桓帝时，仅太学生就号称有3万人。汉政府设立乐府，搜集民间诗歌，即为乐府诗，后世的《乐府诗集》、《古诗十九首》、《玉台新咏》中便搜集了不少汉代乐府诗，长篇叙事诗《孔雀东南飞》也是写成于汉代末年。赋是一种新的文学体裁，司马相如的《子虚赋》、《上林赋》，张衡的《二京赋》等均为千古传颂的文学名篇。汉代时期，隶书亦渐渐取代小篆成为主要书写字体，而隶书的出现则奠定了现代汉字字形结构的基础，成为古今文字的分水岭。这一时期，还出现了标点符号的雏形。

在科技方面，西汉时期已经开始使用丝絮和麻造纸，是纸的远祖，而东汉时的蔡伦改进了造纸术，形成了现代意义上的纸。造纸术成为中国的四大发明之一。东汉张衡制成了世界上第一台能够预报地震的候风地动仪。落下闳等人制定的《太初历》第一次将二十四节气订入历法。张仲景因《伤寒杂病论》而被尊为中华"医圣"、中医之祖。而史书记载的华佗更是世界上最早采用全身麻醉的医生（其真实性受到陈寅恪等的质疑）。公元前 1 世纪的《周髀算经》及东汉初年的《九章算术》则是数学领域的杰作。其中，《九章算术》是对战国、秦、汉古代社会创立并巩固时期数学发展的总结，列有分数四则运算、今有术（西方称三率法）、开平方与开立方（包括二次方程数值解法）、盈不足术（西方称双设法）、各种面积和体积公式、线性方程组解法、正负数运算的加减法则、勾股形解法（特别是勾股定理和求勾股数的方法）等筹算方法，形成了一个以筹算为中心、与古希腊数学完全不同的独立体系。

汉代也是中国最早发明瓷器烧造的时代。这个时期还发明了蒸馏法、水力磨坊、现代马轭和肚带的原型、漆器、用于冶金的往复式活塞风箱、独轮车、水车和吊桥等。造船已经采用了防水隔舱、多重桅和船尾柱舵，并且开始使用罗盘。此外，血液循环也是首先在此时发现。两汉时期，中国的冶炼技术也有长足的发展和进步，铸钱技术成熟，如三铢钱、五铢钱等；彩绘工艺独特，如马王堆汉墓出土的帛书彩绘，各种生活用品齐全，如有"汉代魔镜"之称的铜镜；煮盐技术也不断提高；两汉出现了蒸馏酒，酿酒水平臻于完美；农业技术大幅度提高，东汉早期出现了水排等新式灌溉工具。

汉代也是中国宗教的勃兴期。佛教在汉明帝时期传入中国，洛阳白马寺是中国第一座佛寺。道教也是在东汉时期宣告形成的。东汉末年，道教分为两大流派，一支为太平道；另外一支为天师道，亦称五斗米道（张道陵创五斗米道），而五斗米道内部还有一个大支派，以于吉为教主，在长江下游地区传播。

白马寺

凡此种种，无不浸透着优秀中华儿女的智慧和心血，推动着中华文明和中华国学不断向前发展，取得了辉煌的成就。而随着历史车轮的缓缓前行，摆在学者面前的，不仅是如何应对即将到来的佛、道两教的严峻挑战，更是如何在四分五裂的乱世中得以生存和发展的重大考验……

第五章 玄学太虚 魏晋风流

东汉延康元年（公元220年），曹操病逝，沿袭了魏王爵位的曹丕逼迫汉献帝让位，在洛阳称帝，国号“大魏”。至此，历经12帝、历时近200年的东汉王朝正式灭亡，中国开始了长达300多年的动乱，史称“三国两晋南北朝”。

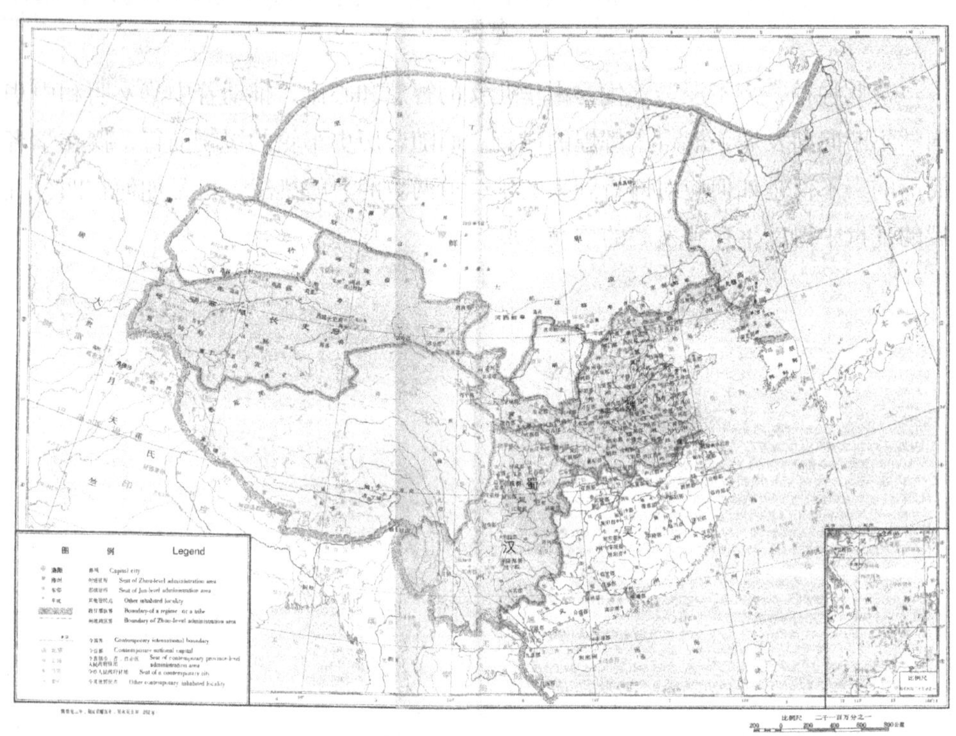

三国时期全图

第一节　动荡不安的社会格局

一、黄巾之乱和群雄割据

公元 184 年，太平道首领张角及兄弟张梁和张宝率信徒发起民变，迅速发展到数十万追随者，引起全国性的战乱，史称“黄巾之乱”。汉灵帝派中央军压制，又令地方州郡政府和豪强地主招募军队协助。黄巾军的主力很快被击溃，不过余部仍然散布各地。随着各地山贼土匪陆续出现，汉朝的中央军精疲力竭。公元 188 年，汉灵帝采纳朝臣建议，让负责监察各郡的刺史兼有地方军政权力，以加强对各郡的控管，并且将部分刺史升为州牧，由刘姓宗室或重臣担任。

这项措施使得州正式成为一级行政区，虽有利于镇压各地叛乱，但当朝廷发生内乱后，掌握地方权力的州牧及刺史却纷纷割据一方，不再受朝廷节制。东汉为解决黄巾之乱而制定的州牧制度，随着中央政权的不断衰弱，反而成为开启群雄割据局面的钥匙。

公元 189 年，汉灵帝驾崩，他的儿子刘辩年仅 14 岁，外戚与宦官之争又起。宦官蹇硕等意图杀害外戚大将军何进，改立太子刘辩的弟弟陈留王刘协，然而失败。刘辩顺利继位为汉少帝后，他的母亲何太后临朝听政，大将军何进便与袁绍等士大夫密谋铲除以张让为首的十常侍及其他宦官。何进还令凉州董卓、并州丁原带兵增援。宦官们先发制人，在董卓军到达洛阳前杀死何进。而袁绍则以为何进报仇为名率军入宫，杀死宦官 2000 余人。虽然困扰东汉上百年的外戚与宦官之争就此终结，却也方便了率军入都城的董卓顺势夺取朝政人权。

董卓率兵进入洛阳后，趁着外戚和宦官火并之际，收编了何进的部下，成为京城中的主要力量。为了独揽大权，他先是杀掉丁原，然后逼走袁绍，最后干脆废少帝刘辩，改立陈留王刘协为帝，并自封为相国，成为东汉王朝实际上的掌权者。董卓残暴骄横、倒行逆施，导致天下百姓民不聊生、群怨沸腾，激起了东汉朝廷和地方牧守的反对。公元 190 年，关东诸侯推袁绍为盟主，讨伐董卓，董卓挟持献帝西走长安。临行时把洛阳的金珠宝器、文物图书强行劫走，焚烧宫庙、官府和居家，并胁迫洛阳几百万居民一起西行，致使洛阳周围“二百里内无复孑遗”，室屋荡尽。公元 192 年，司徒王允命自己的义女貂蝉施展美人计，策反了董卓的部下吕布，杀掉了董卓。

董卓掌权后，国家制度朝令夕改，反复无常。其中，他颁布的法律刑罚尤为混乱无度，不成体统：对普通老百姓往往实施严刑酷法，而对亲信家族，则违法不究，一切都取决于董卓个人的意志。《魏书》记载：董卓专门指派司隶校尉刘器登记所谓“为子不孝，为臣不忠，为吏不清，为弟不顺”的臣民，凡是册上有名者，都立即处死，并将他们的财产没收归董卓所有。

为了聚敛巨额财富，董卓还大量毁坏通行的五铢钱，下令将所有的铜人、铜钟和铜马打破，重新铸成小钱。粗制滥造的小钱不仅重量比五铢钱轻，而且没有纹章，钱的边缘也没有轮廓，不耐磨损。小钱的流通直接导致了严重的通货膨胀：货币贬值，物价猛涨。据史书记载，当时买一石谷要花数万钱。老百姓苦不堪言，生活陷于极度痛苦之中。董卓却利用搜括来的钱财，整日歌舞升平，寻欢作乐，生活荒淫无度。

当时，老百姓为了表达对董卓的痛恨，四处传唱歌谣《千里草》，咒骂董卓，希望他早日死去：“千里草，何青青；十日卜，不得生。”

讨伐董卓

从公元189年至公元192年，虽然只有短短三年时间，社会却经历了深刻的变革，三国群雄在此期间先后登场，成为乱世的开端。

二、三国鼎立和三分归晋

董卓讨伐战争结束后，各地方军阀对皇帝已不加理会，转而发展各自的势力。破虏将军孙坚在攻打荆州牧刘表据有的襄阳时战死，其子孙策投奔袁术后向他借兵，带领孙坚旧部于公元196年至公元199年在江东四处征战。最后孙策独领江东，与刘表对峙，并等待时机北上中原。公元197年袁术于寿春称帝，国号“仲氏”，最后被曹操及徐州牧刘备攻灭。公元194年益州牧刘焉病死，其子刘璋接任，与汉中的张鲁决裂，两方对峙，他任命部下赵韪东征刘表未果，不久赵韪叛乱，刘璋率军平定。马腾、韩遂等人则于凉州、雍州一带各自发展势力。公孙瓒击败刘虞后雄踞幽州，最后被袁绍消灭。东迁的吕布先是夺取曹操的兖州，被击败后先附刘备，接着夺其领地徐州，最后被曹操击溃于下邳而亡。而徐州牧刘备，两度因为吕布及曹操而失去徐州，最后依附河北袁绍，并到汝南建立势力。

各路军阀当中，袁绍与曹操的实力最强。袁绍先用计占据韩馥的冀州，继而打败田楷、臧洪、公孙瓒等人，掌握青、冀、幽、并四州，雄霸河北，气势强劲。曹操四处征战，收编青州30万黄巾军，几经转折，控制了兖州。后来曹操奉立东逃的献帝于许昌，挟天子以令诸侯。接着依序破袁术、灭吕布、降张绣、逐刘备，其势力发展成兖、豫、徐三州、部分司隶、雍州等中原地区。

公元200年，袁绍率精兵十万南下，在河南官渡与曹操狭路相逢，最后袁绍战败，从此一蹶不振。这场历史上著名的以少胜多的官渡之战奠定了曹操统一北方的基础。

在此之前，曹操为避免腹背受敌，已先击溃与袁绍联合的刘备，并进驻易守难攻的官渡（今河南中牟东北）。同时，曹操以声东击西之计，于白马（今河南滑县境）击斩袁将颜良，败袁军。袁绍初战失利，锐气受挫，改分兵进击为结营紧逼。两军对垒于官渡，相持数月。其间曹操因兵疲粮缺，一度欲回守许昌（今河南许昌东）。谋士荀彧认为，曹军以弱敌强，此时退兵必为所乘；反之，袁军轻敌，内部不和，相持既久必将有变，正可出奇制胜。曹操纳其言，派兵袭烧袁军粮车；又亲率精锐5000奔袭袁军乌巢（今河南境）粮屯，全歼袁军，烧毁全部囤粮。消息传来，袁绍所部军心动摇，纷纷溃散投降。曹操乘机全线出击，歼敌7万余，袁绍父子仅率800余骑北逃。

公元208年，曹操统一北方后率大军南下，向荆州进攻，而荆州牧刘表也在此时病死，其次子刘琮接位并向曹操投降。刘备见此，决定离开新野南下江陵，途中被曹军追上击败，逃至夏口。为抗曹军，刘备派诸葛亮出使到江东，双方结盟，在著名的赤壁一战中，孙刘联军以少胜多，大败曹军，迫使曹军退回中原，三国局面稍具雏形。后来，刘备向荆南施压，成功逼降荆南四郡；而孙权部将周瑜也向荆州南郡发兵，用了很长时间最终攻克南郡。其后，周瑜在出兵攻打益州的途中病逝，鲁肃接替其位，并将南郡借给刘备。曹操在南方战争中失败后，转而向西发展，西凉诸军阀于公元211年起兵反曹，共推马超、韩遂为首领，曹操率军镇压，成功将西北一带收为领地，不久曹操自封魏王。

公元211年，刘备率部进入益州，逐步占据了原来刘璋的地盘。公元219年，刘备从曹军手中夺得汉中，关羽也向曹军发起进攻，但是孙权遣军袭杀关羽，占领荆州大部，隔三峡与刘备相持。公元222年，汉军与吴军相持于夷陵，最终被吴将陆逊击败，退回蜀中，史称“猇亭之战”。猇亭之战后不久，蜀、吴恢复结盟关系，共抗曹魏，至此，三国鼎立的局面正式形成。南北之间虽然还常有战事发生，有时规模还比较大，但是总的说来，力量大体平衡，这样的鼎足之势维持了四十余年之久。

公元263年，魏国丞相司马昭派钟会、邓艾、诸葛绪分兵三路南平蜀汉，与蜀汉大将军姜维发生拉锯战，魏军被挡于剑阁前，邓艾避开姜维大军的锋芒，抄阴平小路直取涪城，进逼成都，蜀汉后主刘禅投降，蜀汉被魏所灭。及后钟会、姜维在蜀发生叛变，被司马昭迅速平定。公元265年，司马昭过世，其长子司马炎夺取魏政权，定都洛阳，建立晋朝，史称西晋。公元279年，司马炎兵分六路，由北、西向东吴进发，吴帝孙皓曾想抵抗，但在暴政的统治下，士兵毫无战意，晋军势如破竹。公元280年，晋军成功攻克建业，孙皓投降，东吴灭亡，西晋成功统一天下。

三国时代波澜壮阔，充满生机，常引起后人追思。唐宋诗词中有大量三国内容。元明清时期，三国事迹更成为戏剧和民间艺术文学的常见话题。晋代陈寿所作史书《三国志》，详细记载了从魏文帝黄初元年（公元220年）到晋武帝太康元年（公元280年）60年的历史，受到后人推崇。元末明初的罗贯中综合民间传说和戏曲、话本，结合陈寿《三国志》和裴松之注的史料，根据他个人对社会人生的体悟，创作了《三国志通俗演义》。清康熙年间，经过毛纶、毛宗岗父子删改后，成为今日通行的一百二十回本《三国演义》。《三国演义》为中国“四大名著”之一，其丰富多彩的历史内涵也流传到世界各地。

三、八王之乱和五胡乱华

从晋武帝司马炎于公元265年以武力夺取曹魏政权建立司马氏王朝之后，西晋历经武帝、惠帝、怀帝、愍帝四朝，最后于公元317年被匈奴贵族首领刘渊建立的汉国所灭。

西晋建国初期，晋武帝为了巩固统治，恢复了古代的分封制，封27个同姓王，以郡建国，之后不断扩大宗室诸王的权力，诸王可自行选用国中文武官员，收取封国的租税。公元277年，武帝又制定了王国置军的制度，将封国分为大、次、小三等，不同级别可置不同数目的军，但各王无地方行政权。晋武帝在分封同姓王的同时，又大封异姓士族为公、侯、伯、子、男等爵位，他们也有封地，公侯邑亦分三等。后来朝廷又让诸王出任地方都督，诸王多少有了行政权力，又有了数量可观的军队，如此一来，多位王侯掌握了封国的军政大权。晋武帝完成了分封宗室诸王的政治计划，自以为妙计，认为司马氏的统治由此稳固，其实反而种下了祸根。

诸王为争夺中央政权，兄弟之间互相残杀，激烈的内讧削弱了西晋的实力，也给社会和百姓带来了巨大的灾难。公元300年，楚王司马玮发动政变，随后各方势力都参与到争夺权力的斗争中来，因为其中实力最强、争夺得最激烈的是司马炎的八个儿子，所以历史上称之为“八王之乱”。这场长达16年之久的内乱迅速激化了阶级和民族的矛盾，给社会生产力造成严重破坏，并直接导致了西晋王朝的覆灭。

公元290年，晋武帝临终时命车骑将军杨骏为太傅、大都督，掌管朝政。继立的晋惠帝痴呆低能，即位后，皇后贾南风为了让自己的家族掌握政权，于公元291年与楚王司马玮合谋，发动禁卫军政变，杀死杨骏，而政权却落在汝南王司马亮和元老卫瓘手中，贾后政治野心未能实现。同年6月，又唆使楚王司马玮杀死汝南王司马亮，然后反诬楚王司马玮矫诏擅杀大臣，将司马玮处死。贾后执政，并于元康九年（公元299年）废太子司马遹，次年杀之。

后来，统领禁军的赵王司马伦联合驻守许昌的齐王司马冏起兵杀死贾后。公元301年，司马伦废惠帝自立，司马冏起兵讨伐，成都王司马颖与河间王司马颙举兵响应。禁军将领王舆也起兵反伦，迎惠帝复位，杀死赵王司马伦。齐王司马冏以大司马入京辅政。公元302年底，河间王又从关中起兵讨司马冏，洛阳城中的长沙王司马乂也举兵入宫杀齐王司马冏，政权落入司马乂手。次年，司马颙、司马颖合兵讨伐司马乂，二王的联军屡次为司马乂所败。公元304年正月，洛阳城里的东海王司马越与部分禁军合谋，擒司马乂，将其交给司马颙的部将张方，张方烧死了司马乂。

司马颖入洛阳为丞相，但仍回根据地邺城，以皇太弟身份专政，政治中心一时移到邺城。司马越对其专政不满，率领禁军挟惠帝北上进攻邺城。荡阴（今河南汤阴）一战，司马越战败，惠帝被俘入邺。与此同时，司马颙派张方率军占领洛阳，接着并州刺史司马腾（司马越弟）与幽州刺史王浚联兵攻破邺城，司马颖与惠帝投奔洛阳，转赴长安。公元305年，司马越又从山东起兵进攻关中，击败司马颙。次年，司马越迎惠帝回洛阳，司马颖、司马颙相继被其所杀，大权落入司马越手中，“八王之乱”到此结束。

公元304年，匈奴贵族刘渊利用晋皇室内乱和各种天灾人祸接踵而来的机会，召集部属5万人起兵反晋，在山西平阳（今山西临汾）建都，国号为“汉”。

公元310年，刘渊病死，其子刘聪即位，他派大将石勒攻破洛阳，俘虏了晋怀帝。石勒在洛阳大肆烧杀抢掠，杀死晋朝王宫贵族、士民3万之多，洛阳古城再次化为灰烬，藏在都城秘阁中的所有经学典籍也都毁于熊熊战火之中。这之后，近百万中原汉族士民不愿受暴政统治，同时也为了躲避战乱，不得不举家离开世代居住的北方故土，渡过长江到江南各地寻求安居之所，史称“永嘉之乱”。

晋怀帝被杀之后，他的侄儿司马邺继承皇位，称晋愍帝。但他只做了5年的皇帝，就于公元317年成了刘聪的阶下囚。当时，偌大的长安城，居民不到100户，公私车辆共4乘，国库中空无一粟。当刘聪大军压境的时候，18岁的愍帝只好袒露着胸臂，牵着一只羔羊，拉着棺木，口衔玉璧出城投降。最后，愍帝在受尽奚落和侮辱之后，还是被杀死了。

西晋灭亡之后，南迁的西晋贵族于公元317年推举琅玡王司马睿为帝，在建康（今江苏南京）重建晋室，史称东晋。东晋在江南统治着半壁江山，历经元帝、明帝、成帝等11个皇帝的统治后，于公元420年被刘裕所灭。刘裕称帝后立国号为“宋”，这就是南朝的开端。

而在北方，各少数民族和汉族贵族先后建立了成汉、前赵、后赵、前秦、后秦、西秦、前燕、后燕、南燕、北燕、前凉、后凉、北凉、西凉、夏等十几个割据政权，开始了长达100多年的混战，历史上称为“十六国”时期。又因为这些少数民族中以匈奴、羯、鲜卑、氐、羌五个部族最为强大，所以又称为“五胡乱华”时期。直至公元439年北魏统一了北方，这种混乱局面才宣告结束，史称“北朝”。北朝历经北魏、东魏、西魏、北齐和北周五朝后，于公元581年为隋朝取代。

南北两势虽各有朝代更迭，但长期维持对峙状态，公元589年，隋文帝杨坚挥师南下，攻破建康，陈后主陈叔宝被俘，历经了宋、齐、梁、陈四朝的南朝覆灭。三百年山河破碎后，饱受战火蹂躏的神州大地终于迎来了大一统的局面。

第二节　多元文化的融合

三国两晋南北朝是中国历史上的大动乱时代，汉族政权瓦解，政治混乱，五族内迁，社会动荡。但在思想文化史上，国内各民族的融合和外域文化的进入，给中国原有文化增添了新鲜血液，使这一时期的文化呈现多元的发展特征。

一、儒学式微

随着东汉王朝的瓦解，两汉时期占据统治地位的儒学也面临着巨大的危机，不仅一般士子志趣大为低落，而且上层统治者对此也不以为然。甘露元年（公元256年），曹丕的孙子曹髦巡视太学，以经学中的一系列自相矛盾之处反复诘难经师，使得那些经师瞠目结舌，无言以对。曹髦对“孔子之学”的犀利质疑，显示了统治者对经学的价值取向的转移。

与儒学式微同步的是，“名教”也陷入了深刻的失落之中，“六经礼律”遭受到了尖锐的批判：“六经以抑引为主，人性以从欲为欢；抑引则违其愿，从欲则得自然。然则自然之得，不由抑引之六经；全性之本，不须犯情之礼律。”反抑引，主从欲，名教所倡导的道德哲学被否定了，必然会引发对名教纲常、礼仪程式的破毁，于是在一些士人当中便产生了“背礼叛教”、“动违礼法”的行为，“竹林七贤”之一的阮籍就公开宣称：“礼岂为我辈设？”于是，士人当中不少人提倡“非道德化”的“任性放达”，甚至到了后来“逮晋之初，竟以裸裎为高”。

竹林七贤

阮籍家附近有一家客栈，老板娘很漂亮，阮籍常常去客栈喝酒，不但用正眼看老板娘的美貌，还直言不讳地夸奖老板娘。有时候喝得酩酊大醉，就睡在客栈旁边，老板娘也不赶他走，老板娘的老公呢，也不怀疑他有什么不良企图。

东晋宰相谢安想娶姬妾，夫人刘氏不同意，谢安就示意自己的侄子用“关雎、螽斯有不妒之德”来劝诫刘氏。刘氏就问该诗是谁人撰写，答曰是周公，刘氏说：“周公是男子，当然要这么说；如果是周婆的话，就不会说娶妾是应该的了。”谢安最终也没能娶妾。

北方的妇女也是这种情形，“父母嫁女，则教以妒；姑姊逢迎，必相劝以忌。以制夫为妇德，以能妒为女工。”完全颠覆了传统的“三从四德”(“三从”即：在家从父，出嫁从夫，夫死从子；“四德”即：妇言、妇德、妇容、妇工）。

经学和名教的失落，使得“为儒者盖寡”，伴随着“儒者之风以衰”，继之而起的是文化多元发展和思维的空前活跃。

二、玄学兴起

魏晋时期是继春秋战国时期之后中国历史上第二次大的动乱时期，正宗的儒家思想文化被冷落一旁，统治者所热衷的是如何用武力来扩充自己的势力范围，进而完成统一战争。加上作为官吏选拔制度的“九品中正制”彻底阻断了许多来自庶族和民间的知识分子的仕途进取之道，学习儒经的人越来越少。

汉末群雄割据、军阀混战，曹操认为不拘一格起用人才才能成就大业，因此提出“唯才是举”的主张。他曾数次发布求贤令，明确指出，即使是“不仁不孝”之人，只要是“高才异质”，只要有“治国用兵之术”，就可以起用他们来治国安邦。这一指导思想的改变，带来了“猛将如云，谋臣如雨”的盛况，从而为建立新的选拔人才制度创造了条件。

曹操死后，曹丕采纳了礼部尚书陈群的建议，把曹操“唯才是举”的方针制度化，于是“九品中正制”成了魏晋南北朝时期主要的选官制度。

设置中正是“九品中正制”的关键环节。所谓中正，就是负责对某一地区人物进行品评的官员。中正官最初由各郡长官推举产生，晋以后，改由朝廷选授。中正官的主要职责就是品评人物。品评的内容主要有三条：（1）被品评人物的家世。（2）行状，即个人品行才能的总评。（3）定品，即确定品级。所谓“品”，就是综合士人德才、门第（家世官位高低）所评定的等级，共分为上上、上中、上下、中上、中中、中下、下上、下中、下下九品，但类别却只有上品、中品和下品（二品至三品为上品；一品为虚设，无人能达到；四品至五品为中品；五至九品为下品）三类。

施行“九品中正制”的初期，确实包含了“唯才是举”的精神，但由于中正官大多由享有政治和经济特权的豪门大族人士担任，于是品评的标准逐步转向由家世来决定，豪门大族把持了人才选拔的大权，渐渐形成魏晋时期的“门阀制度”，出现了“上品无寒门，下品无士族”的腐败现象。

尽管在乱世中受到了冷遇，儒家的正统地位仍然不可动摇。但为了适应时代的需要，一些知识分子在传播儒家文化的同时，也做出了种种努力，以期重振儒学雄风。于是，以何晏、王弼等为首的学者吸收老庄哲学对儒家思想进行了一些改造，最终产生了盛极一时的“玄学”。

所谓“玄学”，就是玄虚之学，它以精神上的“无”作为认识世界的核心，并强调“以无为本”、以“有”为末。玄学家们认为，世界上的万事万物都产生于“无”，它看不见也摸不着，但它又神通广大，能开创世间一切，又能主宰一切。这种“贵无”的观点将儒家的“名教”即制度伦常等和道家的“自然无为”糅合在一起，尽弃两汉经学的象数推演和名物训诂，而专志于哲学思想的阐发，打破了传统经学对思想的禁锢，把人们从束缚中解脱出来，产生了大批“越名教而任自然”的风流名士。后世称此为“援道入儒”，把其后产生的思辨性极强的玄学之风称为“正始之音”。

当时有一个名士王士猷，有一天半夜起床，发现外面下雪了，就忽然想起一个朋友，想找他喝酒吟诗。于是，他马上叫了一只船，连夜冒雪往他朋友家里去，一直到天明，才到他朋友家的门口，可是到了人家家门口他却并不进去，而是原路回到自己家里。别人都觉得很奇怪，他说：“乘兴而行，兴尽而返。”原来他只是凭着一时的高兴，可是那一时的高兴，就是那一时的“欲”，他这样做就是“以从欲为欢”，不管别人的讥笑，这就是“心无措乎是非”。

两汉儒学是“贵有”，其最高主旨是构建实实在在的王道秩序与名教秩序；而魏晋玄学是“贵无”，其最高主旨是对个体人生价值和意义的思考。被“罢黜百家、独尊儒术”压抑了数百年的先秦名、法、道诸家，重新为人们所着重研究。在没有过多的统治束缚、没有皇家钦定的标准下，当时文化思想领域比较自由而开放，议论争辩的风气相当盛行。正是在这种基础上，与颂功德、讲实用的两汉经学、文艺相区别，一种真正思辨的、理性的“纯”哲学产生了。它主张人的精神自由，反对用僵化虚伪的“礼法”来束缚人性，提出了“越名任心”和“越名教而任自然”的思想，这对后世追求人性自由解放的思潮产生了较大的启迪作用。

在“贵无”思想的深刻影响下，魏晋士人或徜徉山水，以“琴诗自乐”；或“动违礼法”，以“放任为达”。陶渊明和“竹林七贤”便分别是以上两种行为方式的代表，“轻人世、任自然”的价值观、人生观以前所未有的规模进入了中国知识分子的心灵世界，进而塑造了中国士人玄、远、清、虚的精神追求和生活情趣。

但是，过度崇尚“虚无”，容易导致人的思想走向空虚的极端，尤其是乱世中严峻的现实，使文人阶层开始产生远离现实、空谈玄理的“清谈”之风。尤其是司马氏取曹魏夺天下期间，为了躲避政治集团的互相杀伐，大批贵族文人放弃了自己应当承担的责任，不理政事，整天坐而论道以求明哲保身，把简单的道

玄言清谈

理也说得玄而又玄，使玄学成为不涉人世的虚学。百姓流离失所、饥寒交迫，贵族阶级却声色犬马，唱着“无为”的高调，标榜自己是清高的雅士，甚至以参与世事为耻，整天无所事事，把自己打扮得潇洒神俊，过着神仙一般的清淡生活。

当时西晋全国人口总共才1600多万，晋武帝司马炎的后宫妃嫔就达一万之多。佳丽美人太多，看得他眼花缭乱，于是他每天乘着羊拉的辇车，任由畜生走到哪里，他就在哪里宴饮寝宿。后宫为了争宠，就把新鲜的竹叶放在自己寝宫门口，还在沿途洒上能引羊而来的盐水，想方设法争取皇帝宠幸。即便这样，司马炎还是感到不满足，他下令在全国选妃，许多官员乘机四处敲诈，闹得各地鸡犬不宁，百姓无不怨声载道。

玄学家一方面想要赢得山林隐士的美名，另一方面又要享有庙堂之上的尊荣，因此很多官员和名流，以“通达”为名，放荡不羁，甚至狂饮烂醉、当众赤身裸体也不认为是羞耻之事。整个统治阶级的风气败坏到极点，学者们的精神空虚和信仰危机的状况在历史上也是最为突出的，这也是玄学畸形发展的恶果。

三、儒、佛、道的相互抗争和影响

就在儒家地位一落千丈的同时，来自印度的佛教和本土诞生的道教，成了饱受战乱痛苦和对现实失望的许多学者的精神依托，这是中国历史上第一次中外思想文化大碰撞。这是一个相互冲突、影响和整合的过程，造成了这一时期意识形态结构的激烈动荡。与此同时，佛教也融合了中华文化，逐渐完成了中国化。

对于统治者来说，他们也需要从佛经的教义中得到精神上的支持，更重要的是老百姓信奉宗教后，往往会对现状采取容忍的态度，这样对他们的统治就不会形成威胁，因此上行而下效，整个社会的宗教气氛开始浓厚起来。南朝宋文帝说：“佛教广大无边，是最高的真理，可以开通人们心灵，如果普天下的百姓都皈依佛法，那我就可以坐享太平，还能有什么事要做。”

统治者把翻译佛经和推行佛教当做一件大事来做，使得佛学在十六国时期就已经呈现鼎盛景象。随着南北朝时期社会动乱的加剧，佛教的发展更是达到了历史的最高峰。不仅佛教的理论流行于世，统治者们还在政治经济上予以庇护和支持，兴建佛寺，铸造佛像。南朝梁武帝时，仅建康（今江苏南京）一地，就建有寺庙500多座，到了北魏末年，全境寺庙竟多达三万多座。名动天下的河南嵩山少林寺，就是北魏孝文帝于公元495年修建的。除了佛寺之外，统治者还耗费巨资，劈山削崖开凿了许多石窟，至今仍有许多石窟雕像流传于世，其中敦煌千佛洞、云岗石窟、龙门石窟、麦积山石窟更是中国艺术宝库之中的瑰宝。

梁武帝萧衍可说是将佛教推向顶峰的功臣。他每天只吃一餐饭，不饮酒，不听音乐，清心寡欲。平时穿的衣物全是木棉所制，不用丝绸，原因是制作丝绸要夺取众多蚕的生命。每当要判处罪犯死刑时，他就好多天都不高兴。后来干脆声称不做皇帝了，要皈依佛门，先后四次跑到建康最大的寺庙同泰寺，要求剃度为僧。大臣们花了四万万“赎身钱”，才把他从寺中赎了回来，为此人们戏称他为“皇帝菩萨”。

萧衍不仅自己虔诚向佛，还要求文武百官、黎民百姓都信佛，把佛教定为国教。于是，佛教传播出现空前盛况，当时梁有人口500万，而仅建康城内出家为僧的就多达10万人。是时，人人宣颂佛号、山山兴建佛寺，高台宝塔，耸入云天，情景之壮观，唐代诗人杜牧就有诗云：“南朝四百八十寺，多少楼台烟雨中。”

与佛教兴盛的原因一样，道教所以能在南北朝时期迅速发展，是由于当时人们对现实社会深感失望，却又无力抗争，就把人生的目标放在了追求个人生活的享受和研究长生不老上。作为土生土长的宗教，禳灾求福、服丹修炼的道教对乱世中的人们具有相当强的诱惑力，人们忍受着现实的痛苦，寄望于虚幻的神仙世界，信徒逐渐增加。

其实早在秦始皇时代，统治者就开始追求“长生不老”而乐此不疲，到了两晋南北朝时期，道教徒不仅把民间道教的道义改造成符合封建伦理观念的新道义，并为之制定了一整套新教义，使道教的坛位礼拜、衣冠仪式进一步规范化。同时道经的改造也有了新的发展。庐山道士陆修静撰写了最早的道藏书目《三洞经书目录》，他还吸收佛教仪式，编制了新的道教斋戒仪式。道士陶弘景也以现实社会为模式，提出“神仙也有等级千亿”的理论，更是深得统治者之心，道教一度被立为“国教”，著名的道士也被封为高官。

但是佛教、道教势力的扩张，不仅损害了政府的税收与徭役、兵役，也妨碍了世俗地主经济势力的扩展。佛教“捐六亲，舍礼义”，以及佛、道的虚幻超脱等，都成了儒生的攻击目标。他们从维护中国正统文化的立场出发，极力攻击和贬低佛、道，称佛教是“胡妖乱华”，佛、道之间也为了各自的利益和地位而发生冲突。

南朝的范缜公开宣传无神论思想，引起了封建贵族地主的强烈不满，因而引起了大辩论。第一次辩论是在齐朝时，他同竟陵王萧子良辩论，辩论的中心内容是有没有生死轮回这种因果报应。范缜以著名的“落花辩”阐明自己的观点：人生下来，出现贫富贵贱之分，犹如树花同发，随风吹落，有的飘落在干净的地方，有的飘落在肮脏的地方，这是偶然性，并不是什么因果报应。他辩锋犀利，说得萧子良哑口无言。

第二次辩论发生在梁朝时，那是梁武帝亲自发动的、大规模的对范缜的围攻。参加围攻的达官贵人有62人，他们写了70多篇文章，对范缜进行围攻。但他们无法驳倒范缜，最后采取政治迫害，把他流放到广州至死。

在两次大辩论之间，范缜系统地阐述他的无神论观点，写出了著名的《神灭论》文章，主要论点是：肉体和精神是相互结合、相互依存的关系，失去肉体，精神就不可能存在；先有肉体，后有精神，就像刀刃和锋利的关系一样，失去刀刃，锋利就消失。其目的是论证灵魂不灭的说教是没有任何根据的。据历史记载，“此论出，朝野喧哗”，震动了整个社会。

在这样的背景下，先后出现了两次大规模的灭佛事件——北魏太武帝和北周武帝灭佛事件。虽然这两次事件的起因和方式不尽相同，但都使政府获得了大量的寺观财富，使生产力日益发展，也促成了儒、道、佛三教的交流与互相渗透，为建立以儒为治国之本，辅以道、佛的三教结合的新的封建统治服务思想体系奠定了基础。

北魏为了统一北方，巩固在中原的地位，以全民为兵。同时朝廷致力于起用儒士，在安邦治国思想上以儒学为根据。太武帝提倡儒学，要求王公以下百官，其子弟都要到太学学习儒经。那时，由于僧人可以免除租税、徭役，所以锐志武功的太武帝就在太延四年（公元438年）下诏，凡是50岁以下的僧人一律还俗服兵役。他还采纳宰相崔浩的劝谏，改倡寇谦之的天师道，排斥佛教，并逐步发展为灭佛的行动。

崔浩出身世家，博览经史，善于阴阳五行及术数之学，历仕北魏道武帝、明元帝、太武帝三帝，官至司徒，经常参与军政机要，深受太武帝的信任；结识寇谦之之后，信奉道教，受其法术。寇谦之早年就热衷仙道，修持汉末张陵、张衡、张鲁创立传承的五斗米道，随方士入华山、嵩山学道修炼，自诩曾有太上老君授他天师之位及《云中音诵新科之诫》20卷。在明元帝末年，寇谦之从嵩山入平城，结交崔浩，常通宵达旦听崔浩谈论古代治乱史，为之叹美。后来，寇谦之把儒家学说和佛教经律论及斋戒祭祀仪式吸收到道教中来，重新改造五斗米道，期使北魏帝王容易接纳。

太武帝始光初年，寇谦之献上道书，但当时朝野信奉者很少，崔浩于是上书劝谏太武帝。当时汉人将鲜卑族视为“胡”或“戎”，太武帝欲一统天下，成为统治以具有高度文化传统为主的汉族组成的整个中国的皇帝，所以要推崇儒学和道教来标榜自己，所以他称佛教为“胡神”、“胡经”，以明自己非“胡”。其灭佛诏令中说由于“鬼道炽盛”，致使“政教不行，礼义大坏”，“王法废而不行”，而他自己“欲除伪定真，复羲农之治”。太武帝倡导道教，派人奉玉帛牲畜去祭嵩山；又在平城东南建立天师道场，自称“太平真君”，并亲受符箓，兴建静轮天宫，奉祀“太平真君”，改年号为“太平真君”。

太武帝的废佛行动，始自太平真君五年（公元 444 年）的弹压僧侣，他下令上自王公，下至庶人，一概禁止私养僧侣，并限期交出私匿的僧侣，若有隐瞒，诛灭全门。翌年，卢水的胡人盖吴在杏城（今陕西黄陵西南）起义，有众十余万人。太平真君七年（公元 446 年），太武帝亲自率兵前去镇压，到达长安时，在一所寺院发现兵器，怀疑僧侣与盖吴通谋，大为震怒，下令诛杀全寺僧众。崔浩趁机劝帝灭佛，于是太武帝进一步推行苛虐的废佛政策：诛戮长安的僧侣，焚毁天下一切经像。一时之间，举国上下，风声鹤唳。

当时太子拓跋晃监国秉政，一向笃信佛法，再三上表，劝阻太武帝，虽然都不被采纳，但也由于如此，废佛的诏书得以缓宣，而使远近的僧侣闻讯逃匿获免，佛像、经论亦多得密藏；然而魏国境内的寺院塔庙却无一幸免于难，史称“太武法难”。废佛后不久，寇谦之病死，崔浩后来也因撰《魏史》，书中蔑视胡族而遭腰斩，其族人被诛者百余人。废佛后 6 年，太武帝驾崩，文成帝即位，下诏复兴佛教，佛教才又逐渐恢复发展。

北周武帝的排佛与北魏太武帝的灭佛有相似之处。北周武帝也表示自己不在五胡之列，故无心敬佛。为了表现对汉文化的认同，他不但崇儒，本来也是偏袒道教的，但在建德三年（公元 574 年）5 月他所召集的佛道辩论会上，经道安、甄鸾、智炫等人的揭发，使武帝认识到道教的教义虚妄和迷信方术，所以干脆连道教一并罢黜。但他采取了比较温和的态度，没有杀人；对高僧量才任用，委以官职；鼓励继续探讨佛、道的哲理，这些皆表明其对汉文化和儒学认识的深刻。

在武帝掌权之前，大权为辅政宇文护掌握。宇文护大力推行佛、道，因此当时的武帝出于明哲保身也极力推崇佛、道。天和二年（公元 567 年），有一个叫卫元嵩的人给武帝上书，认为“唐、虞无佛图国安；齐、梁有寺舍而祚失者，未合道也。但利民益国，则会佛心耳。夫佛心者，大慈为本，安乐含生，终不苦役黎民”。因此，他建议武帝灭佛。公元 572 年，武帝诛杀宇文护，把大权收归己有之后，于次年十二月，又召集道士、僧侣、百官再次讨论佛、道、儒三教的问题。这一次，“帝升高坐，辨释三教先后，以儒为先，道教为次，佛教为后”。把佛教抑为最末，事实上已是灭佛的前奏。当时有些佛教徒不知北周武帝用意所在，还一个劲地争辩不休，说明佛教当在道教之上，心里很不服气。而另一些明眼人却看透了武帝的心事，指出：“若他方异国，远近闻知，疑谓求兵于僧众之间，取地于塔庙之下，深诚可怪。”他们认为武帝这样做并不能达到预期目的，因为“顽僧任役，未足加兵；寺地给民，岂能富国”。

北周武帝不怕死后下地狱的威胁，于建德三年（公元 574 年）五月十五日，下诏“断佛、道二教，经像悉毁，罢沙门、道士，并令还民。并禁诸淫祀，礼典所不载者，尽除之。”一时间，北周境内“融佛焚经，驱僧破塔……宝刹伽蓝皆为俗宅，沙门释种悉作白衣”。建德六年（公元 577 年），北周灭北齐后，针对继续发展的佛教实体，立即推行灭佛政策，毁寺 4 万，强迫 300 万僧尼还俗，相当于当时总人口数 1/10 的人重新成为国家编户，这对急需兵源和财力的封建朝廷来讲，其意义之重要不言而喻。

根据史书记载，北魏孝明帝正光（公元 520—525 年）以后，不少原属国家的编户民众，为避苛役重赋，相继投入空门；此外，社会政治动乱的加剧，亦令普通百姓寻求相对安全的宗教庇护，以致全国的佛寺竟有 3 万之多，僧、尼数目则有 200 万之巨，这在当时北中国的人口比例上，达到了极高的程度，约占全国总人口数的 1/16。

北周武帝灭佛，时间较长，涉及面广，触动深，成绩可观，这一点是值得充分肯定的。因此当时有人称赞说：“帝独运远略罢之（指灭佛），强国富民之上策。”灭佛事实上也起到了“民役稍希，租调年增，兵师日盛。东平齐国，西定妖戎，国安民乐”的作用，正因为北周成功的灭佛运动，才使它国力大大增强，为北周灭齐乃至北周统一北方奠定了坚实的基础。纵然武帝个人十分认可甚至是推崇宗教思想，但当宗教的发展与国家机器的运作发生冲突时，他能清醒认识，挈重量轻，果断抉择而不拘泥于传统，实为难能可贵。

这一次的灭佛运动确立了僧侣必须尊重皇权政治的原则，断绝了佛教寺院与平民政府分权抗礼，发展成为政教合一政权的可能，确立了中国皇朝政教分离的传统，使中国在此后近一千年的时间里得以在国家制度上保持了相对于其他地区的优势。在北周武帝废佛以后，部分僧侣混迹民间，或逃匿山林，另有部分僧人则南渡陈朝，因此促进了南北朝佛教的交流。

四、多民族文化的相互碰撞和影响

在整个古代社会的发展历程中，中原地区的广大汉人在学习游牧民族的“骑射”技术的同时，也吸收了游牧民族从远方带来的异域文化，并将这些异域文化也融合进了汉文化这个大文化系统中。在汉代，伴随着对匈奴的战争，丝绸之路开通，中亚、西亚的游牧文化以及西域的绿洲文化都被汉文化所吸纳，并成为汉文化的有机组成部分。

与此同时，广大游牧民族也从农耕民族那里学习农耕文化，乃至改变了自身的生活习俗、生产方式，使得自身的社会形态发生了历史性的飞跃，以征服者身份进入农耕区的游牧民族在较高文明程度的农耕文化的氛围里，往往“为被征服者所同化”。

三国两晋南北朝是一个民族关系复杂动荡的历史时期。在此阶段，北方的匈奴、鲜卑、羯、氐、羌等“胡”族先后进入中原，使游牧或半农半牧民族的“胡”文化与中原农业社会的“汉”文化发生长时间激烈的冲突，最终走向融合。

民族矛盾的潜在危机，在西晋初年已经显现出来。自汉代以来，不断有游牧于西、北边远地区的胡族内迁，在许多地区形成了胡汉杂居的局面，甚至原为汉族文化中心的关中地区，也已是“戎狄居半”。由于地方官吏对“内迁”、“内附”的部族盘剥过重、役使过甚，激起了其首领人物和部众的反抗情绪，“怨恨之气，毒于骨髓”，而西晋统治集团上层并没有给以足够的重视。在大伤国家元气的“八王之乱”中，又有统治集团的上层人物企图利用胡族军事力量打内战，给少数民族贵族首领兴兵立国创造了条件。以匈奴首领刘渊的起兵为开端，民族矛盾以大规模战争的形式爆发在历史舞台上，这次史书上称之为“五胡乱华”的战乱，不仅使西晋王朝惨遭灭顶之祸，还把全国拖入长期的刀兵劫难之中。

在以剽悍著称的游牧民族挥兵南进力图征服中原的时候，民族矛盾曾经发展到民族仇杀的程度。仅举一例就可以反映出它的残酷性：羯人所建立的后赵政权，在暴君石虎统治时期，对汉族人民的奴役和凌辱到了令人发指的程度。石虎的养孙汉人冉闵，借机发动军事政变，控制了都城，下令汉人“杀胡”，汉人在复仇情绪和重赏刺激的双重激励之下，群起响应，“一日之中，斩首数万……无贵贱、男女、少长皆斩之，死者二十余万”。甚至于部分汉人只因长相接近于羯人也被一并杀戮，“于时高鼻多须至有滥死者半”。

当少数民族在中原建立起政权之后，为了巩固自己的统治，他们不得不思考如何笼络占据人口大多数的汉族人民。于是，推行“汉化”政策，就成了他们不约而同的选择。野蛮的征服者往往被文明水平更高的被征服者所征服，中国历史上少数民族政权“主动”汉化的过程，就是明显的例证。对于少数民族而言，汉化意味着背离他们原有的文化传统，因此有一部分守旧的势力会以种种方式加以反对，主张汉化的代表人物甚至不得不用铁腕手段予以镇压。前秦皇帝苻坚，是“十六国”之中最有作为的统治者，为了推行汉化政策，他委政于汉族政治家王猛，贬斥甚至杀戮居功自傲抵制汉化的氐族豪酋，这就说明少数民族政权的汉化，是一个复杂而艰辛的过程。

这一时期对民族融合做出极大贡献的是北魏孝文帝拓跋宏。经过长年的统一兼并战争，先后灭掉了北方仅存的大夏、北燕和北凉后，公元439年，北魏统一了北方。在民族征服的过程中，北魏统治者对各族人民实行了民族歧视和残酷的民族压迫政策，在征服战争中也常常出现疯狂的民族杀戮，民族矛盾不断激化。到了北魏中期，民族矛盾虽已日趋缓和，但由于统治阶级过度的剥削和压迫，阶级矛盾也日益尖锐起来，农民起义年年爆发，特别是公元445年陕西杏城的卢水胡人盖吴领导的起义，发动了10余万群众参加起义，北魏政府派出6万骑兵前来镇压，统治者拓跋焘亲临指挥，最终盖吴被叛徒杀害。盖吴起义失败了，却使北魏统治者受到了极大的震动。公元471年，拓跋宏即位，是为孝文帝，为了缓和社会矛盾和民族矛盾，他先后进行了一系列的改革。

第一，推行均田制。同时又颁布了与之相联系的三长制和租调制。均田制使农民分得了一定数量的土地，将农民牢牢束缚在土地上，成为国家的编户，保证了地主们的基本利益及土地私有制。而租调制则相对减轻了农民的租调负担，改善了农民的生产生活条件，从另一方面促进了生产力的发展。

第二，整顿吏治。吏治的败坏不仅激化了社会矛盾，同时也使统治阶级内部产生了矛盾。在这项改革措施中，以“治绩”的好坏为标准，整肃了官僚机构，巩固了封建统治。

第三，迁都洛阳。为了接受汉族先进文化，加强对黄河流域的控制，公元495年孝文帝正式迁都洛阳。

第四，实行汉制与移风易俗。主要内容有改官制、禁胡服、断北语、改复姓、定族姓等，这是孝文帝改革中最重要的措施。这些改革不仅缓和了当时紧张的阶级矛盾和统治集团内部的矛盾，更促进了各民族之间的融合，北魏的社会经济、文化都得到迅速的发展。对中国统一的多民族国家历史的发展作出了积极的贡献，有着极其深远的影响。

北魏孝文帝

而在南方从事“游耕”的少数民族，都居住在交通极其不便的深山野岭，因此其“游耕文化”呈现出一种“离散”状态。“永嘉之乱”之后，随着中国经济重心的南移，南方的“游耕民族”尽管同中土汉族存在着争夺生存空间的矛盾，但双方的矛盾在大多数的情况下是“非暴力竞争”。长期以来，历代王朝对南方的“游耕民族”大都采用的是“羁縻柔远”和“强硬镇压”的两手政策，并且是以“羁縻柔远”为主，因此南方的“游耕”和“农耕”这两大文化的融合，就更多的是一支以“迁徙移居”为主旋律的“和平交响曲”。南方的少数民族的某些支系融入汉族之中，汉族中某些支系也融入了南方少数民族之中。如云南大理地区的汉人，最后也成为了白族的一个重要组成部分。

除了少数民族统治者的极力推广，在长期的胡汉杂居中，各少数民族人民潜移默化地受到汉文化观念意识的影响，从而在心理和文化上逐渐产生深远的变化。胡文化在融入汉文化系统的同时，其固有特质对汉文化也产生了较大的冲击和影响，如其粗犷而又充满生气的民族精神，给高雅温文却又束缚于礼教的汉文化带来了新鲜空气。

用小麦磨面，用面烧烤成饼的饮食制作方法来自于西域的少数民族；

多种蔬菜、瓜果、粮食也经由少数民族地区传入中原地区，如黄瓜（胡瓜）、香菜（胡荽）、洋葱（胡蒜）、胡萝卜、菠菜（波斯菜）、石榴、核桃、葡萄、蚕豆（胡豆）、芝麻、西瓜等，葡萄酒、烈性酒（烧酒）也来自西域；

早在汉魏之际，新疆高昌地区和云南哀牢山一代的人们就开始了种棉织布，其后，棉花种植和棉布纺织就经由南、北两个方向传向中原地区，到了元朝，中国各地已经广泛种植棉花、纺织棉布；

上衣下袴（同裤）的胡服是赵武灵王学习胡人的结果，南北朝时期，胡服成为中原地区上流社会的着装，唐代的服饰也吸收了胡服的特点；

两汉时期，西域的坐具“马扎子”传入中原，还传入了一种叫做“交椅”的坐具，在西域坐具的启示下，中原地区才出现了桌椅板凳；

少数民族的文学作品和史学作品在内地广泛传播，并发生巨大影响……

民族的大融合和经济的发展，也使得科学文化得到了进一步发展，在不少领域取得了世界领先的成就。

北魏时期的郦道元，在研究了大量文物资料的基础上，亲到实地考察，勘察水流地势，了解沿岸地理、地貌、土壤、气候，人民的生产生活，地域的变迁等，写下了水利著述《水经注》。书中记述大小河流1252条，共30多万字，详细描写了各条河流的发源与流向，各流域的自然地理和经济地理状况，以及火山、温泉、水利工程等。这部书文字优美生动，也可以说是一部文学著作。由于《水经注》在中国科学文化发展史上的巨大价值，历代许多学者专门对它进行研究，形成一门“郦学”。

与郦道元同一时期的贾思勰耗费十几年工夫，写下了农学巨著《齐民要术》，集西周以来中国黄河中下游一带的所有农业生产经验于书中，是中国第一部全面论述农业科学技术的百科全书，不仅对当时的农业生产发展起到了重要的推动作用，也对后世的农业生产产生过巨大影响，乃至到了公元1020年，北宋政府还因其重要性而刻印这部作品，并将它分发给各地的“劝农使”，一般的民众也争相传抄作为实用之书。

东晋葛洪所著的《肘后备急方》是中国医药史中的珍贵文献，说它是“古代的中医诊疗手册”一点也不过分，其中突出之点是对某些传染病的认识达到了很高水平。如所述的“虏疮”，是世界上对天花的最早记录。葛洪对一些传染病还提出了预防方法，现在看来也很科学。

祖冲之

数学家祖冲之，将圆周率（π）值计算到小数点后七位，即3.1415926到3.1415927之间，是世界上第一个提出最精确圆周率数值的数学家，当西方数学家计算出这个数值时，已经是一千多年后了。祖冲之在天文学上也成果斐然，他用岁差原理计算出一个回归年是365.24281481日，这个数值与近代科学测量的结果只相差50秒，然后他又计算出月亮环行地球一周的时间是27.2123日，与近代科学测量的结果仅相差不到一秒。1964年11月9日为了纪念祖冲之对中国和世界科学文化作出的伟大贡献，紫金山天文台将1964年发现的国际永久编号为1888的小行星命名为“祖冲之星”。1967年国际天文学家联合会将月球上一座环形山命名为“祖冲之山”，以肯定他对天文学的突出贡献。

在壮丽纷扰的三国两晋南北朝，儒学的失落，为佛教的输入，道教、玄学的蓬勃兴起拓出一片自由天地，知识分子的思想空前活跃。人们从儒学伦常的樊篱中解放出来，开始了对世界的全新认识，从而推动文化进入自觉发展的轨道。最终引起民族、经济、文化的交流与融合，为隋唐的统一和社会的繁荣奠定了基础。

第六章　海纳百川　佛道之争

隋朝末年，军阀割据，民不聊生，各地不断爆发农民起义。大业十三年（公元617年）5月，太原留守、唐国公李渊在晋阳起兵，11月占领长安，拥立隋炀帝孙子代王杨侑为帝，改元义宁，即隋恭帝。李渊自任大丞相，进封唐王。义宁二年（公元618年）5月，李渊夺位称帝，定国号为“唐”，改元武德，都城仍定在长安，隋朝灭亡。李渊就是唐高祖，至天祐四年（公元907年）梁王朱温篡位灭亡，唐共历经21位皇帝（含武则天），历时289年，这个当时世界上最强大的国家在文化、政治、经济、外交等方面都有辉煌的成就，以无与伦比的恢弘气势书写了中国历史上最为强盛的时代篇章。

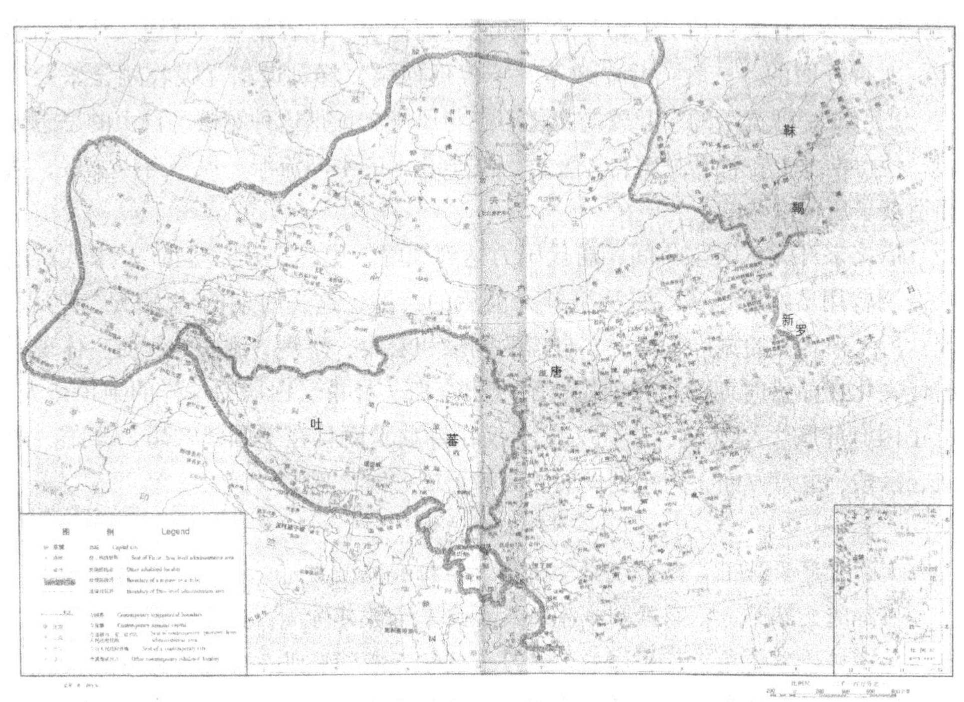

唐总章二年（公元669年）全图

第一节　盛唐气象与唐代文化精神

到唐代，中国古代社会进入历史上最为光辉灿烂的阶段，中国传统文化也进入一个异彩纷呈、奇峰迭起的时期。

唐代的社会、政治、经济、文化、教育的繁荣发展，开始于“贞观之治”。由于长期战争，唐初社会动荡，人民流亡，土地大量荒芜，社会经济凋敝，百业俱废。唐太宗针对这种严重的社会问题，实行了一系列宽松、开明的政策与措施。在贞观元年至二十三年（公元627—649年），不仅社会政治清明，而且在经济、文化的恢复和发展上效果显著。

政治上，唐太宗充分继承了传统的“以民为本”的仁政思想，和“任人唯贤”、“唯才是举”、“德才兼备”的用人之道，任贤纳谏，使贞观时期逐渐形成了政治清明、社会安定的局面。经济方面，推行均田，轻徭赋，鼓励民间经济发展，与民休养生息，并节省政府开支，戒奢从简，致力经济发展。文化、教育方面，大兴学校教育，鼓励办学多元化，培养各类人才。中央有国子监，地方有府、州、县三种学校，同时，私学、村学也极为发达。意识形态方面，唐太宗亦以中国文化特有的“和实生物”的中和之道与宽容、包容精神，尊道、礼佛、崇儒，实行开明的“三教”并立政策，不仅促使儒、释、道相互吸收融合繁荣发展，更形成一种宽松的、开放的文化心态与风气。正是这种宽松、自由的思想环境，使得学术上各种新见解得以发挥，文学艺术的不同流派、风格得以发展，从而造就了唐代恢弘的文化气象。

唐玄宗开元、天宝年间，唐代国力达到顶峰，史称“开元盛世”。宋代诗论家严羽曾用“盛唐气象”来称赞开元前后的诗歌，这一时期的诗人以“前无古人，后无来者”的宽广、博大、自信的胸襟和宏大、磅礴、洒脱的气质，体现了唐代文化在鼎盛时期的精神面貌，涌现出李白、杜甫、白居易这样的绝顶诗人。也正因有此胸怀与气质，唐代文化不仅在诗歌，而且在书画、音乐、舞蹈、散文、宗教、思想方面，均达到发展的高峰，极一时之盛。

李太白传歌

太白青莲豪居士，陇西成纪李祖籍。李祖浪迹疆西憩，白生今吉尔吉斯。
五龄随父攀蜀地，蜀道虽难登踏及。父辈辛劳具勇气，盘地经商财富积。
年少好侠学仗义，灵利诗书常益习。儒道百家经皆吸，习文弄武养威仪。
道士荐引陪皇帝，才气横逸贼妒嫉。权贵不容野游历，心头难舍乱朝医。
国计民生白重视，助王兵败受廷缉。流放夜郎半免役，天才灵笔书奇诗。

五七古近行府体，吟作灵妙巧第一。古人歌诗李会意，平淡辞赋白化奇。妙诗古今价无比，超金绝玉赛珠玑。

杜子美传歌

兖州司马闲之子，爷爷审言长诗艺。年少聪颖会作诗，二七年龄文称奇。二十有四京考仕，考试未及未进士。畅游南北历东西，岱顶观国家美丽。兵荒马乱心哀泣，忧国悲民志难施。吟诗代众吐怨气，作赋讽朝腐臭屎。东郡巧遇青莲士，双士情投互结义。伴游梁宋畅鲁齐，大明湖畔留书诗。白下江东甫返西，进京谋取官半职。献皇三赋作大礼，换取兵曹军小吏。进谏触怒帝脾气，哀叹皇上非好伺。山崩朝廷换皇帝，西谒拜授左拾遗。无奈入蜀结茅憩，茅破偏遇暴雨劈。苦心情思民安逸，祈厦万间庇贫士。晚年离川南流历，湘水舟里含恨离。

李白

杜甫

白乐天传歌

祖籍太原渭南住，新郑来婴见母哭。幼逢战乱命悲苦，避难襄阳暂安足。闲时不忘念诗书，诗书过目背烂熟。远芳道路通达古，离离小草春生出。博览群书未惧苦，廿八高龄进仕途。年授秘书省校书，连升翰林士大夫。政弊直陈屡上诉，奸佞势大气难出。创作讽谕新乐府，权贵视乐如惧毒。母逝守母三载墓，静思人生佛道书。政情热退慕野墅，回朝高任太子傅。上书捕贼遭贼妒，贬谪莫明江州逐。远官避祸善独处，元和十五朝中书。哀民愤腐刺揭露，诗书求显实通俗。炭翁劳苦歌悲诉，长恨琵琶行哀书。

公非不懂舍艺术，爱憎分明当直抒。月色夜雨身独孤，淡隐香山居小屋。
居身藏逸非傲物，不图名来名自突。终时寿长七十五，乐天安命白大儒。

白居易

文化的盛世，不仅表现在对自己传统文化的完美继承与发扬，也表现在对异族文化、外域文化的汲取上。唐王朝采取开放的民族政策，不仅使得唐朝统一的多民族国家得到巩固和扩大，更重要的是，多元文化的交汇，有助于促成文化隆盛的形成。游牧民族活跃、奋发进取的精神，与中原汉民族高度发达的经济文化相结合，迸发出勃勃生机，使唐文化性格在整体上有一种明朗、高亢、奔放、热烈的时代气质。值得注意的是，唐代文化在吸收外来文化的同时，始终没有放弃、否定或怀疑固有文化，相反，本土文化始终是唐代文化的基础与核心。

唐代的这种对异族文化和外域文化的大规模采撷、吸收，不仅在中国文化史上，在世界文化史上也堪称典范。英国学者威尔斯在《世界简史》中比较欧洲中世纪与中国盛唐的差异时说："当西方人的心灵为神学所缠迷而处于蒙昧黑暗之中，中国人的思想却是开放的，兼收并蓄而好探求的。"唐文化的特有气质，正是这种"兼收并蓄"、"有容乃大"的精神。孟子说："充实之谓美，充实而有光辉之谓大。"有容乃大的精神，造就了唐代的"充实而有光辉"的文化繁荣时代。人的创造才华是无止境的，在"有容乃大"文化精神的指引下，各种文化流派、艺术形式都具有充分发展的空间，因此都得到了极致的发展，正如苏东坡所言："君子之于学，百工之于技，自三代历汉至唐而备矣！诗至于杜子美、文至于韩退之、书至于颜鲁公、画至于吴道子，古今之变，天下之能事毕矣！"

正是在这种"海纳百川"的文化环境下，唐初在宗教信仰方面也非常自由，不但大量修建佛寺，而且准许在长安建立了景教（基督教聂斯脱里派）寺院大秦寺，后来又有由波斯传入的袄教（拜火教）和摩尼教等的寺庙，一切都让人民信仰自由不加干涉。唐太宗贞观四年（公元630年），伊斯兰教创始人穆罕默德征服了麦加，称霸于阿拉伯。贞观十九年（公元645年），玄奘法师由印度取经回国，太宗要他在新建的宏福寺译经，并派宰相房玄龄主管其事。玄奘法师不但对佛学有渊深精致的造诣，而且又兼通儒、道等世俗学问。他在翻译佛经的同时，也把中国的《老子》译成梵文，反馈印度，可惜后世失传，这对于古代沟通东西文化的历史作用来说，实在是一大损失。

至于唐太宗本人，因受玄奘法师学识修养的感召，一向倾心佛理，同时，他又希望玄奘法师还俗，做他的宰辅，但都被玄奘法师婉转辞谢，只好亲自动笔，为玄奘法师所译的佛经，做了一篇《大唐三藏圣教序》的宏文，这篇文章气势磅礴、不同凡响，是唐文中的翘楚。正是唐太宗的推崇，使初唐的中国佛教和佛学，盛极一时，朝野上下，普遍流行。所谓中国佛教特色的“十宗”，便从初唐开始，声光普耀，远及东亚，如日本、朝鲜等各地，尤其是从南朝梁武帝时代就由印度东来的达摩祖师所传佛心宗的禅宗，这时渐渐普及流传到各个社会阶层，甚至还转而反馈了印度后期佛教新兴的秘密宗乘，和密乘的持明、曼陀罗、愿行等相结合。到了唐玄宗开元四年（公元716年），又有由印度东来专传密宗的善无畏、金刚智、不空三藏等人，世称“开元三大士”，大弘密宗的修为法门。中国佛教的“十宗”佛法，由此更加盛行于东方各地的国土。例如鉴真法师受日本的邀请而东渡弘法，日本的空海法师入唐求学等事迹，都是唐代文化和宗教史，以及中日文化史上影响深远的大事。

玄奘法师

唐朝时，很多中国人为中日两国人民的交流作出了贡献。他们当中，最突出的是高僧鉴真。公元724年，他应日本僧人的邀请，先后6次东渡，历尽千辛万苦，终于在公元754年到达日本。他留居日本10年，讲授佛学理论，传播博大精深的中国文化，促进了日本佛学、医学、建筑和雕塑水平的提高，受到中日人民和佛学界的尊敬。现在日本著名的佛教建筑——唐招提寺，就是鉴真根据中国唐代寺院建筑的样式为日本精心设计的。

总之，由唐朝开国以后，经唐太宗、高宗父子，以及武则天做皇帝的三朝七八十年之间，佛教和道教乃至禅宗的自由发展，使儒、佛、道三教汇成为中国文化的三大主流。尤其禅宗以“不立文字”、“即心即佛”、“心佛众生，三无差别”、“非心非物”等的教法，普及于朝野上下，而且在下层民间的僧俗社会里更所欢喜信受。所谓“南宗尚许通方便（由禅宗六祖惠能大师开始称南宗），何事心中更念经。好去比丘（和尚）云水畔，何山松竹不青青”。我们只要翻开初唐以后的名人诗文集来看，所有诗词的名著，几乎十之八九都离不开和禅与道息息相关的大作，如李白、杜甫、王维、孟浩然、白居易、杜牧、柳宗元、刘禹锡等，实在不胜枚举。

王维全家人均虔诚信佛，“以般若力，生菩提家”，王维对三世因果、六道轮回和业力的佛学核心思想有着很深刻的认识和把握。王维的名字本身就深含玄机。他名维，字摩诘，就是“维摩诘”。古印度有一部名为《维摩诘所说经》的佛经，包含着甚深般若智慧。而其中描述的神通广大的维摩诘长者，是深得佛祖所赞许的大居士。王维以“维摩诘”作自己的名和字，可见王维与佛教的深厚缘分。王维的诗歌创作，多是佛道禅理的静态平行表达，如“薄暮空潭曲，安禅制毒龙”，“法向空林说，心随宝地平”，“猛虎同三径，秋猿学四禅”，“莲花法藏心悬悟，贝叶经文手自书”，“身逐因缘法，心过次第禅”，“共仰头陀行，能忘世谛情”等，诗歌中常见佛禅术语，用典亦多，所以人称王维为“诗佛”。

王维

王摩诘传歌

诗佛王维字摩诘，太原祁郡王祖籍。维幼聪颖喜文笔，九岁人前能作诗。
琴棋书画才多艺，毛头技高动京师。金榜提名二十一，九龄提拔右拾遗。
不久耀升监御史，当朝宦佞控把持。出使河西节度使，转返襄阳主考试。
一度南山半隐士，禄山陷京逼作吏。平叛维罪该当弑，《凝碧池》诗免身死。
朝廷腐败蚀维志，敬佛参禅画书诗。素山描水咏田地，精工细作大手笔。
诗画透显禅妙意，独特造诣来天赐？后人推崇极备至，佳作联篇众传习。

第二节 佛教的创立及东传

佛教与基督教、伊斯兰教并称为世界三大宗教，也是产生最早的世界宗教。它长期以来主要在亚洲地区流传，19 世纪末，开始传入欧洲、美洲、非洲和大洋洲。据有关统计，佛教现在约拥有 3 亿信徒。

相传在公元前 6 世纪至公元前 5 世纪，古北印度迦毗罗卫国（今尼泊尔南部）净饭王的儿子释迦牟尼创立了佛教。佛教创始人释迦牟尼，姓乔达摩，名悉达多。因是古印度释迦族人，故又称为释迦牟尼。“牟尼”，是明珠，喻为圣人。释迦牟尼是一种尊称，意思是释迦族的圣人。他成道后，称为“佛陀”，略称为“佛”。“佛陀”是梵文 Buddha 的音译，意译为“觉悟者”。按照佛教的说法，佛不但自己大彻大悟，也帮助众生获得觉悟，而且这种自觉觉他的行为，已达到无可比拟的程度。

释迦牟尼

释迦牟尼少年时代接受婆罗门教的传统教育，兼习兵法与武艺，是一个骑射击剑的能手。到成年时，娶同族摩诃那摩长者的女儿耶输陀罗为妻，生有一子名罗睺罗。相传释迦牟尼 14 岁那年曾驾车出游，在东、南、西三门的路上先后遇着老人、病人和死尸，亲眼看到那些衰老、清瘦和凄惨的现象，非常感伤和苦恼。最后在北门外遇见一位出家修道的沙门，从沙门那里听到出家可以解脱生死病老的道理，便萌发了出家修道的想法。29 岁（一说 19 岁）时，他不顾父王的多次劝阻，毅然离开妻儿，舍弃王族生活，出家修道。离家之后，释迦牟尼先到王舍城郊外学习禅定，后又在尼连禅河畔的树林中独修苦行，每天只吃一餐，穿树皮，睡牛粪。6年后，释迦牟尼身体消瘦，形同枯木，仍无所得，无法找到解脱之道。于是便放弃苦行，入尼连禅河洗净了身体，沐浴后接受了一个牧女供养的乳糜，恢复了健康。之后他渡过尼连禅河，来到伽耶城外的毕钵罗树（后称菩提树）下，沉思默想。据说，经过七天七夜，终于恍然大悟，确信已经洞达了人生痛苦的本源，断除了生老病死的根本，使贪、瞋、痴等烦恼不再起于心头。这标志着他觉悟成道，成了佛。佛即佛陀，意为觉者、知者，这一年释迦牟尼35岁。释迦牟尼成佛后，开始他的传教活动。首先在鹿野苑找到曾随他一道出家的阿若憍陈如等5个侍从，并向他们讲说自己获得彻悟的道理，佛教史上称这次说法为初转法轮。释迦牟尼不久又旅行各地，足迹遍布恒河流域。所到之处，专心讲道，奠定了原始佛教基本教义，并组成了传教的僧团。弟子据说有500人，著名的有大迦叶、舍利弗、目犍连、阿难陀、优婆离等十大弟子，佛、法、僧这佛教的“三宝”已具备，佛教正式形成。

东汉永平十年（公元67年），明帝夜梦金人飞行殿庭，明晨问于群臣。太史傅毅答说：“西方大圣人，其名曰佛；陛下所梦恐怕就是他。”帝就派遣中郎将蔡愔等18人去西域，访求佛道。蔡愔等于西域遇竺法兰、摄摩腾两人，并得佛像经卷，用白马驮着共还洛阳。明帝特为建立精舍给他们居住，称做白马寺。于是摄摩腾与竺法兰在白马寺里译出《四十二章经》，这几乎是汉地佛教初传的普遍说法，也为中国历史教科书所采用。但佛教传入中国之后，一直到东汉末叶桓、灵二帝的时代（公元147—189年），记载才逐渐翔实，史料也逐渐丰富。其时西域的佛教学者相继来到中国，如安世高、安玄从安息来，支娄迦谶、支曜从月氏来，竺佛朔从天竺来，康孟详从康居来。由此译事渐盛，法事也渐兴。

东汉时佛教初入中国，举步维艰，那个时候儒家认为佛教教义是夷狄乱言，无父无君，不耻一顾，应该废除。佛教为求生存只好寄养在道家门下，正好在释迦牟尼的同一时代有老子出关的传说，于是佛教极力靠拢，自认佛祖当年是老子点化成佛。有了老子的庇护，就避开了许多不必要的排外打击，于是一帆风顺，到了晋代，更造成了喧宾夺主之势。后来晋朝道士王浮写了一部《老子化胡经》，虽然其内容不过是再次补述传统中国人对佛教的普遍看法，但那时的佛教已非当年的“吴下阿蒙”，势力已经大到不再“忍受”那种对“佛教不敬”“诬谤”的言论了，也正是这部《老子化胡经》让佛、道相争了千年。

唐朝译业空前兴盛，从事翻译梵文经书的人数达到几百人，分工合作，规模宏大前所未有。梁启超说，佛经翻译事业至唐贞元而告终，把印度的经书都取来了，全部翻译完了。以后，印度人自己再也没有真经了，因为在公元10世纪，阿富汗王率军侵略印度，带去回教渗入印度内地。最后，印度的皇帝也改信回教了，佛教走向没落。至公元12世纪末叶，佛教即灭迹于印度大陆。

佛教约从公元1世纪开始传入中国。经过魏、吴、两晋到南北朝，是翻译佛教经典和研究阶段。到隋唐时代，中国佛教徒通过对印度佛教的吸收消化，完成了佛教的中国化，特别在佛教教理的组织方面，取得很大成就。形成了十个重要宗派，也即“佛教十宗”，其中的“禅宗”在唐代成为了汉传佛教的主流。

禅宗以菩提达摩为中国始祖，故又称“达摩宗”；因其得佛心印为佛陀之正统法脉，又称为“佛心宗”。达摩于北魏末活动于洛阳，倡“二入四行”之修禅原则，以《楞伽经》授徒。传法弟子为二祖慧可，慧可之传法弟子为三祖僧璨，僧璨传法弟子为四祖道信，道信传法弟子为五祖弘忍，立东山法门，为“禅宗五祖”。门下分赴两京弘法，名重一时。其中有神秀、传法弟子六祖惠能二人分立为北宗渐门与南宗顿门。神秀住荆州玉泉寺，晚年入京，为三帝国师，弟子有嵩山普寂、终南山义福；惠能居韶州曹溪宝林寺，门下甚众，弘忍以惠能为六祖，后为禅宗正宗。皇帝亲赐六祖惠能大师谥号为“大鉴禅师”，其传法弟子颇多，如南岳怀让禅师、青原行思禅师、永嘉玄觉禅师等，证悟者40余人，开悟者不计其数。

达摩

之后南岳怀让禅师的得法弟子马祖道一禅师对中国佛教有着极大的贡献，他确立了丛林制度，规范了道场，马祖道一禅师的传法弟子百丈怀海禅师更制定清规规范门人，故佛教称之为“马祖建丛林，百丈定清规”，直到今天依然大体上不变，每天早晚二课，也是始于这个时候。百丈怀海禅师的传法弟子有黄檗希运禅师及沩山灵祐禅师，都是至今还影响着佛教界的人物。自六祖后就不再传大位，也就是说没有第七祖，因为禅宗真正要传的法脉不是衣钵而是心印，心印延续至今，不曾断绝。

佛教的基本教义包括两个方面：一是关于人生方面，阐述人生现象的本质，指出解脱人生苦难的途径和人生应当追求的理想境界；二是从探索人生问题出发，继之探索人与宇宙交涉的问题，由此而展开寻求宇宙的“真实”，形成了“缘起”、“无常”、“无我”(“空”）的世界观。

佛教的伦理宗教思想，是以释迦牟尼提出、后人加以发挥的“四谛”说为基础的。“四谛”即苦谛、集谛、灭谛、道谛。“谛”是真理的意思。“苦”，是痛苦；“集”是原因；“灭”是寂灭，佛教追求的理想境界；“道”是途径、方法。四谛就是阐述四种真理：人生的痛苦现象、造成人生痛苦的原因、指明解脱人生痛苦的理想境界和解脱痛苦、实现理想境界的途径。这也就是佛教人生哲学的基本观点。

禅宗惠能大师得到衣钵之后，因缘成熟，开始行脚各处，默默弘法。有一天途经寺庙前，看到两个出家人对着一面幡旗争得面红耳赤。他上前仔细察听，才知道两个人在争论幡旗所以会动的原因。其中一位嚷着：“如果没有风，幡旗怎么会动呢？所以说是风在动。”另一位也振振有词地说：“没有幡旗动，又怎么知道风在动，所以应该说是幡旗在动！”两人各执一词，互不相让。惠能听了就对两人说：“我来做个公正的裁判，其实，既不是风在动，也不是幡旗在动，而是两人的心在动啊！”

六祖惠能

佛教为解脱人生的痛苦，而探求人生的“真实”。由于人生活在现实世界中，无时无刻不和客观世界发生种种直接的、密切的关系，佛教又进而探求宇宙的“真实”，形成了宇宙论学说。其基本论点是缘起论、无常论和无我论。缘起论主张世界万物无一不由因缘和合而生，而有因必有果，有果必有因，由因生果，因果历然。缘起论是整个佛教教义的理论基石，各种理论都是这个源泉的支流。

第三节 佛道之争

佛道之争并非伴随着佛教的东来而产生的。作为外来宗教，佛教传入中国之初因为义旨与道教有所相同，所以佛道共存之初关系相对和谐。随着佛教中国化的不断加深以及道教制度的不断完善，两教渐渐形成了各自独立的宗教意识形态，随之产生了较为强烈的排他思想，于是，两教展开了激烈的竞争。

道家讲究无为、上善若水、自然、无争，佛家讲究空、戒、悟、阐机；坐化成仙讲的是道家的修仙，遁入空门讲的是佛家的悟“空”。

佛道之争，虽然属于宗教冲突，然而二者之兴替，都离不开帝王之爱恶。佛道之争最早见于东汉，东汉时摄摩腾与诸道士论难开两教论争之先河；三国时代，曹植作《辩道论》，文字堪称犀利，批难神仙说之诈妄；西晋时，王浮作《老子化胡经》，将释迦牟尼污为老子的弟子，肆意贬抑佛教。此后南北朝后佛道的一次次论争将唐前佛道之争推向高潮。

唐初几个皇帝都是佛教的信仰者，佛教盛极一时。佛教盛行后，严重影响唐朝政府的财政收入，给征兵、劳役、官吏诸方面都造成严重困难，人民积怨甚多。当时有识之士为了国家和人民的利益，依据儒学思想提出反佛的意见。唐宪宗元和十四年（公元 819 年），儒佛矛盾以一种激烈的形式爆发了。

凤翔（今属陕西）法门寺有一座佛塔，内藏佛指骨一节，称为舍利，每三十年开一次塔，把舍利取出，让人瞻仰、参观。元和十四年是开塔的时期，唐宪宗要迎佛骨入宫内供养三日。韩愈听到这一消息，写下《谏迎佛骨》上奏宪宗，极论不应信仰佛教，列举历朝佞佛的皇帝“运祚不长”，“事佛求福，乃更得祸”。韩愈认为：“佛本夷狄之人……不知君臣之义，父子之情”，如今，佛已死久，“枯朽之骨，凶秽之余，岂宜令入宫禁”，应该将这骨头“投诸水火，永绝根本，断天下之疑，绝后世之惑”。韩愈最后极为恳切地说：“佛如有灵，能作祸祟，凡有殃咎，宜加臣身，上天鉴临，臣不怨悔。”表示愿负得罪佛祖的一切责任。

唐宪宗接到谏表，大怒，要处死韩愈，当时大臣裴度、崔群出来说情，说韩愈“内怀至忠”，应该宽恕，以鼓励忠臣提意见。宪宗说：“韩愈说我奉侍佛教太过分，还可以容忍；他甚至说东汉以后，奉侍佛教的皇帝都是短命的，怎么能说这荒唐的话呢？韩愈作为人臣，竟然狂妄到这个程度，怎么能赦免呢？”最后决定贬为潮州刺史。韩愈到潮州后，写一谢表，向皇帝表示悔过、谢恩。

表面上看来，韩愈的反佛失败了，但是，后面的发展却是人们所始料不及的，当事者也未必清楚。韩愈的《谏迎佛骨》表当时似乎没有什么作用，但他敢于据理力争，铮铮铁骨，已冲击了许多人的心灵。再加上韩愈讨究儒术，弘扬道统，文斥异端，情理并茂，“始若未之信，卒大显于时”，“自愈没，其言大行，学者仰之如泰山、北斗云”。韩愈的学生李翱、李汉、皇甫湜、孟郊、张籍、贾岛、刘义，都成为当时有名的文学家。唐武宗会昌五年（公元845年），“秋七月，诏天下佛寺僧尼并勒归俗”。这次历史上称为“会昌之难”的灭佛行动给佛教的发展造成了沉重的打击。

道教是中国土生土长的宗教，追尊老子李耳为教祖。北朝以来的皇帝多信奉道教。唐朝建立后，因为皇帝姓李，道教尊奉的老子也姓李，统治者为了借助神权提高皇家的地位，自认是老子的后代，所以推崇道教。高宗时，追尊老子为“太上玄元皇帝”。玄宗还亲自为《道德经》作注，叫人学习。尊老子的《道德经》为《道德真经》，庄子的著作为《南华真经》，庚桑子的著作为《洞灵真经》，列子的著作为《冲虚真经》，在科举中增设老、庄、文、列四子科。并规定道士女冠由宗正寺管理，宗正寺是管理皇室宗族事务的机构，说明唐朝把道士和女冠当做本家看待。而武则天崇佛，一是因为佛教曾为她当女皇制造理论根据，同时也是要用佛教来压道教。

唐初武德年间，太史令傅奕上疏言，列举了佛教11条罪过。议题是杜绝势力强大的佛教对封建法权的侵蚀。认为道教可以治国，适合国情，而天下僧尼数盈十万，佛教不适合国情，这也是“夏夷之辨”的继续。佛教僧人对傅奕进行了激烈的反击。

由于唐代尊崇道教，有很多为皇帝所宠信的道士。这些道士继续前代以来佛、道二教的斗争，对佛教大肆攻击。唐武宗灭佛的根本原因在于打击佛教寺院的经济势力，但也和道士赵归真对佛教的攻击有很大的关系。武宗前面的敬宗、文宗仍照旧例做佛事，但敬宗已酷信道教，赵归真可以出入皇宫。文宗时已有毁佛之议，曾下令禁止度僧和营建寺庙。武宗未即位时，已好道术，即位后即召道士入禁中。赵归真利用了这一点。对武宗说：“佛教不是中国之教，应当彻底清除。”唐武宗说：“使吾民穷困的是佛。”于是下诏废除佛教。他先下令拆去山野招提和兰若（私立的僧居）4万所，还俗僧人近10万人。会昌五年（公元845年），规定西京留4寺，每寺留僧10人，东京留2寺，其余节度观察使所治州34处可以留1寺，留僧照西京例。其他刺史所在州不得留寺。并派御史4人巡行天下，督促实行。这次行动共废寺（朝廷赐名号的僧居）4600余所，僧尼还俗26万余人，释放奴婢15万人，被寺院奴役的良人50余万，没收良田数千万顷。凡被释放的奴婢，每人分给田百亩，编入国家户籍。并将寺院铜像用来铸钱，铁像铸成农具，金银像收归国库。民间佛像限一月送交官府，如违犯则给以处罚。会昌末年，全国两税户比宪宗“元和中兴”时增加了两倍多，比穆宗时期增加了三倍，是“安史之乱”以后国家最盛时期。可见，这次灭佛运动是成功的。但是，武宗死后，宣宗即位。宣宗崇信佛教，下令恢复武宗时被废的佛寺，并杀死道士赵归真等。在此之后，佛教势力又兴盛起来。

到了五代十国时期，后周世宗柴荣为了贯彻以儒教为主的统治政策，以佛教寺院僧尼乃构成国家财政上的负荷为理由，下诏禁止私自出家；订立严苛的出家条件，并规定必须在国家公认的戒坛受戒，否则无效；不许创建寺院或兰若，违反的僧尼，课以严刑；未受敕额的寺院，一律废毁；民间的佛像、铜器，限50日内交由官司铸钱，如果私藏5斤以上的，一律处死。总计，废毁寺院30336所，大量的佛像及钟、磬等法器被铸成通钱。

在唐代统治者看来，佛、道都有对国家不利的一面，但又有可借以利用的一面。就可利用的一面说，佛教有助于“治化”，发挥哲理优势；道教则可神化宗祖，抬高皇室，打击旧贵族势力。道教若否定佛教在“治化”方面的贡献，佛教若攻击道教之宗祖，对他们来说都不能容许。统治者寄希望于佛、道的，是要它们从思想上配合儒家，为巩固李唐王朝做出贡献。

因此，如何协调三教关系，使三教各自发挥作用，就成了唐代诸帝的重要议题。其中“三教谈论”就是在这种背景下创设的。武德七年（公元624年），唐高祖幸国子学释奠，命博士徐旷讲《孝经》，沙门慧乘讲《心经》，道士刘进喜讲《老子》。博士陆德明随方立义，遍析其要。高祖对此十分满意，说：“三人者诚辩矣，然德明一举则蔽。”所谓“德明一举则蔽”，就是以儒家学说统率佛、道思想，使之符合封建统治的需要。这种“三教谈论”的方式，几乎为唐代诸帝普遍采用。可以看出，“三教谈论”在形式上给予三教以平等地位，实际上则是在皇帝亲自指挥下，以儒家为主干，对佛、道进行协调和统一的措施。谈论的内容和结果，直接由儒家学说和王权政治来决定。

据史料记载，在唐初组织的佛道辩论中总是道教失败。因为佛教僧人熟悉佛教典籍，道士们读书不如僧人。比如道士们立一个议题：“道生一切。”僧人问：“道生善也生恶吗？”道士们难以回答。如果承认道生恶，道就不是尽善的，得道干什么呢？如果说道不生恶，恶又从何而来，如何能说“道生一切”呢？后来在不断的辩论中，道士的辩论水平也逐渐提高。有一次道士李荣问：“佛教说般若波罗蜜，意思是大智慧到彼岸。但般若非彼非此，为什么说到彼岸？”僧人义褒说：“般若非彼非此，到彼岸不过是赞美。”李荣说：“那为什么不说到此岸？”

僧人哑口无言。

其实佛道之争，千年未息。魏晋南北朝时期天下大乱，政权林立，佛道交替兴衰。到了李唐则信道，皇帝都说自己是老子子孙；到了武则天时期，便深信佛教，从此佛教又大行其道。宋朝信道，到了元朝又是举国信佛，民间焚毁道教典籍无数。

然而，随着时间的流逝，佛、道二教各成其特色，各有其信徒，至唐宋时期，三教之争趋于缓和，相互影响日益加深，在三教融合的过程中，出现了一种共同的思想趋向，即将外在的修养转向内在的修养，以至在“修心”的问题上达成了大体一致的认识，“三教合一”便发展成为一种必然的历史趋势。

第七章 宋明理学 三教合一

公元959年，后周世宗柴荣突然病逝，宰相范质受命扶助柴荣幼子宗训继立为恭帝。这时恭帝年仅7岁，国家出现了“主少国疑”的不稳定局势，当时的兵权掌握在殿前都点检、归德军节度使赵匡胤手中。翌年正月初一，风闻契丹和北汉发兵南下，后周执政大臣范质等人不辨真假，匆忙派遣赵匡胤统率诸军北上抵御。正月初三，赵匡胤统率大军离开都城，夜宿距开封东北20公里的陈桥驿（今河南封丘东南陈桥镇），兵变计划付诸实践，这就是历史上有名的“陈桥兵变”。

赵匡胤黄袍加身

这天晚上，赵匡胤的一些亲信在将士中散布议论，说：“今皇帝幼弱，不能亲政，我们为国效力破敌，有谁知晓；不若先拥立赵匡胤为皇帝，然后再出发北征。”将士的兵变情绪很快就被煽动起来，这时赵匡胤的弟弟赵匡义（后改名光义，即宋太宗）和亲信赵普见时机成熟，便授意将士将一件事先准备好的皇帝登基的黄袍披在假装醉酒刚刚醒来的赵匡胤身上，并皆拜于庭下，呼喊万岁的声音几里外都能听到，遂拥立他为皇帝。赵匡胤却装出一副被迫的样子说：“你们自贪富贵，立我为天子，能从我命则可，不然，我不能为若主矣。”拥立者们一齐表示“惟命是听”。赵匡胤就当众宣布，回开封后，对后周的太后和小皇帝不得惊犯，对后周的公卿不得侵凌，对朝市府库不得侵掠，服从命令者有赏，违反命令者族诛，诸将士都应声“诺”！

赵匡胤率兵变的队伍回师开封。守备都城的主要禁军将领石守信、王审琦等人都是赵匡胤过去的“结社兄弟”，得悉兵变成功后便打开城门接应。当时在开封的后周禁军将领中，只有侍卫亲军马步军副都指挥使韩通在仓促间想率兵抵抗，但还没有召集军队，就被军校王彦升杀死。陈桥兵变的将士兵不血刃就控制了后周的都城开封。这时后周宰相范质等人才知道不辨军情真假，就仓促遣将是上了大当，但已无可奈何，只得率百官听命，翰林学士陶穀拿出一篇事先准备好的禅代诏书，宣布周恭帝退位。

赵匡胤夺敢了后周政权，正式登皇帝位，改封恭帝柴宗训为郑王。由于赵匡胤在后周任归德军节度使的藩镇所在地是宋州（今河南商丘），遂以“宋”为国号，定都开封。历史上习惯把赵匡胤建立的赵宋王朝称作“北宋”，赵匡胤被尊为“宋太祖”。

在北宋取代后周的过程中，因赵匡胤注意严肃军纪，开封城中没有发生以往改朝换代时出现的那种烧杀抢掠的混乱局面，因而得到原后周大小官吏的支持。北宋建立伊始，后周一些带重兵在外执行巡边使命的将领，如慕容延钊、韩令坤，大都表示拥护宋太祖登皇帝位，只有盘踞潞州（今山西上党）的昭义军节度使李筠及在扬州的淮南节度使李重进先后起兵对抗，这是当时两个力量较强的藩镇，宋太祖亲率大军平叛，在不到半年的时间里先后击败李筠和李重进，他们的失败，使得一些势力较小，又对赵匡胤代周不满的地方藩镇更感无力与中央抗衡，只得表示屈服。到建隆元年（公元 960 年）末，北宋在原后周统治区已基本上稳定了局势。

当时，北边有劲敌辽朝和在辽朝控制下的北汉，南方有吴越、南唐、荆南、南汉、后蜀等割据政权。这一客观形势，不能不使赵匡胤深深感觉到一榻之外皆他人家。因此，政局稳定之后，赵匡胤按照“先南后北”、“先易后难”的方略开始了他的统一大业。

乾德元年（公元 963 年），宋军兵临江陵府，要求假道过境，荆南主高继冲束手无策，被迫出迎宋军，荆南亡。接着宋军继续向湖南进发，击败抵御的守军，擒武平节度使周保权，平定了湖南。乾德二年（公元 964 年）十月，宋太祖以后蜀主孟昶暗中与北汉勾结，企图夹击宋朝为借口，派二路大军进逼成都，乾德三年（公元 965 年）正月，孟昶投降，后蜀亡。开宝三年（公元 970 年）十一月，宋大举进攻南汉，南汉主刘鋹无法阻挡宋军的进攻，只好向宋军投降，南汉亡。开宝七年（公元 974 年）宋太祖要求南唐后主李煜亲自到开封朝拜，李煜惧怕被宋扣留未成行。同年九月宋以此为借口，派十万大军进攻南唐，战舰沿江而下，歼灭南唐军主力，包围江宁府（今江苏南京），开宝八年（公元 975 年）十一月李煜在被围困了近一年后被迫出降，南唐亡。

开宝九年（公元 976 年）十月，宋太祖突然去世，他的弟弟赵光义登基，是为宋太宗。太宗继承了他哥哥未竟的事业，使用政治压力，迫使吴越钱俶和割据福建漳、泉二州的陈洪进纳土归降，两浙、福建亦归入宋的版图。太平兴国四年（公元 979 年）初，宋太宗亲率大军北征，北汉主刘继元被迫投降。至此，“安史之乱”以来两百多年的封建军阀割据局面基本上结束了。

北宋的统一，为南北经济、文化的发展创造了有利的条件，宋代成为中国文化发展史上一座高耸的峰峦，继唐后承传开拓，形成了璀璨恢宏、独具风神的宋代文化。

第一节　繁荣的社会经济和重儒兴文的政策

北宋建立之后，太祖赵匡胤为了避免出现第二个“黄袍加身”，制定了“兴文抑武”的政策，致使两宋时代 300 多年的统治一直处于“积弱”的状况，受制于周边强大的少数民族政权，最后灭于外族之手。与此相对的是，正是由于在文化经济上采取了比较宽松的制度，宋代的社会经济、文化十分繁荣。

清院本《清明上河图》（部分）

宋的年财政收入最高曾达到 16 000 万贯，北宋中后期的一般年份也可达 8000 万～9000 万贯，即使是失去了半壁江山的南宋，财政收入也高达 10 000 万贯。明隆庆五年（公元 1571 年）国家岁入白银 250 万两，万历二十八年（公元

1600年）岁入白银400万两，明末天下大乱，在后金和农民起义的两面夹击下，明政府先后增加了辽饷、剿饷和练饷的征收，即著名的“三饷加派”，结果弄得民怨沸腾，烽烟四起，这种为时人评为“饮鸩止渴”的做法为国家带来了大概1000万两左右的收入，也就是说此时明一年的财政总收入大约是1500万两白银左右。1两白银约合1贯铜钱，那么此时明的财政收入仅仅是北宋的1/10，南宋的1/6，而这已经是南宋灭亡的300多年之后，并且明的国土要远远大于宋。清代的财政状况比明代要好一些，国家初定的顺治七年（公元1650年）岁入白银1485万两，咸丰年间（公元1851—1861年）岁入白银3000万～4000万两，数量仍然远远小于600年前的宋朝，而此时中国的人口已经超过3亿，为宋朝人口的两倍以上。

在宋代庞大的财政收入中，构成主体的已经不再是农业，而是工商业，作为一个传统的农业大国，对大量小自耕农直接征收农业税一向是国家统治的基础，像宋朝这样的情况实在是绝无仅有，直到清朝末年，工商业收入才再一次超过了农业税。

由于大量独立的小自耕农不再是国家生存的根本，宋朝得以采取了与其他王朝迥然不同的土地政策——“不抑兼并”。数千年来，中国传统上一向将土地兼并视作国家大害，千方百计加以抑制，以至于形成了这样一个循环——朝代开国时重新分配土地，造就出数百万个小自耕农；经过上百年日积月累，土地向少数人手中集中，国家丧失税源，一些失去土地的农民铤而走险；大规模农民起义爆发，政府崩溃，新王朝建立，重新分配土地。这种做法完全是一种自然经济的产物，它固然可以保证大多数农民都能有一些土地耕种，但另一方面，这种做法也限制了分工，限制了集约经济的发展，限制了工商业的兴起，将中国社会牢牢束缚在自然经济之中。而且，这并不能完全阻止土地集中的趋势，必须每隔一段时间就重新分配一次土地，而每一次对土地的重新分配几乎都要伴随着大规模的战争与破坏。

宋朝的做法却使它得以成功地跳出了这一循环。一方面不抑兼并，使土地能够集约化经营，并腾出大量剩余劳动力（据估算，当时不足1%的人口占有了全国土地的70%，而每年进入流通市场的土地占全国总面积的20%）；另一方面成功地发展了工商业，不仅吸收了大量农村劳动力，更重要的是促进了社会生产力的飞速发展。

与此同时，政府对于突如其来的灾害或战乱导致的阶级矛盾激化还有一个应急措施——大量募兵。由于其雄厚的经济实力，宋朝是中国历史上唯一一个长期坚持募兵制的王朝。宋军官兵一般都有着不错的待遇，以至于在其他朝代常常成为阶级矛盾的导火索的招兵，在宋朝竟成了阶级矛盾的释放阀。每当一个地方出事，百姓难以生存的时候，政府就在那里大量募兵，“每募一人，朝廷即多一兵，而山野则少一贼”，这也正是宋朝农民起义较少的重要原因之一。当然，这种做法的一个后遗症就是“冗兵”。庆历年间宋军总人数竟然达到了125万之巨，考虑到当时的人口充其量也就是1亿人左右，这实在是一个天文数字。要命的是这125万人全是雇佣兵，因此军费也就屡创奇迹。仁宗宝元年间仅陕西一地，和平时期军费2000万贯，战时3300万贯。庞大的军费和其他开支使得宋朝的财政开支也是中国历史上绝无仅有，庞大的财政收入时有入不敷出的问题，以至于被讽刺为“积贫”。

宋朝的经济，尤其是第二、第三产业得到了极大的发展，人民生活水平达到了空前的高度，“百金”在当时就已经是一户中人之产了。当时的大臣抱怨世风奢靡时说:“现在的农夫走卒居然也穿上了丝制的鞋子。”有的西方学者甚至说，当时一位欧洲君主的生活水平还比不上东京汴梁一个看城门的士兵。后来到元朝时，当来自当时西方最繁华的城市威尼斯的商人马可·波罗来到仅仅是吸收了很少一点宋人文明的元朝大都城时，竟然感到眼花缭乱，宛如身处人间天堂。

宋朝时，世界上第一次出现了纸币和银行信用。“四大发明”的三项被发明或是开始得到广泛使用。其中，活字印刷术是宋代发明，雕版印刷术在宋代开始大量应用；火药和火器在宋代开始大规模使用；指南针在宋代开始大量装备远洋船舶。第一次出现了工匠传统和哲学传统合流的迹象，在西方，这是近代科学大发展的先声。宋朝拥有人类历史上最庞大的帆船舰队和商船队，频繁远航至阿拉伯、东非、印度、东南亚以及东亚的日本与朝鲜。十万户以上的城市由唐代的十余个增加到40个，汴京和临安继长安、洛阳和南京之后成为世界上第4和第5个超过百万人口的城市。“汴都数百万户，尽仰石炭，无一家燃薪者”。

在经济和社会大发展的同时，宋朝的政局总的来说也比较清明。既没有宦官和外戚专权，也没有地方势力的割据。在“不以言论杀人”的传统下，文化得到了长足发展，即使是“忤旨”或者被打击排斥，也没有人被处死。在这样宽松的文化背景下，理学应运而生。

第二节　理学的兴起

北宋朝廷推行的是儒、释、道三教并行的多元文化格局，一方面把儒学定为正统国学，另一方面也大力推崇佛、道两教，宋真宗御制《崇释论》，认为佛教与孔孟是“迹异而道同”，一年之内就度僧尼23万之多，同时还尊奉老子为“太上老君混元上德皇帝”，下令州郡，凡是僧尼道徒犯罪，可以赎罪；无故毁僧道的，官吏要受停职处分，老百姓则受流放之刑。

早在唐代中后期，以韩愈为代表的一些名儒便举起批判佛教的旗帜，力图全面恢复儒家的权威。北宋以后，随着佛教理论的日益衰落，新儒学运动兴起，范仲淹等政治改革家竭力提倡儒家学说；欧阳修等学者，主张从儒家仁义学说上否定佛教；宋初的胡瑗、孙复、石介开始从理论上探讨理学，他们以儒家经典著作为依据，提倡道德性命之学，发展了韩愈的“道统说”。这些努力首开宋代学术争鸣的风气，到北宋中期，理学思潮逐步形成，并占据了主导地位。

从唐代末期到北宋，中小地主和自耕农为主的经济形态出现，他们的子弟通过科举进入到国家政权队伍里面，成为士大夫的主体，这成为这个时代的特色。这种社会出身的知识人，在伦理观念、文化态度和思想倾向方面，跟中唐以前、魏晋时代，尤其士族出身的知识分子的想法大异其趣。这其中的代表人物就是范仲淹。范仲淹幼年丧父，困穷苦学，冬天学习困了的时候，用冷水洗面来刺激精神，没什么吃的就喝很稀的粥，这样的经历在北宋理学很多重要人物的身上都可以看到。范仲淹不仅有很多讲学的成就，更是代表北宋前期儒家知识群体的精神人格，他提倡“先天下之忧而忧，后天下之乐而乐”、“每感论天下事，时至泣下”，关心国家大事，以国家大事、以民生为己任的那种情怀，可以说感染了当时一代知识分子，“一时士大夫矫厉尚风节，自仲淹倡之”，这影响了士大夫风气的变化，也可以说代表了当时北宋儒家人格的发展方向。如果没有范仲淹这样的人物出现，没有这种道德精神出现，那宋明理学的出现应该说是没有前提的，也就是没有可能的。后来理学的奠基人胡瑗、孙复等人也是由于范仲淹的推荐才得以将自己的学问传播于世。

一、理学奠基

北宋初年，被称为“三先生”的胡瑗、孙复、石介提倡“明体达用”，主张把儒家经典作为治理国家的根据；倡言“尧、舜、禹、汤、文、武、周、孔之道，万世常行不可易之道也”，他们的思想揭开了理学的序幕。

到了北宋中期，周敦颐继承和发展了儒家思想，依托道士陈抟的《先天图》而作《太极图说》，提出一个系统的宇宙构成论。认为“无极而太极”，“太极”一动一静，产生阴阳万物，“万物生生变化无穷焉，惟人也得其秀而最灵”，圣人又模仿“太极”建立“人极”。“人极”即“诚”，认为“诚”是由“太极”派生出来的阳气的体现，是“纯粹至善”的，因而以“诚”为内容的人类本然之性亦是完善的。他宣传“诚”是“五常之本，百行之源”，是道德的最高境界，进而提出“主静”、“无欲”的道德修养论，认为人们只要通过学习和修养，能够“自易其恶，恢复善性”，使自己的一切言行都不违背封建的仁义礼智。他提出的太极、理、气、性、命等，成为宋明理学的基本范畴。

周敦颐做过程颢、程颐的老师，二程在回忆跟周敦颐学习时是这样讲的：“昔受学于周茂叔，每令寻仲尼、颜子乐处，所乐何事”，就是说孔子跟他的弟子颜回他们即使生活很贫困，在颠沛流离中也保持着一种精神快乐，“所乐何事，所乐何处？”这就是周敦颐让二程兄弟经常寻求的问题，这个问题对他们后来的发展很有影响，“寻孔颜乐处”后来变成整个宋明理学一个内在的主题。

同时期的张载提出了“太虚即气”的学说，肯定“气”是充塞宇宙的实体，“气”处于永恒运动中，“气焕然太虚，升降飞扬，未尝止息”。由气所构成的任何事物都是阴阳矛盾对立的统一体，指出“一物两体”，认为事物总是“有两则有一”，“若一则有两”，存在的对立矛盾是物质世界运动变化的内在原因，批驳了佛、道二家的唯心主义观点。认为“有反斯有仇，仇必和解”，即倾向于矛盾的调和。发挥儒家仁孝道德观念并同“天人合一”思想相结合，提出人和万物都是天地所生，性同一源，本无阻隔。在人性学说上提出“天地之性”和“气质之性”对立的命题，在教育上强调“学以变化气质”。认识论上，认为“有物则有感”，“因物为心”，即知识是主体与客体相互作用的结果，认识来源于外界事物；认为认识分为“见闻之知”、“德性之知”，“见闻之知，乃物交而知，非德性所知。德性所知，不萌于见闻”。

当时，周敦颐、邵雍、张载、程颢、程颐并称“北宋五子”。张载的弟弟张戬反对新法，得罪了王安石，张载便辞官回乡，隐居横梁。他自述其志曰：“为天地立心，为生民立命，为往圣继绝学，为万世开太平。”这句话不仅对理学，甚至对当时的很多知识分子都影响深远，即使有些人不以理学发展为志业，也都会受到这种思想的感染和激励。

二、二程洛学

理学真正的开篇起自于北宋儒家学者程颢、程颐兄弟，因二程是洛阳人，所以他们的学问被称为“洛学”，又称“伊洛之学”。

程颢

程颐

二程的理学体系包括天理论、人性论和修养论三个主要方面。二程之学以“理”为最高哲学范畴，把“天理”提升为宇宙本体，把儒家的“天人合一”用“天人一理”表达出来，把全部学说都建立在“天理”的基础上，开创了宋明理学的理论体系。他们认为，万物都有各自的理，而世界万物又有一个共同的理。这个理便是宇宙的总根源，它无穷无尽，无始无终，不为尧存，不为桀亡，理是气之所本，是独立存在的实体，唯一的世界本论。

在中国文化史上，“天理”二字早就出现了。《礼记 · 乐记》曰：“不能返躬，天理灭矣。”这是宋明理学最直接的一个来源。程颢有一个命题，说：“天者，理也。”实际上是他在对以“六经”为代表的古典儒学进行新的诠释，把上古儒学中一些迷信的东西扬弃掉，“理”就被发展、诠释为一个上古时代“六经”中“天”所具有的最高的本原性的概念，理学体系便从此具有了其真正意义。

人性论方面，二程提出“性即理”，认为人的内在道德本性就是天理，用“性”把形而上层面的理与形而下层面的气贯穿起来，包括性与理、性与气、性与才的关系，以及论仁几个方面。

修养论包括定性、主敬和格物致知等几个方面。二程主张“识仁”，“仁者浑然与物同体”，而达到这一境界，首先要“定性”。“定性”就是认识和体现自己的本心和本性，通过定性达到的是“廓然大公”、“物来顺应”的仁的境界。达到这一境界后，还要加以存养，以保持这种心态，故而提出“主敬”，特别提出“格物致知”来作为穷理的方法。“洛学”的思想核心，就是弘扬孔孟儒学的精神，强调道德原则对个人社会的意义，注重内心和精神修养。

二程创立洛学后，培养的弟子遍布中原、河东、蜀中、关中、闽赣、吴越、湖湘等地，在众多弟子中又以谢良佐、杨时、游酢、吕大临最为有名。理学内部则形成了程朱、陆王、湖湘诸派，其中“洛学与闽学”结合的程朱学派后来成为中国封建社会后期官方哲学中的正统学派，其思想成为官方统治思想。

三、朱熹闽学

闽学指以宋代朱熹为首的理学学派，因朱熹曾侨寓并讲学于福建，故称其学派为“闽学”。

朱熹

同许多宋代知识分子一样，朱熹也是出入佛老，泛览百家，然后返求诸“六经”。前人说他“致广大，尽精微，综罗百代”，他既吸收了二程的思想，又吸收了周敦颐、邵雍、张载的思想，扬弃了佛道的哲学，通过对“四书”的注释，建立了自己的理学体系。在他的体系中，宇宙万物都是由“理”、“气”两个方面构成的，气是构成一切事物的材料，理是事物的本质和规律，在现实世界中理、气相依而不能相离，“天下未有无理之气，亦未有无气之理”。又断言“理在先，气在后”，“有是理便有是气，但理是本”，把“一理和万理”看做“理一分殊”的关系，提出“凡事无不相反以相成”，事物“只是一分为二，节节如此，以至于无穷，皆是一生两尔”。在认识来源上，既讲人生有知的先验论，也不否认见闻之知，强调“知先行后”，又认为“知行相须”，注重行在认识中的重要性；强调“天理”和“人欲”的对立，要求人们放弃“私欲”，服从“大理”。同时，朱熹还发挥了《大学》“格物致知”的思想，认为格物才能致知，致知才能正心诚意。什么是格物呢？朱熹把“格物致知”解释为“即物穷理”，“即物”就是不能离开事事物物；“穷理”就是要研究了解事物的道理。

朱熹讲“格物致知”，最早是讲给皇帝听的。他34岁的时候，孝宗召见了他，他给孝宗讲了“格物致知”。第二年，他又去见皇帝时说，皇上没有做到“即物穷理”，所以就没有收到平定天下的效果。可见理学提出“格物致知”，首先是针对帝王之学的。朱熹要给皇上讲治国平天下的道理，而孝宗皇帝是不喜欢别人批评的，所以他对朱熹的两次奏对都不是很高兴。

十几年后，朱熹在白鹿洞书院讲学，当时全国大旱，皇帝召集学者提意见。朱熹上谏指出“天理人欲”、“正心诚意”，认为皇帝亲近小人，没有国法纲纪，皇上听了很生气。到了朱熹晚年的时候，他又入都奏事，走到浙江时，就有人对他说:“你喜欢讲‘正心诚意’,但这是皇上最不爱听的,这次你就不要提了。”朱熹很严肃地说:“我平生所学,就是这四个字,怎么能够欺君呢?”他见到皇帝的时候,还是批评了皇帝,说皇帝内心里面“天理有所未存”,“人欲有所未尽”。

朱熹一生著述极丰,是中国历史上著作最多的学者之一,代表作有《四书集注》、《朱文公易说》、《朱子礼纂》等。另外,他将《论语》、《孟子》、《大学》、《中庸》集合为“四书”,并奠定其权威地位。他的思想在其后的元、明、清三代一直是封建社会的官方哲学,这也标志着封建社会意识形态的更趋完备。

明初是程朱理学的全盛时期,明太祖多次诏令官员士大夫非闽学不讲,非四书、五经不读。洪武二年(公元1369年)规定:“国家明经取士,说经者以宋儒传注为宗,行文者以典实纯正为主。”明成祖颁布《性理大全》作为权威典籍,是士大夫的必读书目,不准任何人非议程朱学说,从此“世之治举业者,以四书为先务,视六经为可援:以言《诗》,非朱子之传义弗敢道也;以言《礼》,非朱子所授,则朱子所与也;言不合朱子,率鸣鼓而攻之。”《大明律》专设《禁止搬做杂剧律令》,不准艺人在民间戏曲中扮演程朱形象,违令者按亵渎圣贤治罪。程颐、程颢和朱熹成为神圣不可侵犯的圣贤偶像,程朱理学被奉为统治思想,独霸学坛,气势炙人。

四、陆氏心学

正当朱熹把“理”奉为最高哲学范畴时,心学创始人陆九渊提倡“心即理”学说。针对朱派的“理”在人心之外,“即物”才可“穷理”的理论,提出“发明本心”、“求其放心”的“简易”、“直接”的主张,认为“理”就在我们的心中,只要返回内心,就可以得到“理”。陆九渊强调主观精神的作用,提倡自作主宰,开创了理学中的“心学派”,并在“太极”、“无极”问题上和朱熹进行了长期辩论。

陆九渊

“存天理,灭人欲”是朱熹客观唯心主义思想的核心。淳熙三年(公元1176年),朱熹与当时著名学者陆九渊相会于江西上饶鹅湖寺,交流思想。但陆九渊属主观唯心论,他认为人们心中先天存在着真、善、美，主张“发明本心”，即要求人们自己在心中去发现真、善、美，达到自我完善。这与朱熹的客观唯心说的主张不同。因此，二人辩论争持，以致互相嘲讽，最后不欢而散。这就是中国思想史上有名的“鹅湖会”。从此有了“理学”与“心学”两大派别。

陆九渊以“心即理”为其思想核心。断言天理、人理、物理只在吾心中，心是唯一的实在，“宇宙便是吾心，吾心即是宇宙”。认为“心”和“理”是永久不变的人的先验的道德意识，没有差异，“千古圣贤，若同堂合席，必无尽合之理。然此心此理，万世揆也”，“千万世之前有圣人出焉，同此心，同此理也；东南西北海有圣人出焉，同此心，同此理也”。“本心”即是仁义礼智之心，是善，是人心之理和宇宙之理。提出“立大”、“知本”、“发明本心”。在认识论问题上提出反省内求的“简易”、“直捷”的方法。认为“此理本天所以与我，非由外铄。明得此理，即是主宰”、“人孰无心，道不外索，患在戕贼之身，放失之身。古人教人，不过存心养心，求放心。此心之良，人所固有。人惟不知保养而反戕贼放失之耳”。陆九渊用“心学”来论证封建纲常的合理性，试图证明封建道德教条的永恒性、不变性。

五、元代理学

元朝通过灭辽、南宋，实现了中国的大统一。在实现大统一的过程中以及在实现大统一之后，统治者都积极推行汉化政策，不仅实现了自身的封建化，而且注重吸收汉族儒学为主的思想文化。通过推行汉化政策，尊崇儒学，巩固了政权和大统一的局面，同时促进了儒学的承续和发展。元代理学被尊崇、传播，并上升为官方学术地位，不仅是统治者政治上的考虑，还有赖于理学家的提倡与努力。这些人以儒家传统的“道”自任，并积极地以此去影响统治者，其中，赵复、许衡起的作用最大。

赵复在元朝南下攻取德安时被俘，后来赵复在元朝建立的太极书院讲学，选取二程、朱熹等遗书8000余卷广为传播。在此之前，北方人虽知有朱子，但未能尽见其书，至此才得亲见其书，亲闻其论。为学主“简在心得”，鄙弃事功，认为“君子之学，至于王道而止”。

许衡继承了朱熹的思想，重视朱熹的《小学》，强调“进学之序”和“践履力行”。认为“天即理也”，但又说“心与天地一般”，心与理“一以贯之”，“宰万物，统万事”。主张“存养”，使“气服于理”，即“存天理”，“省案”，“反身而诚”，即“去人欲”。在治学方法上，强调“慎思”，又主张防于“人欲之萌”，即当“自知”。强调“践履”，提出“治生”论。许衡对元代理学最突出的贡献，是主持了元初国学。由此不仅对程朱理学的传播和朱陆合流起了重要作用，还促进了蒙汉文化交流、融合。此外，他的劝谏影响了元朝统治者的治国之策，使儒学得以尊崇，儒士得以重用。

元代名儒除赵复、许衡外，还有吴澄、刘因、郑玉、许谦，他们对元代理学的传播与发展都起了重要的作用。

六、明代心学

宋代陆九渊开创的“心学”学派发展到明代，王守仁进一步提出“心外无物”、“心外无理”的命题，以吾心之良知为天理，完成了心学体系，后人将之合称“陆王心学”。明中期以后，“心学”几乎取代程朱理学，在思想领域影响颇大。

王守仁

王守仁认为身之主宰便是心，心之本体便是理，心之所发便是意，意之所在便是物，心外无物。他提出了“知行合一”的观念，这与朱熹“知先于行”的主张截然不同。他认为真正的“知”，是一定能够“行”的；真正的“行”，也一定包含了“知”。到了晚年，王守仁进一步发展他的这个思想，提出了“致良知”。“良知”就是“知”、“致”，就是行，发挥、实践、扩充的意思。这个时候的王守仁认为，“格物”，就是要在每一件事物上去把自己的良知发挥出来。

王守仁号阳明子，世称阳明先生，故又称王阳明。王阳明在十五六岁的时候接触到理学思想，那时他就一直在困惑：这个“理”究竟在哪儿？我们如何才能够得到？三十几岁的时候，由于他上书要求制止宦官专权而被贬到贵州龙场做了一个驿丞。此处生活困苦，于是他日夜静坐，终于领悟到：真正的理是在自己的心里。这就是著名的“龙场悟道”。

明末，王学开始衰微。东林学派顾宪成、高攀龙批判王学末流谈空说玄、引儒入禅的学风，欲用朱学救其弊，提倡治国救世的名实之学。明末两大儒中的黄道周推崇朱学，而刘宗周以“慎独”为宗，对王守仁思想进行了改造和进一步发展。

第三节 “三教合一”的正式形成及其对周边邻国的影响

在长达两千多年的时间里，儒、释、道三家的思想一直处于相互融合与斗争的状态，理学成为权威理论后，理学家们正式提出以儒家学说为基础的“三教合一”，奠定了中国近千年来思想文化发展的总调，它对中国及周边邻国的宗教、哲学思想和文化艺术起着广泛而又深刻的影响。

一、儒、释、道在中国的发展历程

中国是一个多民族、多宗教和多种文化的国家，宗教、哲学的产生和发展有着长远的历史。

三代时中国已经形成了一个以崇拜天帝、祖先为主要特征的宗法性宗教，这是儒教的前身。战国时期，儒学则是一种以政治、伦理为主的学说，它缺乏哲学的内涵，疏于思维和论证的方法，因此在战国分立时代的百家争鸣中没有占居主导地位。

汉初统治者推崇黄老之说，汉武帝定儒教于一尊后，出现了两汉经学，经学是对儒学的第一次改造。他们在解释儒学经典中提出了一套以“三纲五常”为基本法度，以道家思想为基础，并附以阴阳五行等学说的思想体系，经学家们在他们的儒学中引进了神学的内涵，儒学开始儒教化，他们对至圣先师进行祭祀，使孔子祭礼成为和天地百神、祖先崇拜并列的三大祭祀系统之一。

东汉时，张陵在四川奉老子为教主，以《道德经》为主要经典，同时吸收某些原始宗教信仰、巫术和神仙方术等创立了道教。而早在公元前就开始传入汉地的佛教为了求得生存和发展，不得不向当时占有支配地位的儒家靠拢，并在哲学思想上依附于老庄和玄学。三国时期，大批印度和西域僧人来华，从事译经、传教的工作，这为以后佛教在魏晋南北朝的广泛传播起了重要的推动作用。南北朝时，由于佛教受到帝王的信仰和重视，印度佛教经过改造以后适应了中国社会的需要，逐渐在民间扎下根来，并取得重要的发展，至隋唐时代达到了鼎盛，形成了许多具有民族特点的中国佛教的宗派和学派，并传播到了中国邻近的国家。佛教在建立中国民族化的宗派和理论体系时摄取了大量的儒、道的思想；另一方面又与儒、道进行了喋喋不休、震动全国上下的争论乃至流血斗争，儒、释、道形成了鼎立之势。

由于战乱频仍，社会动荡，佛教在唐末日益呈现衰颓之势，宋初又一度复苏。北宋初期，朝廷对佛教采取保护政策，普度大批僧人，重编《大藏经》；南宋偏安一隅，江南佛教虽然保持了一定的繁荣，但佛教总的趋势是在衰落。在此期间，佛教与儒、道结合，“三教合一”呈现出发展趋势。北宋期间，道教进入了全盛时期，几位统治者（真宗、徽宗）都自称为教主道君皇帝，采取了一系列崇道措施，因此，道众倍增，宫观规模日益扩大，神仙系列也更为芜杂。由于道教经论日益增加，开始编纂了“道藏”，南渡后出现了不少新的道派，这些教派都主张“三教合一”。至元朝时期，道教正式分为全真、正一两个重大派别，盛极一时。这些派别也从自己教派的立场出发，高举“三教合一”旗帜。

随着佛教的儒学化和世俗化，宋代出现了僧侣、禅师与士大夫相互交游、酬唱的局面。一方面，僧人多与士大夫交往，如大慧与张九成、佛印与苏轼、大觉与王安石等；另一方面，士大夫参禅者更多，从上层官僚如王安石、杨亿、富弼、李遵勖、杨杰、张商英等，到理学家如周敦颐、二程、朱熹、陆九渊，无一不热衷于参禅或出入于佛老。当时的佛教界，僧侣们常常是真乘法印与儒典并用；而在儒学界，士大夫们也多是既深明世典，又通达释教。佛、儒之间虽然在某些个别问题上仍还有相互对立和相互排斥的现象，但从总体上说，却呈现出一种相互汇合、交融局面。这种交融汇合从严格意义上说，甚至不限于儒、佛二教，当时社会上处于主导地位的儒、释、道三种思想潮流均加入了交汇之洪流，以致出现了诸如“红花白藕青荷叶，三教原来是一家”等说法。

元明以后，佛教与道教衰落，理学勃兴。理学以孔子的伦理思想为核心，摄取了释、道的大量哲学思想、思维形式和修持方法，使三者密切起来，难解难分。入清以后，儒、释、道没有重大的变化，影响至今。

二、“三教一致”—“三教鼎立”—“三教合一”

“三教合一”除了有着深刻的社会政治、经济原因外，还有着自身理论的种种特点。

封建统治阶级深深懂得，儒、释、道三家对维护封建统治这一根本任务是不可偏废的，三者有着各自的特点，起着不同的社会作用，儒可以治国，佛可以治心，道可以治身。这正如清朝雍正皇帝在1731年所发布的上谕中概括：“域中有三教，曰儒、曰释、曰道，儒教本乎圣人，为生民立命，乃治世之大经大法，而释氏之明心见性，道家之炼气凝神，亦于吾儒存心养气之旨不悖，且其教皆主于劝人为善，戒人为恶，亦有补于治化。”

在三教关系中，儒教一直处于正统的地位，“三纲五常”是中国封建社会立国之本，道统是维护封建的中央集权制的精神武器，因此显得特别重要。南朝梁武帝信佛，甚至到佛寺舍身为奴，但是他同时也为孔子立庙，置五经博士，在诏书中说："建国君民，立教（儒学）为首，砥身砺行，由乎经术"，由此可见儒学对治国的重要性。"三教合一"归根结底实行的还都是以儒为主，佛、道携手为辅的组合形式。

在印度佛教未传入之前，儒学占有显著的地位。佛教传入中国后，为了依附中国传统的思想文化，力图调合儒、道的矛盾，不断地援儒、道入佛，论证三教的一致性。例如，在中国最早编译的《四十二章经》中就已掺入了很多儒、道思想的内容，一方面宣传小乘佛教的无我、无常和四谛、八正道，但同时也杂有"行道守真"之类的道家思想，以及"以礼从人"等儒家道德行为规范。由于"三教一致"、"儒释一家"的渲染，社会风气也蒙受影响，相传南北朝的傅翁头戴"儒冠"，身穿"僧衣"，脚着"道履"，集儒、释、道于一身，表示"三教一家"。另外，传说中的"虎溪三笑"也成为后人的美谈。

虎溪三笑图

东林寺前的虎溪，据说是慧远禅师送客出寺的界限。慧远专心修行，送客从不越过虎溪，但有一次，因与陶渊明及庐山道士陆修静畅谈义理，兴犹未尽，不知不觉就过了虎溪，以致慧远所驯养的老虎马上鸣吼警告，三人相顾大笑，欣然道别。经唐宋文人绘图作文，大肆渲染后，影响甚大。但据后人考证，慧远去世时，陆修静只不过是十岁孩童，因此此事纯属虚构无疑，只是故事背后隐含的"三教原来是一家"的意味，颇足深思。

道教提倡"三教一致"的思想始于晋时葛洪。葛洪使道教思想系统化时，提出以神仙养生为内，儒术应世为外，将道教的神仙方术与儒家的纲常名教相结合，所谓"以六经训俗士，以方术授知音"。以后宣传"三教合一"思想的有梁朝的道士陶弘景等。在葛、陶之后，道家中人提到“三教”的愈来愈多，论证也愈来愈深入。

从以上可以看出，儒、释、道三教在魏晋南北朝时期有过互相靠拢、互相吸收、互相融合的情况；但这种“一致”、“合流”并不能掩饰彼此之间的排斥和斗争。三家之间的争论有时表现得很激烈，震动朝野，甚至发生流血的事件。

到了隋唐时期，幅员辽阔，经济繁荣，文化灿烂缤纷，儒、释、道在这个时期都有重要的发展，进入了繁盛时代。纵观这个时期，由于各代帝王信仰的不同，在不同历史时期，对儒、释、道的态度也有所不同，或抑或扬，但总的说来，对宗教是采取扶持、利用和限制的政策。儒、释、道虽然在意识形态从而在政治上呈现出鼎立的局面，但三教为了从自身发展的需要和迎合大唐帝国的大一统之政治的需要出发，也不时提倡“三教归一”。

韩愈在政治上反对佛教，曾经因为反对皇帝恭迎佛骨而被贬潮州，但他又把佛教的心性学说和法统观加以改造，提出了儒学的道统说和复性论，人称阴释阳儒。柳宗元虽然批判佛教的中观是“妄取空语……颠倒是非”，但他仍然认为：“浮图仍有不可斥者，往往与《易》、《论语》合……不与孔子异道。”

隋唐时期佛教完成了中国化的过程。在这个时期开展了大规模翻译和注解佛经的工作，不少僧人常常把佛教的思想比附儒、道，为此撰写了不少宣传中国伦理纲常的佛教经典；在僧侣队伍中还出现了很多“孝僧”、“儒僧”等。中国的佛教宗派是在摄取中国传统思想，特别是儒、道思想的基础上创立起来的。天台宗把止观学说与儒家的心性论调和起来，甚至把道教的“借外丹力修内丹”的修炼方法也引进了佛教。禅宗是一个典型的儒、释、道三教结合的派别，它在坚持佛教立场、观点和方法的同时，将老庄的自然主义哲学、儒家心性学说都融入自己的禅学中去。

禅宗五祖弘忍大师在湖北的黄梅开坛讲学，手下有弟子五百余人，其中翘楚者当属大弟子神秀。弘忍要在弟子中寻找一个继承人，所以他就对徒弟们说，大家都做一首诗，看谁做得好就传衣钵给谁。神秀半夜起来，在院墙上写了一首“身是菩提树，心为明镜台。时时勤拂拭，勿使惹尘埃”。第二天早上大家看到的时候都说好，弘忍看到了以后却没有做任何的评价。厨房里的一个伙头僧听到后，也做了一首诗，请别人写在了神秀诗的旁边：“菩提本无树，明镜亦非台。本来无一物，何处惹尘埃。”弘忍法师认为这才是悟道了，便将衣钵传给了伙头僧。十年后这名僧人在福建莆田少林寺创立了禅宗南宗，是为六祖惠能。

唐朝开国的几个皇帝都笃信道教，在他们的统治下，三教发生过一些冲突，但到玄宗时已改变了这种情况，三教关系又开始融洽起来，并得到了发展。玄宗对待三教关系的原则是“会三归一”、“理皆共贯”。道教中玄派的代表人物如成玄英、李荣、王玄览等都援庄入老，援佛入老，通过对佛、老的巧妙结合，发展了道教的教义，对后世有重要的影响。

宋元以后，儒、佛、道三教之间的融洽关系日益见深，“合一”的思潮为中国学术思想发展的主流。南宋偏安后，南北出现了对峙的局面，因而在道教中也出现了龙虎、天师、茅山、上清等派及其分支，这些派别大都提倡“三教平等”、“三教一源”的思想，并在道教的哲理和实践中摄取了很多儒、释的内容，其中最突出的是金丹派南宗的祖师张伯端。他以修炼性命说会通三教，他提倡的修炼方法是：“先以神仙命脉诱其修炼，次以诸佛妙用广其神通，终以真知觉性遣其幻妄，而归于究竟空寂之本原。”他的修持方法明显是三教的结合。在北方影响最大的是王重阳在金大定年间创立的全真教。王重阳和他的弟子鼓吹“三教归一，义理本无二致”的思想。但是全真教道士高唱的“三教同源”与南北朝时期鼓吹的已有不同，前者着重于融通三教的核心即义理方面，特别是道、禅的会融；后者则是从劝民从善的社会作用方面着手。

在宋明时期，儒学经过了第二次改造，出现了理学。宋明理学的思想体系中明显地可以看出吸收了释教的“空有合一”的本体论，“顿渐合一”的认识论，“明心见性”、“返本复初”的修持观等，因之有人说是“阳儒阴释”，或者“三教合一”的新形态。

理学的开山祖周敦颐的著作《太极图说》明显地是三教融合为一的代表作。二程主张“性即理”，强调“天理”与“人欲”的对立，并通过内心的修养功夫来“窒欲”，以恢复天理，这明显地受到过佛教心性论和禅宗修持方法的影响。

朱熹是理学集大成者，是竭力排斥佛教的一个人物，但是在他的哲学思想中，无论从本体论、认识论到修持方法无不打上佛教的烙印，有人说他是“阳儒阴释”，“表儒里释”，他自己也感叹说：佛教的“克己”，“往往我儒所不及”。

王阳明是心学的主要代表，通观他的“良知”道德本体论及“致良知”的修养方法，与禅学的佛性论及修持方法有着很多相通之处。

总之，理学派的“援儒入佛”、“儒道契合”使儒学在很大程度上佛学化、禅学化、道教化，使三教之间的鸿沟，变得越来越小，终至汇成一源。

三、“三教合一”对中国周边国家的传播和影响

韩国、朝鲜、日本、越南都是与中国一衣带水的近邻，远在两千年前或更早

的一些时候就与中国发生过政治、经济、思想和文化的关系。随着儒、释、道三教传入这些国家，“三教合一”的思想与当地的民间信仰、文化结合以后，孕育了很多新的思潮。

（一）朝鲜半岛

公元前1世纪前后，朝鲜半岛及其周围出现了百济、高句丽、新罗三国。中国的儒学开始传入，而后，佛教的各个派别也相继传播。道教思想是在4世纪时开始传入百济，但正式被引进高句丽要在7世纪以后。

三教最早汇合于6～7世纪新罗出现的花郎道，它是以修养为目的的武士团体，后来还一度成为国家的最高宗门。他们把儒家的忠孝、道家的无为和佛教的积善思想融合成一个具有民族伦理特点的道德观，以此来培养忠君爱国的思想。后来唐朝道士叔达等8人应邀去高句丽，备受款待，这是高句丽朝廷对“三教合一”的重视，也是当时的主流思想。

14世纪李朝建立后，独尊儒术，在以后的500年间，朱子学和性理学一直在朝鲜处于绝对统治的地位。李朝末年，朝鲜在西学的冲击下，出现了东学运动。东学是针对天主教的西学而言的，它是一种具有民族特色的宗教社会思潮，它的教理和实践是把儒、佛、道的思想加以折中调和而形成的。东学天道教的首创者崔济愚称:“我道兼儒、佛、道三教，圆融为一，主五伦五常，居仁行义，正心诚意，修己及人，取儒教；以慈悲平等为宗旨，舍身救世，洁净道场，口诵神咒，手执念珠，取佛教；悟玄机，蠲名利，无欲清净以持身，炼磨心神，终末升天，取道教。”

自东学创始以后的130年间，它推动了朝鲜近代史上多次爱国的民族、民主运动，如1884年的东学革命运动，1904年的甲辰开化运动，1919年的“三一”独立运动等，迄今在南北统一运动中还有着明显的影响。自东学运动至8·15朝鲜半岛获得独立的80余年中，朝鲜出现了将近80余个新兴“类似宗教”。这些宗教教理结构的共同特征是：在继承朝鲜半岛固有民族信仰——“神教”的基础上，力图与儒、释、道相结合，它们常常摄取儒家的伦理道德观念，佛教的明心见性的思想和道教的养气炼神的修持方法，创造出人民群众喜闻乐见的教派形式。

（二）日本

“三教合一”的思想在古代日本也有长远的影响。5世纪初儒学传入日本后，6世纪中叶佛教也经过朝鲜半岛传入日本。道教何时传入没有明确记载，但有一点是可以肯定的，在中国六朝时期，东渡日本的汉人已经陆续把道教的思想和行事传入日本。日本的神道教在当时接触中国道教之后，才渐趋定型。在大化革新时期，圣德太子颁布的十七条宪法的主要根据是儒家的思想，如“以和为贵”、“以礼为本”、“信是义本”、“使民以时”等；也杂有佛教思想，如“笃信三宝，三宝者佛、法、僧也”。另外，老庄思想的痕迹如“绝餐弃欲”、“绝念弃慎”等也可以从中追索。大化革新以后，“三教合一”思想继续深入传播，例如元正天皇于721年发出的诏书中说：“周礼之风，优先仁爱，李释之教，深禁杀生。”

儒、释、道三教对日本民族固有的宗教——神道教的影响是巨大的。在古代，外来的释、老、儒传入日本后，便与神道结合起来。到13世纪，神、佛融合的教义形成了体系，迄南北朝时代，出现了以神道为核心，援入儒、佛、阴阳道的理论为信仰基础的伊势神道。在中世纪末时产生了吉田神道，这个神道宣称：道教所谓老子大元说的大元尊神——国常立尊是宇宙的本原。神乃万物之灵形成人心而普遍存在，心有喜、怒、哀、乐、爱、恶、欲七情，并从佛教《法华经》那里吸收了“正法”的说法。到了近世，神、儒融合的民间神道和教派神道相继产生，这些神道随着朱子学成为德川官方的统治思想体系，融入了儒家的学说，例如，垂加神道是以理学为主，倡导“天人合一”和大义名份的封建伦理道德，另外还糅合了道教的阴阳五行学说。

宋明理学从13世纪传入日本后一直依附于佛教，到江户时期，在德川幕府的支持下，开始从佛教中分离出来，但分离出来的儒学仍然杂有释、道的成分。日本近世儒学体系主要有朱子学派、阳明学派和古学派。这三个学派都以儒教伦理道德学说为核心，提倡封建名份和尊王攘夷的思想，但不同于中国的是，有些人常常把理学与神道思想结合起来，因此使理学不但佛、道化，而且神道化。

（三）越南

关于儒学的经义何时传入越南，众说纷纭。一般认为，汉字传入越南大概在秦始皇吞并六国统一中国文字的时候，当时中国北方有个叫赵佗的人统一了交趾、九真等三郡，建立了南越国。越南史学家评论赵佗说：“文教振乎象郡，以诗书而化训国俗，以仁义而固结人心。”公元1世纪时，儒家的经义和汉朝的学校制度传入交州。

奠定越南儒学基础的是统治交州40年的士燮，他在那里传播《左氏春秋》等经学，《大越史记全书·外纪》称赞他说：“我国通诗书，习礼乐，为文献之邦，自士王始，其功岂特施于当时，而有以远及于后代，岂不盛矣哉！”当时中国中原动乱，士人避难交趾者很多，其中首先传播“三教一致”思想的是牟子，他著有《理惑论》，认为道家的真人和儒家的三皇五帝是相匹配的，佛教的教义和儒、道的学说也有共同之处。

越南位于印度和中国之间，佛教传播之初曾经起过桥梁的作用，在8世纪前，越南的佛教受到印度的影响较大，但在此以后便渐渐转向中国，并成为北传大乘佛教的一个重要支脉。

越南在中国的五代时期开始建立拥有主权的独立国家，中经丁朝（公元968—980年）、前黎朝（公元980—1009年）、李朝（公元1010—1225年）、陈朝（公元1225—1440年），这个时期正值越南封建主义发生和发展的阶段，统治者采取了一系列加强中央集权、富国强兵的措施，因而社会安定，文化繁荣。丁朝、前黎朝和李朝都以佛教为国教，国师皆以造诣颇深的僧侣担任，形成了“帝与僧共天下”的局面；但为了团结更多的民众，这些王朝都采取三教并行的政策，宣传“三教一致”的思想，并从制度上加以保证、贯彻。

丁朝于太平二年（公元971年）规定文、武、僧、道的品阶，僧官有国师、僧统、僧录、僧正等职称。陈朝和李朝取仕还实行儒、释、道三教分别考试的制度，选拔这些宗教中的优秀人才为国家服务。李朝因受中国北朝的影响，特别奖掖道教，使之与儒、佛处于同等的地位。李朝二百年间三教并重的事实，史书记载不绝。

中国宋代以后程朱理学在思想领域占有主导地位，这种情况对越南也产生了深远的影响。15世纪黎朝建立后，一反前几个朝代三教并行的方针、政策，独尊儒教，提倡尊孔读经，推行程朱理学，并对佛教进行排斥或者加以严密监管。阮朝统一越南后，仍推行崇儒抑佛的政策，佛道一蹶不振，在朝廷中的势力完全丧失，但在民间特别在农民中间还有一定影响。18~19世纪越南最后一个王朝——阮朝覆灭时，一些著名的儒生抱着兴邦救世的强烈愿望，希望从过去历史中寻找经验教训，认为儒、释、道三教并存的体系是越南历史中带有普遍规律性的现象，于是又重新提出“三教同源”说。

第八章　清代考据　崇实黜虚

清代是中国最后一个封建王朝，为了巩固统治，清王朝自建立之初就对文化实行钳制，严禁结社，大兴文字狱。但同时，统治者又采取一些缓和矛盾与怀柔笼络的措施，如经济上免除明末加收的“三饷”；奖励垦荒，屡次豁免灾区的多年赋税，减轻农民负担。在政治、文化上，朝廷继续推行科举考试，另开博学鸿词科，以功名利禄笼络知识分子，提倡程朱理学，宣扬纲常名教。清代文化一度出现兴盛景象。

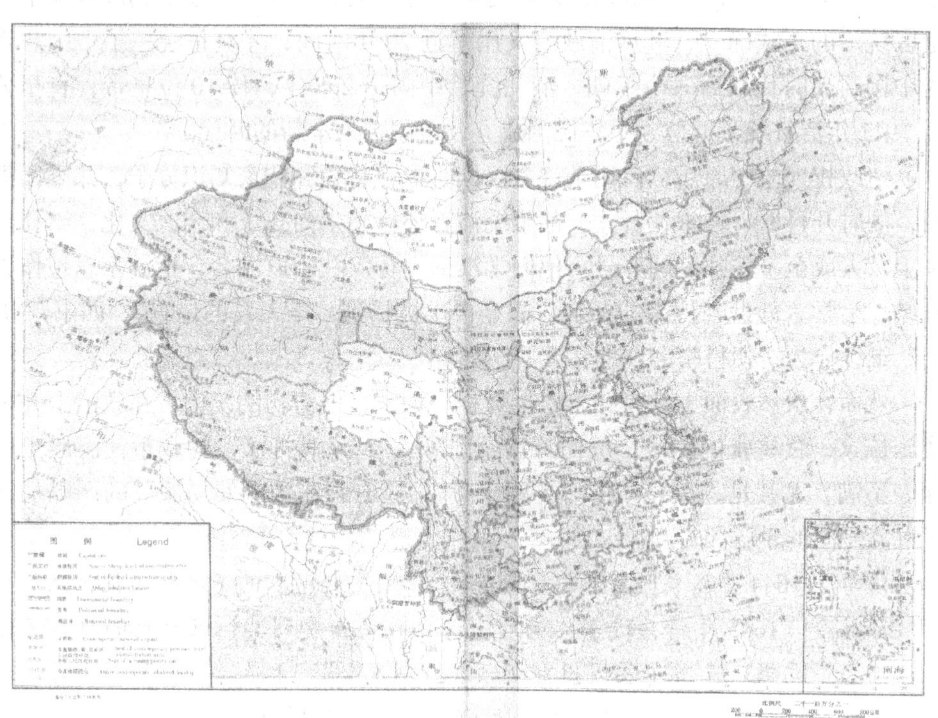

清朝疆域图（嘉庆二十五年，即 1820 年）

第一节　思想文化背景

公元 1583 年，努尔哈赤以祖父、父亲遗留下来的十三副甲胄起兵，经过五年征战，终于统一建州各部，建立后金汗国。为了巩固实力，努尔哈赤一面对明王朝俯首称臣，接受明朝封赐，另一方面在建州女真中建立八旗制度，把分散的部族组织起来，进行统一的生产和战争。公元 1618 年，羽翼渐丰的后金开始在东北地区对明朝进行攻击，并在短短几年之内攻占了辽东大部分地区，迁都沈阳。公元 1636 年，努尔哈赤的儿子皇太极改国号为“清”，他秉承父亲遗志，于公元 1642 年统一了东北地区，开始为正式入主中原做筹备。

公元 1644 年春，农民起义军领袖李自成进京，向破败不堪的明王朝发起最后攻击，清摄政王多尔衮趁乱率大军南下，准备夺取天下。镇守山海关的明将吴三桂降清，并与多尔衮联兵击败李自成。自此，清军一路通行无阻，顺利进入北京。同年十月初一，顺治帝在北京举行定鼎登基大典，这标志着清朝政权在中原地区统治的正式确立，其后清政府又用了近 20 年时间，才真正统一了中国。作为中国封建时代最后一个王朝，清朝统治中国达 268 年，传 10 位皇帝，直至公元 1911 年清宣统帝退位，中华民国成立，中国进入全新的时代。

清政权入主中原后，启用了许多汉族官员、将领和儒家知识分子，并委以重任，同时开科取士，举荐贤才，甚至统治者还标榜崇尚孔子和儒家文化，给孔子加上“大成至圣先师”的尊号。他们学汉话、行汉礼、取汉名，把儒家思想作为理政、治学、处世、待人的标准，朱熹再次被抬到“圣人”的位置，“四书”“五经”继续作为清朝科举考试的标准答案。

然而，虽然表面上崇尚孔子，推尊程朱理学，但清初的统治者在政治上并未实施儒家一贯主张的仁政，反而野蛮剥削汉人。“崇满抑汉”的政策使汉族士民深表不满，尤其是入关之初的“扬州十日”，还有强制“剃发易服”的严酷加剧了民族之间的矛盾和对立。

清军于 1644 年入关时曾颁发“剃发令”，因引起汉人的不满和反抗，只好公开废除此令。1645 年清兵进军江南后，汉臣孙之獬受到其他汉大臣的排挤，恼羞成怒之下向摄政王多尔衮提出重新颁发“剃发令”。于是，多尔衮下令再次颁发“剃发令”，规定清军所到之处，无论官民，限十日内尽行剃头，削发垂辫，不从者斩。其执行口号是：“留头不留发，留发不留头”。汉族人民为保护世代相承的文物衣冠进行了此起彼伏的斗争，历经 37 年之久。清朝统治者对此进行了暴力镇压，造成诸如“嘉定三屠”等惨剧。剃发易服与文字狱、屠城、圈地、投充、逃人、禁关并称“清朝六大弊政”。但是它也促进了满族和汉族的民族融合，加速了满汉之间的文化交流，加速了满人的同化。当然，这是当初一心维护旧俗的满洲贵族始料未及的。

清朝确立统治权后，采取了一系列有利于经济恢复的措施，使农业、商业很快出现了兴盛的景象，百姓的生活逐步稳定，安居乐业。但政府对思想上的控制达到了空前严苛的地步，多次制造“文字狱”，惩治极重，牵连甚广，使人民处在“所遇多亲知，摇手不敢言”的精神恐惧状态中。面对如此高压的文化政策和恐怖的文化气氛，汉族知识分子人人自危，知识界出现了万马齐喑的局面。

文字狱

文字狱历朝皆有，但清朝最多，从康熙到乾隆，就有 10 多起较大的文字狱，被杀人数之多可想而知。雍正八年（公元 1730 年），翰林院庶吉士徐骏在奏章里，把“陛下”的“陛”字错写成“狴”字，雍正见了，马上把徐骏革职。后来再派人一查，在徐骏的诗集里找出了“清风不识字，何事乱翻书”、“明月有情还顾我，清风无意不留人”等诗句，于是雍正认为这是存心诽谤，照大不敬律斩立决。

雍正十一年（公元 1733 年）下诏征举士人，想学康熙重开博学鸿词科，谁知响应寥寥，只得作罢。人才凋零，文治废弛，一至于此，文字狱的消极影响于此可证。

但是，这样的政治高压也激起了一大批优秀知识分子的抗争之心，涌现出以黄宗羲、方以智、顾炎武、王夫之、颜元、戴震等为代表的思想家和学者。他们以开放的思想和犀利的笔锋，批判了封建专制主义，宣扬经世务实之学（即考据学）来推动国学不断发展。他们治学严谨、勇于创新，阐发了令人耳目一新的政治和哲学观点，开创了继宋明理学之后又一轮全新思潮，使国学呈现出由性理之学转向考据之学、崇实黜虚、注重启蒙的特点。

第二节　主要学说流派

一、实学

实学有广义、狭义之分，广义实学是指自先秦以来注重现实、经世致用的学问；而狭义实学则是指发轫于北宋中叶、昌盛于明末清初，针对明末居敬主静、明心见性的理学及“束书不观、游谈无根”的王学末流所造成的种种积弊进行理性反思和深层批判的基础上形成的一股社会变革思潮。

清初实学在力矫晚明颓习的基础上，易主观玄想为客观考察，改空谈为实证，把学术研究领域扩大到自然和社会的众多实际领域，如天文、地理、九经、诸史、风俗、吏治、财赋、典章、制度等。其代表人物有顾炎武、黄宗羲、王夫之等。

顾炎武

顾炎武，字忠清，江苏昆山人，人称亭林先生，后人尊称他为清代的“开国儒宗”。顾炎武“综贯百家，上下千载，详考其得失之故，而断之于心，笔之于书，朝章国典，民风土俗，元元本本，无不洞悉，其术足以匡时，其言足以救世”。顾炎武一生治学的方向可以用“经世致用”来概括，他把治学和培养道德情操联系起来，治学和培养道德情操都是为了经世济民。在治学方法上，“每一事必详其始末，参以证佐”。

清军进入江南时，顾炎武的两个弟弟被杀，母亲绝食自尽，她留给儿子的遗言是“勿为异国臣子”。料理完母亲丧事后，顾炎武参加了苏州的抗清义军，不久兵败，他辗转于太湖沿岸，继续秘密的斗争。后来眼见反清复明无望，顾炎武变卖家产，孤身北行，用两头骡子、两匹马驮载着他平生所读书籍，开始了长达二十多年的著述和游历生涯。朝廷因他的学术造诣闻名朝野，曾几度征聘其入朝为官，都被他拒绝了。公元1682年，70岁的顾炎武病逝于山西。

顾炎武一生致力于纠正空谈心性的流弊，提出“经世、博文、修己”的实学，为国学再造扫清了道路。特别是他提倡的“博学于文，行己有耻”，强调追求知识、博闻强识，同时也要学习社会伦常道德，不仅在当时的社会上产生了积极的影响，对后世也富有启迪意义。积30年之功完成的百科性质的学术巨著《日知录》在康熙中叶刊行后，成为清代几乎所有学科的必读之书。书中所倡学者要有敢于怀疑的精神，不可盲目附从，贵独创而不依傍蹈袭，开创了全新学风。而他的“天下兴亡，匹夫有责”则成为千万仁人志士为了国家和人民利益而甘愿赴汤蹈火的强大精神力量。

就在顾炎武为新国学的发展开辟道路时，与他同一时期的黄宗羲也不甘落后，他用全新眼光审视时代，致力于开创全新学风，成为一代考据大师。黄宗羲，字太冲，号梨洲，又号南雷，余姚（今属浙江）人，明末清初思想家、文学家，与孙奇逢、李颙并称“三大儒”。他深受王守仁心学影响，提倡以修儒为心学之本，以慎独为入德之要。力主穷经、治史，他指出：“学者必先穷经、经术，所以经世。不为迂儒，必兼读史。读史不多，无以证理之变化；多而不求于心，则为俗学。”倡导经世致用，开创一代求实学风，成为清代史学之祖。批判宋代理学空谈性命和治学，不以“六经”为根柢，谓：“儒者之学，经纬天地，而俗世乃以语录为究竟，仅附答问一二条于伊洛门下，便厕儒者之列，假其名以欺世。”哲学上，主张气本论，认为“理为气之理，无气则无理”；在道器关系上，坚持“器在斯道在，离器而道不可见”的观点；在理心关系上，认为“我与天地万物一气流通，无有碍隔，故人心之理，即天地万物之理”，力主“心即气”的观点。

黄宗羲最为可贵之处，在于继承和发展了孟子的“民贵君轻”思想，提出“天下为主，君为客”。著述《明夷待访录》揭露了专制君权的起源和实质，要求通过议政加强法治，限制君主的专制权力，这种民主思想，虽然在当时难以实现，却如电闪雷鸣一般震撼了窒息已久的思想界。

黄宗羲

王夫之

王夫之，字而农，号姜斋，衡阳（今属湖南）人，世称船山先生，明清之际思想家。王夫之以“六经责我开生面，七尺从天乞活埋”为己任，有鉴于明代学术蛊坏，世道偏颇，强调将理性思辨与经验见闻相结合，以求“思学兼致之实功”。其学术贡献不仅以博大精深的哲学思辨见长，而且“江山险要，士马食货，典制沿革，皆极意研究”。哲学上，他提出“理在气中”的命题，认为“气者，理之依也”。在道器观上，认为“道不离器”，指出“天下惟器而已矣。道者器之道，器者不可谓之道之器也”。他是中国历史上第一个提出物质不能创造出来、也不能被消灭的“物质不灭”理论的哲学家，对促进自然科学的发展有很大的帮助。而“唐虞无吊伐之道，汉唐无今日之道”的思想则成为近代社会变革的理论武器。

清代实学产生于“天崩地解”的明清之交，其在痛定思痛中高扬的“经世”思想深刻影响了整个清代儒学历程。后来的颜李学派、浙东史学，特别是在晚清中华民族生死存亡之际的晚清儒学，都从清初的实学中汲取了丰富的动力。

二、颜李学派

颜李学派是清代初期思想领域颇具影响的一个学术流派，因该派的创始人为清初北方著名学者颜元与李塨而得名。颜李学派标举“实学”，主张“实文、实行、实体、实用”，与清初官方提倡的宋明理学相对立，在社会上产生过相当大的影响，被称为“颜李之学数十年，海内之士靡然成风”。

颜元，字易直，又字浑然，号习斋，清初思想家、教育家。颜元一生以行医、教学为业，继承和发扬了孔子的教育思想，主张“习动”、“实学”、“习行”、“致用”几方面并重，亦即德育、智育、体育三者并重，主张培养文武兼备、经世致用的人才，猛烈抨击宋明理学家“穷理居敬”、“静坐冥想”的论点。著作有《四存编》、《习斋记余》。

颜元主张以周公的六德、六行、六艺和孔子的四教来教育学生。在他开设的讲堂上，安放着琴、竽、弓、矢、筹、管，他每日带领学生从事礼、乐、射、书、数的学习，探究兵农水火等实用之学。颜元不仅教育学生“习动”，而且身体力行。他武艺出众，57 岁时与商水大侠李子青比武，“数合，中子青腕”，足见他老年时仍保持着矫健的身手。62 岁时，应郝公函之聘，主持肥乡漳南书院。他亲自规划书院规模，制定了“宁粗而实，勿妄而虚”的办学宗旨，这比较集中地反映了他的教育主张。

颜元一生培养了众多的学生，有记录可查者达 100 多人，其中李塨是他最得力的继承者和传播者。李塨坚持并发展了颜元的理气一元论的唯物主义思想。他对理学家离事言理的唯心主义说教进行了猛烈的抨击：“自宋有道学一派，列教曰：‘存诚明理’，而其流每不诚不明。何故者？高坐而谈性天，捉风捕影，纂章句语录，而于兵农、礼乐、官职、地理、人事、沿革诸实事，概弃掷为粗迹。惟穷理是文，离事言理，又无质据，且认理自强，遂好武断。”

李塨还有一段精辟的言论，明确提出“理在事中”、“理气不二”的唯物主义论断：“朱子云：‘洒扫应对之事，其然也，形而下者也。洒扫应对之理，所以然也，形而上者也。’夫事有条理曰理，即在事中。今曰理在事上，则理别为一物矣。天事曰天理，人事曰人理，物事曰物理。诗曰：‘有物有则’，离事何所谓理乎？”

在认识论上，颜、李都强调因行得知，不能离行言知。但二人也有差异。颜元最强调的是习行，认为儒家“格物致知”的传统命题中，“格”就是“行”，就是“犯手实做其事”。人的认识是行先知后，“手格其物，而后知至”。这表明，他最注重感性知识、实践活动在认识过程中的作用。而李塨的看法是，如果只强调读书或只重力行，都是片面的：“不以读书为学，则返之而以力行为学矣，皆与圣经不合。”他认为每个人必须先进行学习，获得真知，才能身体力行。他对“格物致知”的解释是：“格物致知，学也，知也。诚意、正心、修身、齐家、治国、平天下，行也。”又说：“致知在格物者，从来圣贤之道，行先以知，而知在于学。”这表明，他比较注重理性认识、间接经验在认识过程中的作用。应该说，这是对颜元重习行认识论的一个必要补充。

颜李学派的主要思想大致有以下几个方面：

第一，批评宋明理学的空疏，崇尚实学。颜元提出，程朱是与孔孟对立的，所以“必破一分程朱，始入一分孔孟”。他认为儒学的真谛在于“申明尧、舜、周、孔三事、六府、六德、六行、六艺之道，大旨明道不在诗书章句，学不在颖悟诵读，而在期如孔门博文约礼，身实学之，身实习之，终身不懈者”。所谓“六府”，即水、火、金、木、土、谷；“六德”，即知、仁、圣、义、忠、和；“六行”，即孝、友、睦、姻、任、恤；“六艺”，即礼、乐、射、御、书、数。李塨继承了颜元的这一思想，批评宋明儒者专为“无用”之学，认为学术研究的目的是有益于世道，倡导亲身习行践履。他与颜元一样，强调学者要能干实事，有用于世，致力于“礼乐兵农之学，水火工虞之业”。颜元的另一个重要弟子王源，也揭露程朱理学的虚伪不实，主张学校培养学生要以六德、六行、六艺教习学者，造就实用人才。

第二，反对宋明理学家所说的“天命之性”和“气质之性”，盛赞孟子的“性善论”。颜元认为，天下没有“无理之气”，也没有“无气之理”。他认为只有气质之性，才是人性，他赞同孟子确定人性本善是有功于万世，强调理、气、性、形不二，指出人的恶行是由后天的“引蔽习染”而导致的结果，并提出性、情、才三者相统一的人性论。李塨认为“气外无理”，主张理气不可分，提出“理在事中”，还进一步发扬颜元注重实际知识的思想，认为“纸上之阅历多，则世事之阅历少”。

第三，效法三代，力主复古。颜元主张恢复井田、封建、学校的“王道”政治，又提出以“垦荒、均田、兴水利”七字富天下，以“人皆兵、官皆将”六字强天下，以“举人材、正大经、兴礼乐”九字安天下。李塨强调要“考古证今”，在是否应回到“封建”制问题上，李塨认为“惟封建以为不必复古。因封建之旧而封建，无变乱；今因郡县之旧而封建，启纷扰”，这就是说，当时改郡县为封建是一种“复古”，它将给社会带来不安定的因素。对此，李塨、颜元师徒之间“商榷者数年”，最终未能取得一致意见。

同属于颜李学派的还有康熙、乾隆年间的恽皋闻和程廷祚。恽皋闻曾仰慕颜李的学问，前去蠡县拜访颜元。这时颜元早已去世，于是他从李塨处求取颜元的著作，进行认真地研究，自称是颜元的弟子。他与李塨往复切磋学问，深得颜元思想的精粹，李塨曾称赞他说：“颜先生之道南也！”程廷祚则继承了颜元、李塨的关于“气”的思想，认为“自天地而下，一气而已”；批评程朱理学家的先有理后有气，万物之理便是太极的思想；肯定颜、李关于人性即气质之性的观点，认为人性之善源于阴阳二气之善。他是当时传播颜李学派思想最为著名的学者。

后来到了乾嘉之际，考据学兴起，汉学研究成为学界的主流，颜李之学已不为学者所注目，他们的著作大都散佚。直到清同治八年（公元 1869 年），浙江德清学者戴望首次汇辑《颜氏学记》，公开表彰颜李学派，颜李学派的学术思想也再度成为近代学界的热点。

三、乾嘉学派

乾嘉之际，学风大变。百余年间形成“古典考据学独盛”的局面，汉学“几乎独占学界势力”。《清经解》收录考据名著 157 家 188 种 1408 卷，其中大多数是乾隆、嘉庆年间的著作，世称“乾嘉学派”，也称“考据学派”。该派主张为学应先求而后得，先学而后知，提倡治学要经世致用，强调“六经之旨与当世之务”的结合。他们还反对空谈性理的宋明理学，但又从宋学中继承了辨疑的优点，既提倡“考查一字之义，必本六书，群经以为定诂”的求是精神，又提倡学与思的结合，“打破沙锅问到底”的辨疑精神。

乾嘉学派的出现，是清朝统治阶层残酷镇压和笼络羁縻臣民政策的产物。雍正、乾隆时期，清朝的统治获得了相对的稳定，对文人采取了严酷的统治政策，尤其是乾隆时期，屡次禁毁书籍，大兴“文字狱”。当时的文人学士不仅不敢抒发己见、议论时政，即使是诗文奏章中有一言一名的疏失，也可能招致杀身灭族的惨祸，因此文人只得把时间和精力用在古代典籍的整理上，寻章摘句，逃避现实。

乾嘉学派分为吴派和皖派两派。吴派得到皇帝的支持，皖派则得到学术界的推崇。吴派即苏州学派，以惠栋为开创者。该派主要特点是博而尊闻、罕及义理、信古尊汉、述而不作。吴派的其他代表人物还有钱大昕、孙星衍、王鸣盛、洪亮吉等。皖派即徽州学派，以戴震为创始者。该派从音韵训诂入手，直探儒家经典义理，主要特点是通人情、致实用、断制谨严、条理绵密，研究范围较吴派为大。其经学宗旨为：欲明经义，必先考订文字，训诂音义，“经之至者道也，所以明道者其词也，所以成词者字也。由字而通其词，由词而通其道”。皖派的其他代表还有王念孙、王引之、段玉裁、孙诒让等，他们在音韵、文字、训诂诸方面都有卓越的创见。

与清代中叶其他经师钻故纸堆不同的是，戴震考据学的出发点在于有意识地继承并发扬顾炎武以来的学术传统，他提出“由故训以明义理”、“执义理而后能考核”的学术思想，既反对程朱理学空谈义理的虚玄无物，又反对乾嘉考据的矫枉过正。他说：“凡学始乎离词，中乎辨言，终乎闻道。”“离词—辨言—闻道”，构成了戴震哲学的主体框架。在戴震看来，故训明物，乃是明道之具，两者是不能分开的。他说：“夫今人读书，文字之鲜能通，妄谓通其语言；语言之鲜能有通，妄谓通其心志。”戴震的意思是，义理、考据、文章（词章）同为学问之途，“义理即考核、文章二者之源”，义理是最为重要的，考据、词章只不过是通向义理的手段。这直接导致了戴震的考据学具有与众不同的性质：“有志闻道，为非求之《六经》、孔、孟不得，非从事于字义、制度、名物，无由以通其语言。宋儒讥训诂之学，轻语言文字，是犹渡江河而弃舟楫，欲登高而

戴震

无阶梯也。”

尤其是戴震借助对《孟子》的再次诠释，重新定义了理、天道、性、才、道、仁、义、礼、智、诚等哲学范畴，在继承并尖锐批评程朱理学的同时，展现了自己的哲学思想。他坚持“气化即道”的宇宙观：“道，犹行也；气化流行，生生不息，是故谓之道。”并且说：“阴阳五行，道之实体也。”也就是说，阴阳五行永不停息的运动构成了道的真实内容。戴震认为，宇宙生命及其变化的源头是“仁”，“仁”是“生生者”，“变化之流”是“生生之条理者”，即“理”。换言之，人道本于性，而人性源于天道；天道固无不善，人道、人性自然也就无不善。于是，人的生命价值与宇宙生命的意义就融汇于“天人合一”的境界：基于本然之德，归于必然之常，以全其自然之顺。戴震最大的理论贡献在于打破了“天理”、“理”的神圣性、神秘性，他用分析的方法将其还原为不同类与不同事物的规定性，借助先秦两汉时期质朴、平实的经典释诂，指出所谓“天理”就是天然的、自然而然的道理。宋儒将“理”与“欲”截然对立，戴震则认为，“理”与“欲”是统一的，欲望的适当满足就是“理”，“理者，存乎欲者也”。他十分注重人的血气心知，“人生而有欲、有情、有知，三者，血气心知之自然也。惟有欲有情而又有知，然后欲得遂也，情得达也”。欲、情、知是天赋的人性，天赋人以“心”，即理性思维来调节作为感性存在的人。换言之，人欲并不可怕，也不是邪恶的，追求人欲的满足是正当的人性要求。欲、情、知三者条畅通达，才是人生的理想状态。

戴震以“理欲一元”的论说，打破了程朱理学“理欲二元论”的藩篱，并且视程朱之“理”为专制主义的“残杀之具”：“尊者以理责卑，长者以理责幼，贵者以理责贱，虽失，谓之顺；卑者、幼者、贱者以理争之，虽得，谓之逆。于是下之人不能以天下之同情、天下所同欲达之于上；上以理责其下，而在下之罪，人人不胜指数。人死于法，犹有怜之者；死于理，其谁怜之？”诸如此类的论述在辛亥革命和五四运动时期都十分流行。这些思想在客观上反映了当时市民阶层的平等要求，包含着启蒙思想的因素，是中国文化现代转型的先声。

盛极一时的乾嘉学术，在训诂、考据、音韵、文字诸方面所取得的成就是空前的，其精密、严谨的治经方法，也有很高的学术价值。但是，在专制政治和文字狱的威压下，这百余年的思想文化界在总体上是沉闷的，乾嘉儒学与清初儒学相比较，明显有由“经世”向“逃世”的退化趋向。

清代之前，旧有的学术研究长期致力于对于古代经典的阐述，处处讲求微言大义，而对于经典本身的真伪却不闻不问。至清代时期，“疑古”学风达到一定的高度，学者在梳理旧有经典过程中，证实了很多被前辈学人奉为圭臬的经典为前人伪作，开一代学术疑古之风气。他们对古代经典的细心整理，为后来学者的学习研究工作提供了坚实的基础。但是，乾嘉学派也存在着严重的缺点：脱离实际、烦琐细碎。脱离实际，主要表现在存古薄今、舍本求末。他们考订问题，用形式逻辑的归纳法，把同类材料罗列一起，旁征博引，然后得出结论，只讲证据不讲道理。造成了不通世务，不切实用，考据越细越是没有结果。烦琐细碎，主要表现在许多考据家的作品都是以繁为贵，一字的偏旁、音训考证动辄千言。为了标新立异，解释一个字的古义，疏至盈千累百，议论不休。结果是杂引衍流，不知所归。学者们毕生的精力，耗于一字一句的正讹、一名一词的渊源，造成很大的浪费。嘉庆以后，有人从不同的角度对考据学派提出异议和批评，乾嘉考据学也开始由极盛转向衰落。

道光以后，清王朝摇摇欲坠，加上西方殖民主义势力的入侵，封建士大夫再不能不问社会的现实问题，于是，学术风气久经酝酿而发生了一个较大的变化，沉沦千余年的今文经学得以复兴。学者纷纷舍弃文字训诂，转而从事“经邦济世”之学。而后章太炎重倡顾炎武“博学于文，行己有耻”之学，以伸张其政治主张，是汉学的一个光辉结束。

四、今文经学

清代“今文经学”是继清代乾嘉“古文经学”衰落之后，于道光年间前后复兴再起的中国传统儒学的重要派别和学术思潮。它的开创者是庄存与，而其真正奠基者则为刘逢禄、宋翔凤，复兴发扬者则为龚自珍、魏源，继承延续者则为康有为、梁启超。由于庄存与、刘逢禄皆为江苏常州人，他们与其后学者或具有血缘关系，或存有师生之谊，且都推崇《春秋公羊传》和西汉“今文经学”，故清代“今文经学派”又被称为“常州学派”或“公羊学派”。

常州学派的兴起实际上是对乾嘉汉学的一次反动。这一学派以汉代“今文经学”为家法和理论来源，以《公羊传》和董仲舒、何休的著作为经学依据，其基本特色是借发挥孔子的“微言大义”来表达自己的历史哲学和政治态度，借“张三统”、“通三世”、“受命改制”等说法来做自己托古改制的理论依据。

庄存与，字方耕，号养恬，武进（今江苏常州）人。他治经虽然并未完全排斥古文经学，但不着重于名物训诂考据，而专力于阐抉经典义理，尤精于《春秋公羊》学，所著《春秋正辞》一书，为清代“今文经学”的第一部著作。他的经学思想特点主要表现在：第一，不拘汉、宋门户之见，重在阐抉经典义理，“于六经皆能阐抉奥旨，不专为汉、宋笺注之学，而独得先圣微言大义于语言文字之外”；第二，尊崇《春秋公羊》义理，重在讲求取法致用。

刘逢禄，字申受，号申甫，武进（今江苏常州）人。他笃守“今文经学”家法，专宗西汉董仲舒、东汉何休学说，反对东汉许慎、郑玄的“古文经学”，治经主张阐究微言大义，力攻乾嘉烦琐考据之学。他的学术思想标志着清代“今文经学”的真正兴起。刘逢禄的经学思想主要表现在：第一，博治儒家经典，宗归“今文经学”；第二，借助《公羊》义理，讲求经世致用。

继庄、刘二人之后，复兴发展了清代“今文经学”的主要代表人物是道光年间的龚自珍、魏源两位“今文经学”大师。梁启超曾评之说：“今文学之健者，必推龚、魏。龚、魏之时，清政既渐陵夷衰微矣，举国方沉酣太平，而彼辈若不胜其忧危，恒相与指天画地，规天下大计。考证之学，本非其所好也，而因众所共习，则亦能之；能之而颇欲用以别辟国土，故虽言经学，而其精神与正统派之为经学而治经学者则既有以异。……故后之治今文学者，喜以经术作政论，则龚、魏之遗风也。”

龚自珍主张“经世致用”，倡导学术要为现实政治服务，因此他致力于使学术研究密切地与现实政治社会问题相联系，研究的课题十分广泛。他“为天地东西南北之学”，研究地理学，而特别致力于当代的典章制度和边疆民族地理，撰《蒙古图志》，完成了十之五六；对现实政治社会问题也提出了积极的建议，主张抵抗外国资本主义侵略和巩固西北边疆。

随着生活经验和历史知识的增长，以及政治、学术思想的逐渐成熟，他深入探讨了天地万物以及社会文化的起源和发展问题，并把经史、百家、小学、舆地以及当代典章制度的研究完全统一起来，形成一个相当完整的历史观。他说：“周之世，官大者史。史之外无有语言焉；史之外无有文字焉；史之外无人伦品目焉。史存则周存，史亡而周亡。”他把古代的一切历史文化的功罪归结到史官，并以当代的史官即历史家自任。他认为史官之所以可尊，在于史官能站得高，从全面着眼做客观的、公正的现实政治社会的批判。这实际是要使历史和现实政治社会问题即“当今之务”联系起来，应用《春秋》公羊学派变化的观点、发展的观点，在“尊史”的口号下，对腐朽的现实政治社会做全面的批判，“不通乎当世之务，不知经史之施于今日之孰缓、孰亟、孰可行、孰不可行也”，这就是他“横天地之隐”的观点。

与此同时，他关心现实政治社会的重大问题，不断地提出批判和建议，始终不与庸俗官僚同流合污。道光十八年（公元1838年），林则徐奉命到广东查禁鸦片，他作了《送钦差大臣侯官林公序》，向林则徐“献三种决定义，三种旁义，三种答难义，一种归墟义”。主张严禁鸦片，坚决抵抗英国侵略者；主张和外国做有益的通商，严格禁止奢侈品的输入；驳斥了僚吏、幕客、游客、商贾、绅士等各式投降派的有害论调。在中英鸦片战争发生后，江苏巡抚梁章钜驻防上海，他写信给梁“论时事，并约即日解馆来访，稍助筹笔”，表示希望参加梁章钜的幕府，共同抵抗英国侵略者，更表现出坚决反抗外国侵略的爱国主义精神。

龚自珍在中年以后，随着仕途失意、感慨日深，思想也陷入矛盾、烦恼和痛苦，“坐耗苍茫想，全凭琐屑谋”。有时想以“搜罗文献”自慰，“狂胪文献耗中年，亦是今生后起缘”；甚至想“发大心”，寄幻想于佛教，以求超世间的解脱。但他爱祖国，关心现实，无法排除“外缘”，终于成不了佛教徒。龚自珍的思想就其主导方面说，批判不彻底，改良的目标也不明确，但他的政治思想和态度始终是积极的，他看到清王朝的现实统治为“衰世”，为“日之将夕”，确信未来时代的巨大变化，并寄以极大的热情和希望，也是始终一贯的。不可否认，龚自珍是一个近代资产阶级改良主义的启蒙思想家。

龚自珍

而龚自珍、魏源之后的今文经学家，如康有为、梁启超等，他们托“公羊改制之义”，提倡维新变法，直接推动了近代中国社会的进步发展。

光绪十四年（公元1888年），康有为参加顺天乡试，并上书光绪帝，请求变法维新，遭到拒绝。两年后，他晤见廖平，正式接受“今文经学”观点，著成《新学伪经考》、《孔子改制考》，借以宣传变法维新。《新学伪经考》主要是论证东汉以来的经学多出自刘歆伪造：“一、西汉经学，并无所谓古文者，凡古文皆刘歆伪作。二、秦焚书，并未厄及六经，汉十四博士所传，皆孔门足本，并无残缺。三、孔子时所用字，即秦汉间篆书，即以‘文’论，亦绝无今古之目。四、刘歆欲弥缝其作伪之迹，故校中秘书时，于一切古书多所羼乱。五、刘歆所以作伪经之故，因欲佐莽篡汉，先谋湮乱孔子之微言大义。”《孔子改制考》把孔子改造为托古改制的圣王，目的是借助于孔子的权威，宣传变法维新思想。梁启超把这两部书分别比做思想界的“大飓风”、“火山大喷火”，足见其在当时的影响力。

五、晚清儒学

1840年鸦片战争后，中国沦为半殖民地半封建社会，民族危机空前严重，伴随着西方强大的经济侵略，西方的思想文化也以空前的规模、力度和深度冲击着中国传统文化。儒学作为中国传统文化的主流，在面对这一文化危机的挑战时，主要产生了以下三种不同的主张：

第一，宋学派的经世致用说。该派以唐鉴为代表，追随者有倭仁、曾国藩等。宋学派强调儒者除自身守道外，尚应重视“辅世”、“救时”，因此，大多不尚空谈，重视躬行，而该派影响最大的主张是以曾国藩为代表的洋务派提出的“中学为体，西学为用”思想。这一思想不仅客观上冲击了儒家重道轻器的传统，而且从实际上影响了中国近代历史的走向。

第二，维新派的“今文经学”。该派以戊戌变法时期维新派领袖康有为为代表。他们打出“孔教复原”的旗帜，继承“今文经学”的传统，发挥《春秋公羊传》的思想学说，干预时政，并出于政治需要，对传统儒学实行尊孟抑荀，对宋明理学实行崇陆王贬程朱。他们还将西方的进化论与儒家的变易思想、三世说相结合，提出一套进化史观。

第三，国粹派的“古文经学”。该派的主要成员有章炳麟、刘师培、邓实等。他们以《国粹学报》和《国故月刊》为舆论阵地，主张发明国学，保存国粹，注重宣传中国传统文化，内容涉及经学、史学、音韵、训诂、诗词歌赋、金石书画等。他们宣传儒家重夷夏之防的思想，借以鼓吹反清排满的民族主义。认为“古文经”优于“今文经”，并通过为“古文经”辩诬，批驳康有为的孔子托古改制说，以反对改良。针对当时不少人“醉心欧化”、排斥传统文化的倾向，他们认为只有国粹才是真正的救国之方，抨击新文化运动为“功利倡而廉耻丧，科学尊而礼义亡，以放荡为自由，以攘夺为责任，斥道德为虚妄，诋圣贤为国愿”，带有浓厚的复古色彩。

到了清末，封建专制制度已然腐朽，而此时西方文明发生了划时代的变革，1840 年，强大的西方殖民者用坚船利炮轰开了中国的大门，侵略者纷至沓来。摆在知识分子面前的，已不单单是如何建立新国学的问题，也不再是讨论谁为正统的时候，如何面对中华民族正遭受西方列强大规模掠夺的事实，如何救国救民于水火之中，这才是事关存亡的天下第一大问题。可以说，近代国学正是在这样的环境下被迫开始寻找全新的途径。

第九章　西学东渐　国学之光

从明末清初开始的以传教士为媒介的中西文化交流，至鸦片战争以来欧风美雨挟同坚船利炮的大举入侵，虽然中西交往互动的方式乃至性质都发生了巨大的变化，但有一点却是毋庸置疑的，即中国社会的发展和变化日益受到外部世界的影响，中西文化碰撞冲突、交流互动，开启了国学的新篇章。

时局图

第一节　救国难，建新学

一、传教士与西学东渐

自《马可·波罗游记》在欧洲流传之后，中国便成为欧洲人梦寐以求的地方，遥远国度的财富吸引着冒险家们。大航海时代开始后，西方人的足迹踏上了东方的土地，16世纪前半期，葡萄牙人逐步窃据澳门，这里也就成为传教士们进入中国的第一个据点。

利玛窦是最早来华的耶稣教会士之一，他后来被称为“沟通中西第一人”。传教士不远万里来到神秘的东方，所肩负的任务是结交中国的士大夫阶层，博得中国人对西方文化的好感，从而使教会取得合法的地位。1582年，利玛窦经澳门进入中国后，便开始着力融入中国社会，他学中文，结交儒士，还给自己取了中文名字“西泰”。经过多方努力，他终于挤进中国官僚士绅的活动圈子。他先向人们展示西方的科学仪器，以吸引有好奇心的儒士，然后用广博的知识和全新的见解赢得尊敬和好感，继而进行传教。

利玛窦编制以中国居世界中央的《坤舆万国全图》，让中国的士大夫自尊心满足的同时又使他们第一次认识了世界的五大洲，开阔了视野。利玛窦还向他们介绍了西方天文学，先后著有《圜容较义》、《天学实义》、《乾坤体义》等书，首次向中国传入了西方宇宙体系。当时利玛窦介绍的是第谷体系的“地心说”而非“日心说”，但当时的第谷体系在精密性上优于哥白尼体系，在明末“历争”过程中，传教士们正是使用精密的“西法”以八比零的结果对“中法”大获全胜，从而使中国天文学家折服。

利玛窦对西方数学知识的东传也起到了非常重要的作用。中国古代没有几何学，利玛窦与徐光启合作，将西方公理化体系的典范——欧几里得的《几何原本》翻译成中文。对于此书，梁启超曾称赞：“字字精金美玉，是千古不朽的著作。”《几何原本》的翻译对中国数学发展有着深远的影响，该书后来成为清代数学的基本教材。利玛窦还与李之藻合译了《同文算指》、《欧罗巴西镜录》等书，把西方算术知识介绍进来，令中国人眼界大开。《同文算指》中还有西方物理学知识，使中国人对杠杆原理、阿基米德定律等知识的认识达到了一个新的层面。

利玛窦还向中国人介绍了西方的医学知识，其《西国记法》最早传入了西洋神经学，让中国人了解到大脑对记忆的作用以及人体的构造等，这些都对中国的医学产生了积极影响。

利玛窦学识渊博，获得了中国士大夫阶层的尊敬和信任，甚至得到明朝万历皇帝的赏识，传教事业也获得了极大成功。当时中国知识界的精英徐光启、李之藻、杨廷筠等人都因对西学的兴趣而洗礼入教，他们被称为中国“圣教三柱石”。民间传教的局面也打开了，传教士的目的初步实现，同时西学也进入中国，为相当多的国人所接受。到明朝末年，耶稣会士成为明政府科技工作的首要力量，从修改历法到制造武器，传教士们都发挥了至关重要的作用。

1644年清军入关，以汤若望为代表的部分耶稣会士转而为清朝统治者服务。汤若望在汉族官员的引见下，以崇祯历书、混天星球、地平日晷、窥远镜等西学、西物进献摄政王多尔衮。由于新历法的及时颁布为清王朝在彰显正朔、表现政权的合法性上发挥了重要作用，汤若望受到清廷的重用，被任命为钦天监掌印官，后加封至光禄大夫，正一品，顺治尊称他为“玛法”（满语意为“爷爷”），其荣恩为外国人所未有。天主教和西学也因此而受到部分人的嫉恨，顺治死后，汤若望便遭厄运。康熙初年，杨光先上书指控传教士们妖言惑众、大逆不道、历法荒谬等，主政的鳌拜借此事件打击汤若望等人。耶稣会士们虽侥幸活命，但钦天监中学习西方天文学的汉官多被杀害，汤若望也郁郁而终。

康熙主政后，重新启用传教士南怀仁等，并命南怀仁与杨光先同到观象台各以中法、西法推算，南怀仁获胜，康熙立即革除杨光先钦天监正的职务，命南怀仁掌管钦天监。因为康熙热衷西学，传教士们在皇帝处多受宠，轮流进宫讲学，天主教在华发展更为隆盛，中国入教者达数十万。此时亦有更多的士大夫热衷西学，比较著名的有王锡阐、梅文鼎等人，他们主张“考证古法之误而存其是，择取西说之长而去其短”。当是时，西学东渐之势达到鼎盛。

同时，传教士们也把对东方的认识带回了欧洲，欧洲人用惊奇的眼睛打量着神秘的中国，甚至兴起了一股“中国热”。然而，受欧洲中心主义思想影响的罗马教廷却不能容忍天主教在中国的本土化，因为中国人不肯放弃原有的祭孔祭祖习俗，这一点利玛窦体现了宗教上的宽容和文化上的理解。但利玛窦的后继者们却要强调这一点，于是争端发生了，在康熙时期，由于罗马教廷的不肯妥协，导致了中国对天主教的排斥，雍正时传教士们被驱逐，仅留下寥寥几个人在钦天监中服务。但礼仪之争只是表现出来的一个方面，满清王朝的闭关锁国的趋势是不可避免的。

明末清初这段时间传教士们带来的西学对中国知识界产生了相当大的影响，但在中国历史悠久的文化传统和当时独特的社会环境下，这一丝光亮还不足以唤醒沉睡着的中国。直到1840年鸦片战争后，西学才伴随着大炮以更迅速、更激烈的方式进入中国，两种文化再次开始了碰撞。

二、睁眼看世界

（一）师夷长技以制夷

1782年，英国科学家瓦特发明了世界上第一台蒸汽机，随后工业革命的浪潮席卷欧美大陆。新生的帝国主义国家用从中国传过去的火药，制成枪炮，武装到牙齿，把指南针装在炮船上，到处开辟殖民地，疯狂掠取。原本弱小的日本也通过明治维新迅速发展起来，在短时间内雄踞强国之列，堂而皇之地向昔日的“大哥”——中国露出了贪婪的牙齿。

而此时，清王朝的统治者们还在遵循着“圣帝明皇创法教诲”，闭关自守，认为西方全是“化外之民”，他们的文化根本不值一提。甚至战争在即，英国人入侵的警报传到道光帝手上时，皇帝还在问：“英国在哪里？”当人家告诉他，英国在中国的西边时，他还问：“英国到新疆，有无陆路可通？”

面对国势日危，民生凋敝，一大批以天下为己任的名贤出现，他们看到了迫在眉睫的危机，看到了历时两千多年的封建制度已经穷途末路。就在盛世远去、门庭破落的时候，他们成了“开眼开世界”的第一批中国人。

林则徐虎门销烟

1839年3月10日，奉命为钦差大臣的林则徐到达广州查禁鸦片。在此过程中，林则徐意识到要抗击侵略，战胜敌人，必须“师夷之长技以制夷”。他亲自主持并组织翻译班子，翻译外国书刊。把外国人讲述中国的言论翻译成《华事夷言》，作为当时中国官吏的“参考消息”。

他还专门派人从外国秘购200多门新式大炮配置在海口炮台上。为了改进军事技术，又搜集了大炮瞄准法、战船图书等资料。林则徐开创了中国近代学习和研究西方的风气，对中国近代维新思想起到启蒙作用。林则徐将西方国家的“战船制造、火器制造和养兵练兵”作为探求军事变革的重要内容，为激励官兵的爱国心和责任感，他赋写新联一副，悬挂于东较场的演武厅内：“小队出郊峒愿士卒功成净洗银河长不用，偏师成壁垒看百蛮气慑烟消珠海有余清。”成为官兵刻苦训练的精神动力。百年后，历史学家范文澜盛赞林则徐为“中国开眼看世界的第一个人”。

19世纪中叶，随着太平天国、捻军、第一次鸦片战争和第二次鸦片战争的打击，清政府感到了生存危机，以总理事务衙门大臣奕䜣、两江总督曾国藩、闽浙总督左宗棠、直隶总督李鸿章等为代表的新洋务派提出，为抵御外侮维护清廷的统治地位，应当抛弃陈腐的“祖宗之法”，转而引进西洋先进技术，以“中学为体，西学为用”，表现了儒家的因时制宜、经世致用的自我变革精神。

由于这批新洋务派的代表人物都是握有大权的军政重臣，且以慈禧为首的顽固派也已看到了要维护自身统治不得不借助火枪大炮，因而默许了洋务派的提议，于是一场影响了近代中国命运的洋务运动在举国上下“办洋务”的热潮中开始了，史称“同光新政”。

曾国藩

同治元年（公元1862年）清廷下令都司以下军官一律开始学习西洋武操，各省防军开始更换新式武器，同年曾国藩在安庆设军械所，李鸿章在上海设制炮所，中国的近代军事工业的建设由此拉开序幕。1864年李鸿章在苏州设立西洋炮局，1865年江南制造总局成立，1866年左宗棠在福建设立福建船政，1867年三口通商大臣崇厚在天津开办天津机器制造局，1887年丁葆祯在成都设立四川机器局……短短几年间在李鸿章等洋务派领导人的主持下，中国的近代军事工业体系基本建成，火枪、大炮、弹药、蒸汽战舰都已能够在国内建造，其决心之大、动作之快令中外为之震惊，这是近代中国历史的一次大飞跃，从此中国大地上有了自己的资本主义工业。在洋务派的努力下，中国社会和中国人发生了巨大的变化，但随着甲午战争的硝烟散去，清廷面对来自朝野内外的责问不得不找出一个替罪羊来，于是洋务派和洋务运动便成为了甲午战败的罪魁祸首，打开的国门再次重重关上了。

（二）灾难深重，丧权辱国

1840年到1911年，堪称中国历史上最衰败、最惨烈的“国耻”期。70年间，泱泱中华变成了气息奄奄的“东亚病夫”，大小列强侵扰掠夺、肆意瓜分，情状惨不忍睹。

1842 年，清政府被迫签订《中英南京条约》，第一次丧失主权。

1844 年 7 月，签订《中美望厦条约》34 款，美国取得了与英国一样的在华特权。

1844 年 10 月，签订《中法黄埔条约》，除了规定法国取得英、美已经得到的权利外，还强迫清政府取消对天主教的禁令，准许他们在通商口岸自由传教。

1858 年 5 月，签订《中俄瑷珲条约》，使中国黑龙江以北、外兴安岭以南 60 多万平方公里的领土被俄国侵占。

1858 年 6 月，英、法分别与清政府签订《天津条约》，加上之前与美、俄签订的《天津条约》，中国的主权进一步被破坏，外国人从此可以自由进入中国内地传教，外国商船和军舰皆可驶入长江各口岸，外国人之间的任何纠纷、犯罪，中国官府均不得过问，中外民间案件由中外双方官员在外国领事监督下“会审”。

1894 年，《中日马关条约》签订，中国赔偿日本军费 2 亿两白银，割让辽东半岛、台湾和澎湖列岛给日本；开放重庆、苏州、杭州等地为日本商埠。后来，在俄、法、德三国的“调停”下，中国以 3000 万两白银的代价“赎回”了辽东半岛。

1900 年 8 月，英、美、德、法、俄、日、意、奥八国联军从天津攻入北京，沿途烧杀抢掠，北京这座具有上千年历史的文明古都，遭受残酷洗劫。

1900 年 10 月，清政府被迫签订《辛丑条约》，以屈辱条款与八国联军议和：清政府派专使到德国、日本谢罪；惩办支持义和团运动的官员；禁止清政府进口军火和制造军火的各种器材；还规定中国向各国赔款共计 4.5 亿两白银，分 39 年付清，本息合计 9.8 亿两白银；要求中国削平北京沿线的所有炮台，以及北京到山海关沿线的 12 个战略要地由外国军队驻守……

至此，中国彻底沦为半封建半殖民地社会，山河破碎，满目疮痍。

但是，即便是在这样的情形下，中华文化昂扬向上的民族精神和民族正气也并未消失。从林则徐虎门销烟，到三元里抗英；从关天培血溅虎门，到吴淞口阻击战；从太平天国起义，到义和团廊坊大捷……国难当头之际，中国人以“杀身成仁”的壮志浴血奋战，保卫家园。

（三）民主革命新篇章

英雄、义士最终失败了，不是死于侵略者的炮火，便是死于清政府的屠刀。

于是，越来越多的人睁大双眼，思考一个问题：封建王朝必须推翻，民主革命又如何开启历史新篇章呢？近代思想家、翻译家严复便是其中的突出代表。

严复少年时期考入家乡福建的船政学堂，首次接受到现代自然科学的教育，并对此萌发了强烈的兴趣。1877 年，严复被公派到英国留学，先入朴茨茅斯大学，后转到格林威治海军学院。留学期间，严复对英国的社会政治进行了大量研究，涉猎了大量资产阶级政治学术理论，其中尤为赞赏达尔文的进化论观点。

回国后，严复积极倡导西学的启蒙教育，完成了《天演论》的翻译工作。他以“物竞天择”、“适者生存”的生物进化理论阐发“救亡图存”的观点，提倡“鼓民力、开民智、新民德、自强自立”。他第一次把西方的古典经济学、政治学理论以及自然科学和哲学理论较为系统地引入中国，“与天争胜”在当时的知识界广为流传，启蒙与教育了一代国人。

严复

严复不仅为刷新新旧国学的思维方式做出了贡献，他极力宣扬的“自由”更是构成了当时反封建的启蒙强音，为中国的资产阶级革命提供了有力的舆论依据。他在译作《辟韩》中明确指出，中国君主专制和西方民主的根本差别就在于自由与否，认为“中国尊主，西人隆民”，公开宣称从秦始皇开始，皇帝都是国家的大盗贼，只有百姓才是天下的主人。

后来，毛泽东将严复和洪秀全、康有为、孙中山并列为“在中国共产党出世之前，向西方寻找真理”的四大代表人物。

辛亥革命后，京师大学堂改名为北京大学。1912 年，严复受袁世凯命担任北京大学校长之职，此时他的中西文化比较观走向成熟，开始进入自身反省阶段，趋向对传统文化的复归。他担忧中国丧失本民族的“国种特性”会“如鱼之离水而处空，如躄跛者之挟拐以行，如短于精神者之恃鸦片为发越，此谓之失其本性”，而“失其本性未能有久存者也”。出于这样一种对中华民族前途与命运的更深一层的忧虑，严复开始尝试将北京大学的文科与经学合而为一，“用以保持吾国四五千载圣圣相传之纲纪彝伦道德文章于不坠”。

（四）百日维新

1895 年 4 月，日本逼迫中国在日本马关签订《马关条约》的消息传到北京，康有为发动在北京应试的 1300 多名举人联名上书光绪皇帝，痛陈民族危亡的严峻形势，提出拒和、迁都、练兵、变法的主张，史称“公车上书”。这次上书，对清政府触动不大，却轰动了全国，揭开了维新变法的序幕。

为了把维新变法推向高潮，1895年8月，康有为、梁启超等人在北京出版《中外纪闻》，1896年8月，《时务报》在上海创刊，成为维新派宣传变法的舆论中心，1897年冬，严复在天津主编《国闻报》，成为与《时务报》齐名的在北方宣传维新变法的重要阵地，1898年2月，谭嗣同、唐才常等人在湖南成立了强学会，创办了《湘报》。在康、梁等维新志士的宣传、组织和影响下，全国议论时政的风气逐渐形成。

1897年11月，德国强占胶州湾，法国强租广州湾，英国强行租借后来被称为新界的地区和威海卫，全国人心激愤，维新运动从理论宣传转到政治实践。12月，康有为第五次上书，陈述列强瓜分中国，形势迫在眉睫。1898年1月29日，康有为上《应诏统筹全局折》，4月，康有为、梁启超在北京发起成立保国会，为变法维新做了直接准备。在维新人士和进步官员的积极推动下，1898年6月11日，光绪皇帝颁布《明定国是诏》诏书，宣布变法。

在此期间，光绪皇帝根据康有为等人的建议，颁布了一系列变法诏书和谕令。主要内容有：经济上，设立农工商局、路矿总局，提倡开办实业；修筑铁路，开采矿藏；组织商会；改革财政。政治上，广开言路，允许士民上书言事；裁汰绿营，编练新军。文化上，废八股，兴西学；创办京师大学堂；设译书局，派留学生；奖励科学著作和发明。这些革新政令，目的在于学习西方文化、科学技术和经营管理制度，发展资本主义，建立君主立宪政体，使国家富强。

新政措施虽未触及封建统治的基础，但是，这些措施代表了新兴资产阶级的利益，为封建顽固势力所不容，受到各方抨击，地方政府也是阳奉阴违。1898年9月21日凌晨，慈禧太后突然从颐和园赶回紫禁城，直入光绪皇帝寝宫，将光绪皇帝囚禁于中南海瀛台；然后发布训政诏书，再次临朝“训政”，“戊戌政变”成功。戊戌政变后，慈禧太后下令捕杀在逃的康有为、梁启超；逮捕谭嗣同、杨深秀、林旭、杨锐、刘光第、康广仁、徐致靖、张荫桓等人。9月28日，在北京菜市口将谭嗣同、杨锐、刘光第、林旭、杨深秀、康广仁6人杀害；徐致靖处以永远监禁；张荫桓被遣戍新疆。所有新政措施，除7月开办的京师大学堂（今北京大学）外，全部都被废止。从6月11日至9月21日，进行了103天的变法维新，以变法宣告失败，史称“戊戌变法”，又称“百日维新”。

戊戌六君子

戊戌政变时，以慈禧太后为首的封建顽固派大肆捕杀维新党人，维新志士谭嗣同、康广仁、林旭、杨深秀、杨锐、刘光第6人于1898年9月28日在北京惨遭杀害，史称“戊戌六君子”。他们在刑场上留下“我自横刀向天笑，去留肝胆两昆仑”“我辈死，中国强矣”的豪言，慷慨赴义。维新志士用血肉之躯摸索近代中国强国之路，是中国向近代文明变革的先驱，更是中华民族精魂的化身。

戊戌变法虽然失败了，但它所产生的影响是深远的。在民族危机加剧的时刻，维新派以变法图强、救亡图存为目标，进行广泛的宣传鼓动，希望通过改革，使中国走向独立、民主和富强，从而摆脱帝国主义列强的侵略，表现出强烈的爱国热情，激发人民爱国思想和民族意识。

戊戌变法是近代中国一次思想潮流的解放。资产阶级维新派提倡新学，主张兴民权，对封建思想进行了猛烈的抨击，为近代思想启蒙运动的蓬勃兴起开辟了道路，促进了中国人民的觉醒，大大地提高了全社会的民主意识和参政意识。维新运动留下的许多遗产，诸如解放思想、变革观念、建立社团、兴办学堂、创办报刊、提倡女学、改易风俗等，更成为中华文明发展史上的宝贵财富。从此，民主主义成为汹涌的社会思潮，极大地改变了中国思想文化界的面貌。

确切地说，中国资产阶级新文化也是在戊戌维新运动时期和稍后几年初步建立起来的，资产阶级的新学术，哲学、历史学、经济学、文学理论等已经萌生，“诗界革命”、“文界革命”、“小说界革命”、“戏剧改良”等相继而起，资产阶级的新文化，无论在内容上，还是形式上，开始成为中国近代文化的主流。

三、辛亥革命的曙光

（一）推翻帝制，建立民国

孙中山及同仁

清光绪十八年（公元1892年），27岁的孙中山以第一名的成绩从香港雅丽医学院毕业，先在澳门、后在广州行医，但是目睹清政府的腐朽无能，眼看国家处于危难存亡的关头，孙中山深刻认识到只有革命才能解救四亿同胞。1894年，孙中山弃医从事革命活动，与好友陆皓东一起由广州到天津，寻找革命之路。

同年，中日甲午战争爆发，北洋水师一败涂地，屈辱的《马关条约》签订，年轻的孙中山悲愤异常。他来到美国檀香山，于当年10月创立革命团体兴中会，公开发表宣言，要推翻腐朽的清政府："夫以四百兆苍生之众，数万里土地之饶，无敌于天下；乃以庸奴误国，荼毒苍生，一蹶不兴，如斯至极！"

1895年2月，孙中山回到香港成立兴中会总会，并筹备在广州发动武装起义，当时的兴中会誓词中已明确提出"驱逐鞑虏，恢复中华，创立合众政府"的口号。同年，孙中山到达广州，计划于重阳节起义，没想到消息走漏，许多革命志士被捕，陆皓东也在这次起义失败中殉难。

陆皓东是孙中山的同乡、幼年的同学。1895年他协助孙中山在香港成立兴中会总会，并决定武装起义袭取广州为革命根据地。他亲手设计并绘制了"青天白日"旗，作为起义旗帜。消息走漏后，为掩护革命党人，陆皓东不幸被捕。在狱中遭受严刑逼供，宁死不屈，当庭奋笔疾书，痛斥清政府腐败、投降卖国，"今事虽不成，此心甚慰，但一我可杀，而继我而起者，不可尽杀！"1895年11月7日英勇就义。孙中山后来称誉他是"中国有史以来，为共和革命而牺牲的第一人"。

广州起义失败后，孙中山流亡海外，把革命的种子撒向美国、英国的侨界。而此时，光绪帝采纳康有为、梁启超的主张，开始维新变法，然而新政维持了103天便失败了。紧接着，清廷在列强的威吓下，被迫与八国联军签订《辛丑条约》，举国悲恸，越来越多的人期望通过一场翻天覆地的革命来挽救中国。

1900年，孙中山派好友郑士良在广东惠州策划起义，后来因弹药无法及时运到，惠州二次革命很快便失败。接下来的十年间，孙中山不停奔走于日本、欧美各国和南洋各地，倡导革命，并相继发动潮州黄冈起义、惠州七女湖起义、钦州防城起义、河口起义等。

1905年8月，以兴中会、光复会为代表的各方革命团体在日本联合组建中国同盟会，推举孙中山为总理，并以他提出的"驱除鞑虏，恢复中华，创立民国，平均地权"为革命纲领。同年10月，孙中山提出"三民主义"，并将孔子倡导的"大同"作为自己革命的最终理想。

1911年10月10日，湖北武昌新军工程营里的革命党人，打响了武昌起义的第一枪，随后整座武昌城被革命党人占领，史称"武昌起义"，因为这场革命发生在农历辛亥年，所以又称为"辛亥革命"。各省革命军听到武昌起义胜利的消息后，纷纷响应，推翻总督衙门，建立革命政府，拥护民国。同年12月，孙中山回到上海，受到各界人士的热烈欢迎，16个省份代表投票选举他为中华民国临时大总统。

武昌起义

1912年1月，孙中山在南京的总统府就职，发布《中华民国临时大总统宣言书》，改国号为“中华民国”，中国历史上第一个民主共和国诞生了！

同年2月12日，宣统帝宣布退位，中国两千多年的封建专制制度正式宣告终结，中华文明掀开了历史的新篇章。

而与此同时，刚刚兴起的新儒学也在这场空前革命的洗礼中，变得更加有生命力，可以说辛亥革命不仅为中华民族的复兴奠定了基础，也为中华国学的发展开辟了一条崭新的道路。

（二）新国学的召唤

当时为中国资产阶级民主革命和新国学发展做出最大贡献的，当数以号召推行国粹和修订启蒙读物《三字经》而著称于世的近代民主革命家、思想家章太炎。

1905年初，邓实、黄节等人在上海成立“国学保存会”，2月23日，其机关刊物《国粹学报》正式发行，1912年1、2月间，正式停刊，共发行了82期。活动地域是东京和上海。国粹派人物多为留日学生，其鼓动国粹，意在革命。对外以国粹来对抗西方，对内用传统学术资源推动反满。国粹派的代表人物是邓实、黄节、马叙伦、刘师培，灵魂人物是章太炎。“用国粹激动种性，增进爱国的热肠”。国粹派为弘扬爱国主义，增进民族国家的认同做出了极大贡献。

章太炎，原名章炳麟，浙江余杭人，出身书香门第，早年跟从外祖父接受严格的启蒙教育。1890年，23岁的章太炎到杭州诂经精舍，拜江南大学问家俞樾为师，打下了坚实的国学基础，在此期间，他写下了约50万字的《春秋左传读》。

当革命如火如荼地发展时，章太炎也逐步认识到，光靠改良是没办法改变

章太炎

清政府的腐朽和中国的积弱的，于是他割掉辫子，响应孙中山倡导的反清革命，运用古文训诂之学，重新解释"维新"二字，猛烈抨击专制制度和政府，认为清政府已然完全腐败，万无再新的可能。为了躲避政府通缉，章太炎流亡日本，成为孙中山革命阵营中的舆论宣传大将。之后，他返回上海，主编《苏报》，激励国民踊跃投入反清革命斗争。

后来，上海租界工部局查封了《苏报》报馆，将章太炎逮捕入狱，他凭借顽强的意志度过了三年非人的监牢生活，后在国际友人的营救下出狱。出狱后，章太炎东渡日本，协助孙中山开展革命工作，并加入同盟会，任《民报》主编。

1908 年，《民报》被查禁，章太炎在东京著书讲学，盛况一时无两，成为一代国学大师。辛亥革命后章太炎回国任总统府枢密顾问，1913 年因反对袁世凯称帝而被软禁，其后参加了反北洋军阀的护法运动。1935 年在苏州设立国学讲习会，主编《制言》，直至去世。

章太炎一生，七次被追捕，三次入狱，而革命之志始终不屈。同时，他以进化论的观点，驳斥了旧儒学"天不变道亦不变"的落后观点，将中国传统文化中的精华作为振兴中华必不可少的重要精神力量看待。尤其他重新编订传统启蒙读本《三字经》，使其焕发出新的生机。时至今日，《三字经》已被翻译成英、法、拉丁等多种文字，传遍海内外，还被联合国教科文组织选为世界儿童道德丛书。中华国学的新生，章太炎功不可没。

最早广为流传的儿童启蒙读物，是南宋大儒朱熹所著《童蒙须知》，后来被修订为《弟子规》；南宋末年，学者王应麟编写《三字经》，因其通俗易通、道理浅显而大受欢迎，逐渐成为封建时代儿童启蒙教材的不二之选，影响力巨大。但是随着时间的推移，《三字经》在流传的过程中真假难辨、精芜并存。1928 年，章太炎着手重订事宜，他在序言中表明自己的观点："我看到今日的学校教育诸生，几乎对五经题名和历朝的顺序都不能说清楚。就连大学生中，也有许多人不知周公为何许之人。像这样读书，要想通经义，知史法，是根本不可能的。现在要重理旧学，使诸生通诗书，明纪传，我的能力有限，恐难以做到；但如果要教小学生，则当今的许多教科书，都不如这本《三字经》。"

第二节 破旧立新 弃粕存精

一、袁世凯复辟

也许是辛亥革命的成功来得太仓促，加上中华民国政府成立后，孙中山只做了3个月临时大总统就辞去职务，致使同盟会在国民政府中并未能掌握实际领导权，三民主义更是几乎无人过问。革命胜利的果实，很快便落到北洋军阀总头目袁世凯的手里，刚刚摆脱封建专制苦海的中华大地，又不幸地进入混战割据的北洋军阀政府统治时期。

1895年，袁世凯受清政府委派，到天津训练新军。由于在镇压义和团运动中表现突出，1901年他接替李鸿章出任直隶总督兼北洋大臣。1909年，满清贵族疑忌袁世凯，以他患有“足疾”为由，撤销了他的职务，让他回河南养病，但北洋军仍然控制在袁世凯的亲信冯国璋、段祺瑞的手中。

1910年武昌起义爆发，清政府重新起用袁世凯，他一方面派兵在长江北岸炮轰武昌，却攻而不占；另一方面，请美、英出面调停，搞假“和谈”。革命党人未看清袁世凯的真面目，承诺只要他宣布赞成共和，就将政权让给他。其后，袁世凯逼迫宣统帝溥仪退位，自己宣誓就任中华民国临时大总统，以无数鲜血换来的革命果实被袁世凯窃取了。

1913年，以同盟会为主组成的国民党在国会选举中获得多数席位，曾宣称“共和为最良国体”，要“永不使君主政体再行于中国”的袁世凯终于撕下假面，指使暴徒在上海暗杀了国民党领袖宋教仁。孙中山联合一部分国民党人发动了“二次革命”，兴师讨袁。但国民党内部出现分裂，“二次革命”很快失败，孙中山被迫再度流亡日本，北洋政府独揽政权，袁世凯开始独裁。

袁世凯

袁世凯强迫国会选举他做正式的中华民国大总统，其后下令解散国会及各省议会，为复辟扫清障碍。1914年5月1日，袁世凯抛弃孙中山的《临时约法》，炮制了一个所谓的《中华民国约法》。同年年底，他授意参政院制定《修正大总统选举法》，规定总统任期10年，连选连任，并有权确定继承人。袁世凯取得了和皇帝同样的权力，资产阶级民主制度被他破坏殆尽。为了确立皇帝的名分，袁世凯大肆制造舆论，声称民主共和不适合中国，中国必须实行帝制，还伪造“民意”，纠集反动分子组成“请愿团”拥戴袁世凯称帝。

1915 年 1 月 18 日，日本驻华公使日置益晋见袁世凯，递交了“二十一条”要求的文件，企图把中国的领土、政治、军事及财政等都置于日本的控制之下，史称中日“二十一条”。当年 5 月 7 日，为了取得帝国主义的支持，袁世凯宣布接受“二十一条”一至四号的要求，并确定于 5 月 25 日完成签字。消息传出，举国震怒。毛泽东愤而写下四言诗：“五月七日，民国奇耻。何以报仇，在我学子。”签约当天，湖南学生彭超留下血书，投江自杀。北京 20 万人到中央公园（今北京中山公园）集会，捐款 100 万元“救国基金”。当时年仅 17 岁的周恩来上街演讲，号召人们振兴经济、誓雪国耻。全国教育会联合会决定，全国各级学校以每年 5 月 9 日为国耻纪念日，称为“五九国耻”。

1915 年 12 月 12 日，袁世凯宣布恢复帝制，改国号为“中华帝国”，并从 1916 年 1 月 1 日起取消“民国”年号，改称“洪宪元年”。

然而，经过辛亥革命，民主共和的观念已经深入人心，袁世凯从复辟称帝之日起，就遭到举国反对，各地纷纷通电声讨袁世凯的倒行逆施，并再次起兵讨袁。做贼心虚的袁世凯虽然在 1915 年底就开始使用皇帝的称号，但预定于 1916 年元旦举行的“登基大典”却未敢举行，最终于 3 月 22 日被迫取消帝制，6 月 6 日，只做了 83 天“洪宪皇帝”的袁世凯在一片唾骂声中病死。

二、五四运动的考验

1915 年，为了反抗北洋军阀的黑暗统治，拯救濒临绝境的中华民族，一大批先进的知识分子举起“民主”与“科学”两面大旗，向封建专制主义礼教和迷信思想发起强大攻势，这场浩大的爱国运动后来被称为“五四新文化运动”。

最先发起新文化运动的是曾参加孙中山领导的讨袁“二次革命”、时任上海《新青年》杂志主编、后成为中国共产党创始人之一的陈独秀。他号召全国青年同腐朽的封建意识战斗，认为能够救中国的只有马克思主义革命理论，呼吁以民主和科学来救治中国政治上、道德上、学术上、思想上的一切旧文化，掀起了一场声势浩大的“打倒孔家店”的运动。

同为新文化运动领袖和中国共产党早期创造者之一的李大钊更是明确了五四新文化运动的精神实质：“余之抨击孔子，非抨击孔子之本身，乃抨击孔子为历代君王雕塑之偶像的权威也；非抨击孔子，乃抨击专制政治之灵魂也。”

随之而起的文学巨匠鲁迅在其创作的文章中，结合现实社会的残酷来抨击

“孔教”和旧国学的阴暗面。他在中国第一部白话小说《狂人日记》中描写道：中国的历史，表面上每一页都写着仁义道德，但实际上满本都写着“吃人”二字，从而发出了“救救孩子”的沉痛呼声。

同一时期的学者、哲学家胡适也认为“孔教”已经不能适应时势发展的需要，提倡以白话文替代文言文，主张男女平等，抨击旧礼教对人性的束缚，指出“劝人做烈女，罪等于故意杀人”。

而在当时被誉为“打倒孔家店英雄”的吴虞，则尖锐地提出，“孝”与“忠”的观念，是专为君亲长上的利益、宗法与专制制度而设的，他把儒家学说视为洪水猛兽，痛诋孔子为“盗丘”，说“盗跖为害只在一时，盗丘遗祸祸及万世”。

经过大规模的宣传和论辩，民主和科学的思想深入人心，而以儒家学说为基础的国学逐渐失去它的传统地位和尊严。五四运动作为反封建斗争的彻底性是前所未有的，它也为共产主义思想在中国的传播创造了有利的条件。但与此同时，在特定历史环境下对国学的抨击也出现了偏激的现象。在批判封建制度的同时，把国学作为一切罪恶的根源，尤其对孔子进行了严厉的抨击，对其全盘否定、全盘丢弃，由此而产生的负面影响很大，绵延五千年的民族文化几至断层，对于国学的发展甚至生存都是严峻的考验。

五四运动

1919年12月，胡适在《新青年》第七卷第一号上发表了《“新思潮”的意义》一文，明确提出了对旧儒学采取“评判的态度”以及“重新估定一切价值”的主张，他提出“研究问题、输入学理、整理国故、再造文明”的口号，阐明了“整理国故”的宗旨。这就是20世纪二三十年代风行一时的“整理国故运动”。

“整理国故”如巨石投浪，在民国知识界引发轩然大波。名流巨擘，学界新秀，无论是敌是友，均本着各自对时势与治学的判断和看法，公开或私下地发表了自己的意见，褒贬各异、莫衷一是。时人描述："新思想与白话文学发生不一两年，国学运动就隐隐地抬起头来了。到现在，国学运动的声浪一天高似一天。随声附和的固然很多，而持强烈的反对意见的亦颇不少。"

两千年间，国学经历了多次磨难和考验，百家争鸣、焚书坑儒、今古相争、党锢之祸、佛道融合、理学僵化……挑战与机遇并存，中华国学在每次考验之后都能重新站起来，其根源就在于它的不断创新、扬弃糟粕、融合新思。

因此，面对近现代中国乃至世界局势的变化，尤其面对五四新文化运动的考验，"中国的命运"或者说"中国向何处去"的问题，已经是现代中国的一个基本的历史课题。如何正确区分国学思想中的精华和糟粕，并使其与近代民主思想相融合，从而使国学焕发新的生命力，这成为当时最迫切的任务。

第十章 中华精魂 传承发扬

从1840年鸦片战争开始，至1978年中国实行改革开放政策的100多年间，中国经历了政治、社会、经济、文化各方面的整体性变革，各种思潮涌入中国，造成国人价值观的大混乱，以至大混战。不可避免的，中国文化也遭受了剧烈的撞击与震荡。中西文化的碰撞与交汇，共产主义运动的冲击与洗礼，可以说，中国一直是多种文化厮杀的主战场。然而，在经历了质疑、批判、反思之后，中国文化似乎仍然处于尴尬的无本无体、非中非西的异化状态。

如果没有自身的文化为载体，就不能称其为民族。只有自身正统文化的复兴才能形成一个伟大民族的凝聚力，才能矗立于世界民族之林。中国的统一，乃至世界的大同，均将以此为基本理念来实现，弘扬国学的重要意义不言自明。然而我们痛心地发现，许多原产于中国的事物，其中有一些还是国粹，在中国本土却因司空见惯、习以为常而不加珍惜，任其自生自灭，甚至许多已失传、绝迹，却在西方生根发芽、大行其道，有时还遇到原本是中国自己的东西还须从国外反向“引进”的尴尬局面。保护国粹人人有责，丧失国粹将是国人的悲哀。

端午赛龙舟

端午节本是中国的传统节日，人们赛龙舟、吃粽子、挂艾草、驱五毒……“五月五日天晴明，杨花绕江啼晓莺”。然而2005年，韩国“江陵端午祭”申遗通过，引起全国舆论一片哗然，国人这才开始意识到端午节不仅仅是一个节气，更是民族文化的一部分。自那以后，保护民族文化被提上了议事日程，其中的一个重要方式就是让端午节作为中华民族的文化被世界认可。2009年，由湖北秭归县的“屈原故里端午习俗”、黄石市的“西塞神舟会”及湖南汨罗市的“汨罗江畔端午习俗”、江苏苏州市的“苏州端午习俗”四部分内容组成的“中国端午节”申遗成功，国人心中松了一口气，似乎端午又只是我们的了。但端午申遗的目的并不是为了缓解中国人对韩国“端午祭”申遗成功的介怀和不甘，也不是让世界知道中国的端午节有哪些故事。端午申遗的最终目的是让我们自己认清楚自己，让中国人学会关注和重视自己的文化。

中华大地在经历种种灾难后，否极泰来，尤其是随着中国经济的腾飞，从20世纪最后十年开始，“国学热”悄然升温，方兴未艾，“国学”不但成为学术界、教育界的流行话语，也成为公众关注的热门话题。“国学”一语，无论从学理上有多少质疑，但却是中国当下无可回避的社会文化现象。但是，要想完成这个复兴却是十分艰难的过程。尤其是自近现代开始，由于我们接收了西方物质文明，抛弃了我们自身的传统文化宝典，急功近利成为学术思想界的主流，以西方哲学的概念范畴和逻辑形式进行西化，产生了流弊偏差，中国文化已处于无本无体、非中非西的文化状态，中华民族失落了自身的传统文化。这迫使我们去思考中华民族的文化和历史进路，中国文化究竟何去何从？现代与未来的中国文化精神将趋向何处？

改革开放以来，随着人们思想的解放，冷静的反思；随着中国国力的强盛，民族自尊心、自信心的恢复，研究和发展中国传统文化成为当下思想文化界一道众所瞩目的风景线。由政府到学界，由国内到国外，国学热不断升温。如，《百家讲坛》的阎崇年讲清帝、刘心武讲《红楼》、易中天讲《三国》、王立群讲《史记》、于丹讲《论语》；《光明日报》专门开设了“国学版”，中文搜索引擎“百度”开设了“国学频道”，新浪网高调推出“乾元国学博客圈”，中国政府举办了“俄罗斯‘中国年’”、“德国‘中国年’”，在各个国家开设孔子学院等。

孔子学院

第一节　传统文化的传承

一、理性看待中国传统文化

一个民族如果没有自己的科技，可能会亡国；一个民族如果丧失了自己的文化，就要亡种，而亡种比亡国更可怕。对中华民族来说，中国传统文化是中华民族的身份证和象征，是中华民族区别于其他民族的唯一标志。对于几千年来维系中华民族精神之源泉，深蕴着我们先民追之不舍、迄今十多亿中国人仍然哺之于中的丰富营养成分的中国传统文化，一棒子打死，妄自菲薄、数典忘祖，搞历史虚无主义是不行的；但抱残守缺、照抄照搬、全盘吸收，大搞复古主义也违背历史发展的规律。国学大师冯友兰曾说："中国人最关切的是中国文化和文明的继续和统一。"我们的智慧或可超然于文化之外，而我们的最终命运又必然统摄于文化之中。因此，理性发展中国传统文化是中国人的不二选择。

对于中国传统文化的发展，有识之士也在不断思索，有人指出"我们要有中国本位的文化建设"，"要使中国能在文化的领域中抬头，要使中国的政治、社会和思想都具有中国的特征，必须从事于中国本位的文化建设"。有人建议以儒家文化为主，融会西方"民主"与"科学"，以达"返本开新"后的世界价值和济世功用。有人认为"每个国家、民族都有权利和义务保存和发展自己的传统文化；都有权利自主选择接受、不完全接受或在某些具体领域完全不接受外来文化因素"，"不同族群的恒久信仰、行为方式和习俗，则理应受到尊重"，"主张文明对话，以减少偏见、减少敌意，消弭隔阂、消弭误解。我们反对排斥异质文明的狭隘民族主义，更反对以优劣论文明"。近代中国的文化宣言，以文化的名义直抒当下诉求，折射出近代以来中国文化策略指向演进的历史轨迹以及未来文化建设策略在价值取向和技术选择上的理性趋势。

二、加强对中国传统文化的保护和发展

虽然中国传统文化在中国后期的封建社会里一定程度上起着阻碍历史进步的作用，但仍然有与现代化融合从而促进现代化成功实现的诸多营养成分存在。以儒家思想为主的"东亚价值观"仍是亚洲各国发展的文化基础，而且还受着那些"文明过度"的西方学者的特别青睐——认为从中国这种以伦理主义为核心的传统文化中可以寻求到医治由"过度文明"带来的"文明病"的良方。

第一，重视中国传统文化的理论研究。

任何一个民族、一个国家，不管是对历史负责，还是对未来负责，都应葆有自己的文化特色，保护自己的文化遗产。尽管这个“文化酱缸”在一定时期内束缚了历史的发展，但中国传统文化是中国的特色，是中国宝贵的物质和精神财富，是五千年文化的积累，是中国文化保持长久生命力的重要因素。因此，应加强中国传统文化的研究、整理，从中吸取精髓，使之发扬光大；摒弃糟粕，以史为鉴。

第二，保护中国传统文化的物质载体。

文化的“神”是文化的核心和灵魂；文化的“形”是文化的“神”的载体，要发挥传统文化新的生命活力，就应实现其“神”与其“形”的现代统一。因此，一方面要致力于传统文化固有的“形”——经典文本、文物古迹、传统节庆、优良的民间习俗、民间谚语等文化遗产的保存、保护，使之继续发挥作为传统文化其“神”的载体的作用；另一方面又要总结传统文化中的“神”，对其进行现代价值再创造，融入中国特色社会主义的理念和价值观念，及时反映和体现出改革开放进程中涌现出的一些新思维、新观念、新取向，使中国文化更具时代特征和时代引导能力，使有“形”的文化遗产具有现代生命力。

第三，重构中国传统文化的价值体系。

中国传统文化的许多腐朽、落后、愚昧成分已经难以适应中国特色社会主义现代化建设实践的需要，必然会被文化自身的新陈代谢所抛弃。中国传统文化的传承与改造要有面向现代化、面向世界、面向未来的时代意识，弘扬中华民族的主体意识，坚持取其精华、去其糟粕，古为今用、洋为中用的原则。传统文化中的“仁义礼智信”、“以和为贵”、“兼爱”、“尚贤”、“自强不息”等普适性文化元素要大胆地发扬光大，应该成为中国先进文化的重要组成部分。西方文化中包含的科学精神、民主思想、法制观念、人权理论等文明成果，要像学习马克思主义一样吸收、消化，使之中国化，成为中国文化中浑然天成的一部分，使中国传统文化的价值体系更加完善。

三、大力传播中国传统文化

保护中国传统文化，重构中国传统文化，最终目的就是要使中国传统文化深入民心，并且走出国门，成为中国先进文化的一部分，成为世界文化的重要组成部分。最重要的两个途径是学校教育和媒介传播。

第一，学校教育活动。

中国传统文化教育是个由来已久的话题，也是国家常抓不懈的一项工作。

2006 年 9 月国务院发布的《国家“十一五”时期文化发展规划纲要》明确提出：“重视中华优秀传统文化教育和传统经典、技艺的传承。在有条件的小学开设书法、绘画、传统工艺等课程，在中学语文课程中适当增加传统经典范文、诗词的比重，中小学各学科课程都要结合学科特点融入中华优秀传统文化内容。高等学校要创造条件，面向全体大学生开设中国语文课。”

其实要系统地传播中国传统文化，应该将其作为一门专门的课程独立于语文、历史等其他各科。这是向中国知识阶层传播传统文化的重要途径，而知识阶层是发展文化的生力军，是普及文化的传播者。应重在介绍中国传统思想、传统价值观和道德观、传统风俗习惯、传统文学艺术等，让人认识到中国传统文化的博大精深而产生敬畏感；看到中国传统文化与现代中国千丝万缕的联系而产生历史认同感和归属感；看到中国传统文化与世界发展的联系而产生自信心；吸收中国传统思想而提高道德修养，学习中国传统文学艺术而获得美的教育。

第二，利用现代传播媒介，向大众、向世界宣传中国传统文化。

利用现代传播媒介宣传中国传统文化，将传统文化融入文学艺术、影视戏剧中，渗透在网络、文化交流、旅游观光中，面向社会大众，重新唤起社会大众了解传统历史和文化的热情。通过这些媒介宣传，使中国传统文化民间化、大众化、全球化。

第二节 传统文化的现代意义

目前，对中国传统文化的研究在世界上已经成为一种潮流。斯宾格勒的“文化危机论”与季羡林的“21 世纪是东方文化世纪论”，以及不少学者认同的“太平洋世纪论”，都认为东方文化（尤其是中国文化）将成为世界主流或内核。

而现在我们要思考的，是传统文化能否在现代的中国文化环境中表现出来，传统文化又能否对当前的世界文化有所贡献？这就涉及传统文化是否具有现代意义。

我们谈传统文化的现代化，其着重点是指对一些可以对治现代文化弊病，而又对国家和民族有利，甚至可对世界文化有所贡献，并提升全体人类文化水平的内容。传统文化的现代意义是指文明精神及典章制度能否在现代得以恢复，复兴传统文化要注意在转化过程中不能生搬硬套。这种转化就是复古更新。在整个传统的文化结构崩解之后，恢复传统文化就是如何在现代中国所实行的西式制度与现代中国人的西方思维模式中更新确立这些可以复兴的内容。

传统文化的现代意义，并不是如一般所言的现代性。大约从17世纪开始，西方社会出现了科学革命、工业革命、资本主义等，形成一种与传统不同的新价值观和生活方式，因此称之为现代性。现代性带来的自由、平等、权利等价值观，取代了原来的伦理观，而科学革命否定了宗教，怀疑形而上的神圣秩序和良知善性，至于资本主义，则只重视个人发展和私有财产，自由、权利、平等的价值只用于保障个人权利和自由的免被侵犯。传统的道德观却是内省不疚，自我要求，无条件的利他。因此现代社会虽然有科技、商业、法制等文明，却失去了最宝贵的道德文明，而道德文明正是科技、商业、法制，以至生活各个方面的原则性指导。失去了道德文明，故虚妄邪僻，无所不至，这就是现代社会的特点。

我们谈传统文化的现代意义，就是要恢复道德文明以对治虚妄无根的现代心灵。我们的传统文化，体现为五伦八德的伦理与道德精神，对人是仁民爱物，对己是修省立诚。儒、释、道三教的义理是传统文化的核心，它不但对人的精神面貌发生作用，而且我们民族的共同信念与气节都是由这里产生的。中华文化表现出来的民族特色是奋发进取、重礼知义、敬天法祖、崇德报功。这样的民族，在社会内部必然重真才实学、敬老尊贤、长幼有序；而对外则能仁民爱物、和平理性、与人同乐。

一、关怀人本

中国传统文化具有深厚的人本主义色彩。尽管中国古代礼仪中存在各式各样门类繁多的宗教祭祀等仪式，但神学始终不是中国文化的核心，中国传统文化更关注人，更关心芸芸众生的生存状态和生存需要。

中国典籍中，很早就有“人”是天地所生万物中最灵、最贵者的思想。如《尚书·泰誓》中说:“惟天地，万物之母；惟人，万物之灵。”《孝经》中则借孔子的名义说:“天地之性，人为贵。”这句话中的“性”字，是“生”的意思。宋人邢昺解释说:“性，生也。言天地之所生，惟人最贵也。”在《礼记·礼运》篇中，人们又进一步对人之所以异于万物的道理做了理论上的说明。如“故人者，其天地之德，阴阳之交，鬼神之会，五行之秀气也”。子曰:“仁者爱人”，“泛爱众而亲仁”，孟子提出“民贵君轻”的思想，《礼记》也出现了“天下为公”的理念……

总之，中国传统文化很大程度上来说是关注人生的文化，而这在世界文化体系中都是十分珍贵的。其中有很多关于人生价值的思考和讨论，也都十分值得我们认真学习，这与我们当代社会提倡的以人为本和民主民本的理念是完全一致的，因此具有极强的时代意义。

二、道德教化

在现代社会，很多中国人是不信教的，一些外国人认为，中国的所有社会问题，都是由中国人没有宗教信仰引起。中国的宗教信仰文化对中国人的影响可能真的不是很大，但事实上，中国的道德信仰系统十分完备。

这一种道德信仰，渗透到我们生活的角角落落，甚至已经成为我们的一部分。而我们需要的这种道德教化，不是封建社会三纲五常的约束，而是一种去伪存真的、一种现代社会正常运作所需的道德规范。

中国礼仪文化中有很多道德的因素。《诗经》提出“夙夜在公”,《尚书·周官》提出“以公灭私，民其允怀”，都提倡注重整体精神，都强调为社会、为民族、为国家而奋斗的爱国主义思想。正是在重视整体精神的影响下，出现了“先天下之忧而忧，后天下之乐而乐”，“天下兴亡，匹夫有责”的为国家、为民族、为整体的崇高爱国主义精神。中华民族在自己的五千年文明史上，之所以能历经磨难而长兴不衰，具有强烈的民族凝聚力和坚忍不拔的民族伟力，就是因为我们民族有着一种崇高的道德精神。

中国传统道德文化中，提倡人伦价值，提倡尊老爱幼、孝敬父母等美德，强调每个人在人伦关系中应尽的道德义务。从《尚书》中提出的“五教”，即“父义”、“母慈”、“兄友”、“弟恭”、“子孝”，到孟子提出的“五伦”，即“父子有亲、君臣有义、夫妇有别、长幼有序、朋友有信”，再到《礼记 · 礼运》中所讲的“十义”，即“父慈、子孝、兄良、弟悌、夫义、妇贞、长惠、幼顺、君仁、臣忠”，都从不同的人与人之间的关系角度，规定了每个人为维护良好的人伦关系应当遵守的基本道德准则。传统人伦关系中的维护封建等级关系的糟粕无疑应当批判和剔除，但其中包含的有益因素，如能赋予符合时代要求的新含义，对于改善家庭与社会的人伦关系，维护良好的社会秩序，仍有不可忽视的重要作用。

刘芳艳出生在宁夏南部山区一个贫困的小山村，父亲因病早逝，哥哥因为贫穷而离家出走，家中只有她和双目失明的母亲，从小她就用稚嫩的双肩挑起生活的重担。

上小学期间，她曾用板车拉着父亲到处求医看病，父亲去世后，她以顽强的毅力读完高中，2004 年考入湖北荆门职业技术学院。

第二年，听说母亲不慎摔下悬崖，伤势严重，她彻夜未眠，并于第二天向学校提出休学请求，回到了母亲身边。

经过她的精心照料，在母亲的病情有了好转以后，她做出一个惊人的决定，背上母亲去打工。母亲说什么都不同意，不愿再拖累自己的女儿。为了生存，刘芳艳不得不以死相逼。母亲无奈跟女儿出了家门。待打工攒足了学费，刘芳艳又背上盲母回到学校读书。她说："无论将来怎样，我会一如既往地带好我的母亲，让她老人家享受天伦之乐。"这位当代孝女感动了许多人。

另外，传统文化中还对我们提出了"诚信"、"仁爱"、"互助"等道德上的要求和希望……这种注重对人的道德教化和"以德治国"的思想，是非常值得我们今天构建精神文明所继承和发扬的。

三、追求和谐

中国传统文化的另一个核心思想就是追求和谐。"以和为贵"、"家和万事兴"、"天人合一"，中国传统文化在对待人与人、人与社会、人与自然等多方面关系的时候，总是自觉不自觉地把和谐放在了首位。

在人与自然的关系上，道家提出"天人合一"的思想，即把自然与人看做一个统一、平衡、和谐的整体。主张"道法自然"，即人们要顺从自然、回归自然，把大自然对人类的报复惩罚减少到最低限度，寻求人类理想的生存空间。在人际关系上，强调和谐有序，追求实现"仁者爱人"、"礼之用、和为贵"的和谐社会。

另外，《尚书》中关于尧、舜、禹执政理念的记载就有"协和万邦"、"咸和万民"的名言，这表明，在国家尚未形成的时候，先民就已经把"和谐"作为治理天下的最高境界。史伯的"和实生物"、孔子的"和为贵"、墨子的"兼相爱，交相利"，"尚同"，"非攻"、老子的"知和曰常"，都以"和"作为最理想的社会生活状态。

和谐文化是人类世界的共同精神财富，其强大的生命力和恒久价值，我们要理解它，然后将理论和实际联系起来，真正为构建和谐文化出力。

当然，中国的传统文化经历了几千年的积淀，也存在一些腐朽的"毒素"，不利于社会的进步，是必须要剔除的。这就要求我们更加清醒地了解认识我们的传统文化，取精华，去糟粕，继承一些"老祖宗"的东西，同时吸收外来的好的文化，以此来更新我们的文化，创造一种真正适合中国的文化。

在文化交流的过程中，可以获得互相补足、一体提升的效果，若只套取其他民族的东西作为模式价值标准，而失去了自己，这对一个民族的生存发展绝非好事。一个有生气、有内涵的民族，必定是能体现自己文化的精神的民族。此时我们要做的，是唤醒我们民族的灵魂，接续我们文化的精神和传统的命脉，以发扬我们传统文化优秀的一面。

今日主导世界的仍然是西方文化，中国要在经济、文化等领域与世界衔接，则资本主义价值观的输入是无可避免的，但西方文化的弊端，西方人自己亦无法消解。中华文化所含藏的智慧，往往可用以救治西方文化之偏，但要发掘中华文化的宝藏，必须对它有真切的了解。

现代社会属于多元价值的社会，在这种文化多元的社会中，我们应采取怎样的态度来复兴传统文化？由于改革开放，我们的社会不可避免地会接受价值多元，因此，我们应该对于自己的文化前景保持一种危机感，以免在主权上独立了，在文化上却成了西方国家的殖民地。中国文化本来有强大的兼容能力，但我们所面对的，是形势相当强大的西方现代文明，而我们年轻的一代，对自己的文化相当疏隔，崇洋者多，自信者少。因此，必须把中华文化放在主导位置，形成主流与交流的体系；主流永远不失其主导的性质，由之而体现并行而不悖的磅礴精神。

相信在不久的将来，中国传统文化将会扬弃落后和腐朽，吸收更多新的思想，融合世界先进文化，显出勃勃生机。中国“礼、义、仁、智、信”的做人原则，教化为本、以德为先的政治策略，饱含中国深厚文化底蕴的风俗民情，孕育中国悠久历史的名山大川，将成为中国先进文化中不可分割的重要部分；蕴藏着丰富价值理念的中国传统文化将在人类新一轮道德价值规范的重构中找到自己的位置，成为中华民族伟大复兴和中国和平崛起的强大精神动力。在我们向发达国家学习现代科学技术的同时，中国传统文化中的精华会以新的方式与世界文化、现代文明并存，并不断焕发新的生机和活力。

参考阅读

弟子规

总 叙

弟子规　圣人训　首孝悌　次谨信　泛爱众　而亲仁　有余力　则学文

入则孝

父母呼　应勿缓　父母命　行勿懒　父母教　须敬听　父母责　须顺承
冬则温　夏则清　晨则省　昏则定　出必告　反必面　居有常　业无变
事虽小　勿擅为　苟擅为　子道亏　物虽小　勿私藏　苟私藏　亲心伤
亲所好　力为具　亲所恶　谨为去　身有伤　贻亲忧　德有伤　贻亲羞
亲爱我　孝何难　亲恶我　孝方贤　亲有过　谏使更　怡吾色　柔吾声
谏不入　悦复谏　号泣随　挞无怨　亲有疾　药先尝　昼夜侍　不离床
丧三年　常悲咽　居处变　酒肉绝　丧尽礼　祭尽诚　事死者　如事生

出则悌

兄道友　弟道恭　兄弟睦　孝在中　财物轻　怨何生　言语忍　忿自泯
或饮食　或坐走　长者先　幼者后　长呼人　即代叫　人不在　己即到
称尊长　勿呼名　对尊长　勿见能　路遇长　疾趋揖　长无言　退恭立
骑下马　乘下车　过犹待　百步余　长者立　幼勿坐　长者坐　命乃坐
尊长前　声要低　低不闻　却非宜　进必趋　退必迟　问起对　视勿移
事诸父　如事父　事诸兄　如事兄

谨

朝起早　夜眠迟　老易至　惜此时　晨必盥　兼漱口　便溺回　辄净手

冠必正　组必结　袜与履　俱紧切　置冠服　有定位　勿乱顿　致污秽
衣贵洁　不贵华　上循分　下称家　对饮食　勿拣择　食适可　勿过则
年方少　勿饮酒　饮酒醉　最为丑　步从容　立端正　揖深圆　拜恭敬
勿践阈　勿跛倚　勿箕踞　勿摇髀　缓揭帘　勿有声　宽转弯　勿触棱
执虚器　如执盈　入虚室　如有人　事勿忙　忙多错　勿畏难　勿轻略
斗闹场　绝勿近　邪僻事　绝勿问　将入门　问孰存　将上堂　声必扬
人问谁　对以名　吾与我　不分明　用人物　须明求　倘不问　即为偷
借人物　及时还　人借物　有勿悭

信

凡出言　信为先　诈与妄　奚可焉　话说多　不如少　惟其是　勿佞巧
刻薄语　秽污词　市井气　切戒之　见未真　勿轻言　知未的　勿轻传
事非宜　勿轻诺　苟轻诺　进退错　凡道字　重且舒　勿急疾　勿模糊
彼说长　此说短　不关己　莫闲管　见人善　即思齐　纵去远　以渐跻
见人恶　即内省　有则改　无加警　惟德学　惟才艺　不如人　当自励
若衣服　若饮食　不如人　勿生戚　闻过怒　闻誉乐　损友来　益友却
闻誉恐　闻过欣　直谅士　渐相亲　无心非　名为错　有心非　名为恶
过能改　归于无　倘掩饰　增一辜

泛爱众

凡是人　皆须爱　天同覆　地同载　行高者　名自高　人所重　非貌高
才大者　望自大　人所服　非言大　己有能　勿自私　人有能　勿轻訾
勿谄富　勿骄贫　勿厌故　勿喜新　人不闲　勿事搅　人不安　勿话扰
人有短　切莫揭　人有私　切莫说　道人善　即是善　人知之　愈思勉
扬人恶　即是恶　疾之甚　祸且作　善相劝　德皆建　过不规　道两亏
凡取与　贵分晓　与宜多　取宜少　将加人　先问己　己不欲　即速已
恩欲报　怨欲忘　报怨短　报恩长　待婢仆　身贵端　虽贵端　慈而宽
势服人　心不然　理服人　方无言

亲　仁

同是人　类不齐　流俗众　仁者稀　果仁者　人多畏　言不讳　色不媚
能亲仁　无限好　德日进　过日少　不亲仁　无限害　小人进　百事坏

余力学文

不力行　但学文　长浮华　成何人　但力行　不学文　任己见　昧理真
读书法　有三到　心眼口　信皆要　方读此　勿慕彼　此未终　彼勿起
宽为限　紧用功　工夫到　滞塞通　心有疑　随札记　就人问　求确义
房室清　墙壁净　几案洁　笔砚正　墨磨偏　心不端　字不敬　心先病
列典籍　有定处　读看毕　还原处　虽有急　卷束齐　有缺损　就补之
非圣书　屏勿视　蔽聪明　坏心志　勿自暴　勿自弃　圣与贤　可驯致

上古神话

【原文】

天地混沌如鸡子，盘古生其中，万八千岁，天地开辟，阳清为天，阴浊为地。盘古在其中，一日九变，神于天，圣于地。天日高一丈，地日厚一丈，盘古日长一丈，如此万八千岁。天数极高，地数极深，盘古极长。后乃有三皇。

首生盘古，垂死化身，气成风云，声为雷霆，左眼为日，右眼为月，四肢五体为四极五岳，血液为江河，筋脉为地里，肌肉为田土，发为星辰，皮肤为草木，齿骨为金石，精髓为珠玉，汗流为雨泽，身之诸虫，因风所感，化为黎甿。

【译文】

远古的时候，没有天也没有地，到处是混混沌沌的漆黑一团，可就在这黑暗之中经过了一万八千年，却孕育出了一个力大无穷的神，他的名字叫盘古。

盘古醒来睁开眼一看，什么也看不见，于是拿起一把神斧怒喊着向四周猛劈过去。那轻而清的东西都向上飘去，形成了天；重而浊的东西向下沉去，形成了地。盘古站在天地中间，不让天地重合在一起。天每日都在增高，地每日都在增厚，盘古也随着增高。这样又过了一万八千年，天变得极高，地变得极厚，可是盘古也累倒了，再也没有起来。

盘古的头化做了高山，四肢化成了擎天之柱，眼睛变成太阳和月亮，血液变成了江河，毛发变成了星辰，肌肤变成了花草，呼吸变成了风，喊声变成了雷，泪水变成了甘霖雨露滋润着大地。

【原文】

往古之时，四极废，九州裂。天不兼覆，地不周载。火爁炎而不灭，水浩洋而不息，猛兽食颛民，鸷鸟攫老弱。于是女娲炼五色石以补苍天，断鳌足以立四极，杀黑龙以济冀州，积芦灰以止淫水。苍天补，四极正，淫水涸，冀州平，狡虫死，颛民生。

【译文】

上古的时候，大地四方尽头极远的地方崩坏，大地塌陷，天不能把大地全都覆盖，地不能把万物完全承载。火势宽广猛烈而不熄灭，洪水浩渺无边而不消退，猛兽吞食善良的人民，凶猛的鸟用爪抓取老弱。于是女娲熔炼五色石以补青天，折断鳌的四肢来把擎天的四根柱子支立起来，杀黑龙来拯救翼州，累积芦苇的灰烬以抵御洪水。苍天得以修补，四柱得以直立，洪水消退了，翼州太平，强壮凶猛的鸟兽死去，善良的百姓生存下来。

论语（节选）

【原文】

有子曰："其为人也孝弟，而好犯上者，鲜矣；不好犯上，而好作乱者，未之有也。君子务本，本立而道生。孝弟也者，其为仁之本与！"

【译文】

有子说："孝顺父母、尊敬兄长却喜欢冒犯上级的人，是很少的；不喜欢冒犯上级却喜欢造反的人，更是从来没有过。君子致力于根本，根本确立了，道德原则就会形成。孝顺父母，尊敬兄长，这就是实行仁道的根本吧！"

【原文】

子曰："弟子入则孝，出则弟，谨而信，泛爱众而亲仁。行有余力，则以学文。"

【译文】

孔子说："同学们在父母面前要孝顺父母，与兄弟相处要尊敬兄长；说话要谨慎而讲信用；博爱大众而特别亲近那些有仁德的人。做到了这些之后，才谈得上学习文化知识。”

【原文】

有子曰：“礼之用，和为贵。先王之道，斯为美，小大由之。有所不行，知和而和，不以礼节之，亦不可行也。”

【译文】

有子说：“礼的施行，以和谐为贵。以前圣王的治理之道，好就好在这里，不管小事大事都遵循这一原则。有行不通的地方，只知一味地为求和谐而求和谐，不用礼仪来加以节制，那也是不行的。”

【原文】

子曰：“吾十有五而志于学，三十而立，四十而不惑，五十而知天命，六十而耳顺，七十而从心所欲，不逾矩。”

【译文】

孔子说：“我十五岁立志学习，三十岁学成自立，但很多事情是到四十岁才明白，五十岁时我知道万事都有天命，六十岁时什么话都能够听进去，到了七十岁就是随心所欲也不会超越法度和规矩了。”

【原文】

子游问孝。子曰：“今之孝者，是谓能养。至于犬马，皆能有养。不敬，何以别乎？”

【译文】

子游问什么是孝。孔子说：“现在人们所说的孝，往往是指能够赡养父母。其实就连狗马之类都能够得到人的饲养。如果没有恭敬之心，赡养父母与饲养狗马之类有什么区别呢？”

【原文】

子曰：“吾与回言终日，不违，如愚。退而省其私，亦足以发，回也不愚。”

【译文】

孔子说：“我和颜回谈论一整天，他从不提反对意见和疑问，就像一个愚笨的人。可是，我注意观察他课后的情况，却发现他很能发挥我所讲的内容，颜回并不愚笨啊！”

【原文】

子曰：“人而无信，不知其可也！大车无輗，小车无軏，其何以行之哉？”

【译文】

孔子说：“作为一个人却不讲信用，不知他怎么可以立身处世！好比大车没有套横木的輗，小车没有套横木的軏，那怎么行驶呢？”

【原文】

哀公问社于宰我。宰我对曰：“夏后氏以松，殷人以柏，周人以栗，曰：使民战栗。”子闻之曰：“成事不说，遂事不谏，既往不咎。”

【译文】

鲁哀公问宰我用什么木头做土神的牌位好。宰我回答说：“夏代用松木做，殷代用柏木做，周代用栗木做，用栗木做的意思是使老百姓望而生畏，战战兢兢。”孔子听到后说：“已经做成的事就不必再说它了，已经做了的事就不必再劝阻了，已经过去的事就不必再追究了。”

【原文】

子曰：“君子怀德，小人怀土；君子怀刑，小人怀惠。”

【译文】

孔子说：“君子心怀道德，小人却一心想着自己的田土；君子心怀法度，小人却一心贪图实惠。”

【原文】

子曰：“人之生也直，罔之生也幸而免。”

【译文】

孔子说：“人的生存靠正直，不正直的人也能生存，但那不过是侥幸免于祸害罢了。”

【原文】

司马牛问君子。子曰："君子不忧不惧。"曰："不忧不惧，斯谓之君子已乎？"子曰："内省不疚，夫何忧何惧？"

【译文】

司马牛问什么是君子。孔子说："君子不忧愁不恐惧。"司马牛说："不忧愁不恐惧，这就可以叫做君子了吗？"孔子说："内心反省不感到愧疚，那又忧愁什么恐惧什么呢？"

【原文】

子曰："君子和而不同，小人同而不和。"

【译文】

孔子说："君子和谐相处却不盲目苟同；小人盲目苟同却不和谐相处。"

【原文】

孔子曰："不知命，无以为君子也；不知礼，无以立也；不知言，无以知人也。"

【译文】

孔子说："不知道命运，就不能够做君子；不懂得礼，就不能够立身；不懂得分辨话语，就不能看清别人。"

孟子（节选）

【原文】

梁惠王曰："晋国，天下莫强焉，叟之所知也。及寡人之身，东败于齐，长子死焉；西丧地于秦七百里；南辱于楚。寡人耻之，愿比死者一洒之，如之何则可？"

孟子对曰："地方百里而可以王。王如施仁政于民，省刑罚，薄税敛，深耕易耨；壮者以暇日修其孝悌忠信，入以事其父兄，出以事其长上，可使制梃以挞秦楚之坚甲利兵矣。彼夺其民时，使不得耕耨以养其父母。父母冻饿，兄弟妻子离散。彼陷溺其民，王往而征之，夫谁与王敌？故曰：‘仁者无敌。’王请勿疑！”

【译文】

梁惠王说：“晋国（魏与韩、赵三分晋地，故惠王犹自谓‘晋国’）曾一度在天下称强，这是老先生您知道的。可是到了我这时候，东边被齐国打败，连我的大儿子都死掉了；西边丧失了七百里土地给秦国；南边又受楚国的侮辱。我为这些事感到非常羞耻，希望替所有的死难者报仇雪恨，我要怎样做才行呢？”

孟子回答说：“只要有方圆一百里的土地就可以使天下归服。大王如果对老百姓施行仁政，减免刑罚，少收赋税，深耕细作，及时除草；让身强力壮的人抽出时间修养孝顺、尊敬、忠诚、守信的品德，在家侍奉父母兄长，出门尊敬长辈上级，这样就是让他们制作木棒也可以打击那些拥有坚实盔甲和锐利刀枪的秦楚军队了。因为那些秦国、楚国的执政者剥夺了他们老百姓的生产时间，使他们不能够深耕细作来赡养父母。父母受冻挨饿，兄弟妻子东离西散。他们使老百姓陷入深渊之中，大王去征伐他们，有谁来和您抵抗呢？所以说：‘施行仁政的人是无敌于天下的。’大王请不要疑虑！”

【原文】

“敢问夫子恶乎长？”

曰：“我知言，我善养吾浩然之气。”

“敢问何谓浩然之气？”

曰：“难言也。其为气也，至大至刚，以直养而无害，则塞于天地之间。其为气也，配义与道；无是，馁也。是集义所生者，非义袭而取之也。行有不慊于心，则馁矣。我故曰，告子未尝知义，以其外之也。必有事焉，而勿正，心勿忘，勿助长也。无若宋人然：宋人有闵其苗之不长而揠之者，芒芒然归，谓其人曰：‘今日病矣！予助苗长矣！’其子趋而往视之，苗则槁矣。天下之不助苗长者寡矣。以为无益而舍之者，不耘苗者也；助之长者，揠苗者也——非徒无益，而又害之。”

“何谓知言？”

曰：“诐辞知其所蔽，淫辞知其所陷，邪辞知其所离，遁辞知其所穷。生于其心，害于其政；发于其政，害于其事。圣人复起，必从吾言矣。”

【译文】

公孙丑说:“请问老师您长于哪一方面呢?”

孟子说:“我善于分辨别人的言语,我善于培养自己的浩然之气。”

公孙丑说:“请问什么叫浩然之气呢?”

孟子说:“这很难用一两句话说清楚。这种气,极端浩大,极端有力量,用正直去培养它而不加以伤害,就会充满天地之间。不过,这种气必须与仁义道德相配,否则就会缺乏力量。而且,必须要有经常性的仁义道德蓄养才能生成,而不是靠偶尔的正义行为就能获取的。一旦你的行为问心有愧,这种气就会缺乏力量了。所以我说,告子不懂得义,因为他把义看成心外的东西。我们一定要不断地培养义,心中不要忘记,但也不要一厢情愿地去帮助它生长。不要像宋人一样:宋国有个人嫌他种的禾苗老是长不高,于是到地里去用手把它们一株一株地拔高,累得气喘吁吁地回家,对他家里人说:‘今天可真把我累坏啦!不过,我总算让禾苗一下子就长高了!’他的儿子跑到地里去一看,禾苗已全部枯死了。天下人不犯这种拔苗助长错误的是很少的。认为养护庄稼没有用处而不去管它们的,是只种庄稼不除草的懒汉;一厢情愿地去帮助庄稼生长的,就是这种拔苗助长的人——不仅没有益处,反而害死了庄稼。”

公孙丑问:“怎样才算善于分辨别人的言语呢?”

孟子回答说:“偏颇的言语知道它片面在哪里;夸张的言语知道它过分在哪里;怪僻的言语知道它离奇在哪里;躲闪的言语知道它理穷在哪里。从心里产生,必然会对政治造成危害;用于政治,必然会对国家大事造成危害。如果圣人复生,也一定会同意我的话。”

道德经(节选)

【原文】

上善若水。

水善,利万物而不争,处众人之所恶,故几于道。

居善地,心善渊,与善仁,言善信,政善治,事善能,动善时。

夫唯不争,故无尤。

【译文】

上善之人（圣人）具有近似于水的特性。

水的行为表现为利于万物而不与万物争宠，始终停留在众人所厌恶的低下、隐蔽之处，所以，水具有近似于道的特性。

（水停留的地方都是众人厌恶的低洼之地）圣人选择的住宅则是不引人注目的地方，这样可以给生活带来安定并有利于修道；（水渊则藏，含而不露）圣人胸怀若谷，从不自我炫耀；（水利万物而不害万物）圣人处世仁慈，无私奉献而不图回报；（水虽不言，却避高趋洼，平衡高低，有着至诚不移的规律性）圣人言行一致，以诚信为本；（水可以冲洗污垢，刷新世界）圣人为政，清正廉洁，善于消除腐败；（水能静能动，能急能缓，能柔能刚，能内能外，能升能隐）圣人做事，“处无为之事，行不言之教”，一切遵循客观规律；（水，冬雪夏雨，随着季节的变化而变化，不违天时）圣人做事审时度势，伺机而动。

正因为圣人与世无争，一切遵循自然规律行事，不主观妄为，反而获得了别人无法争到的东西，这正是不争之争。一个始终按客观规律办事的人，自然不会有过失。

大学（节选）

【原文】

大学之道，在明明德，在亲民，在止于至善。

知止而后有定，定而后能静，静而后能安，安而后能虑，虑而后能得。物有本末，事有终始。知所先后，则近道矣。

古之欲明明德于天下者，先治其国；欲治其国者，先齐其家；欲齐其家者，先修其身；欲修其身者，先正其心；欲正其心者，先诚其意；欲诚其意者，先致其知；致知在格物。物格而后知至；知至而后意诚；意诚而后心正；心正而后身修；身修而后家齐；家齐而后国治；国治而后天下平。

自天子以至于庶人，壹是皆以修身为本。其本乱而末治者否矣。其所厚者薄，而其所薄者厚，未之有也！

【译文】

大学的宗旨在于弘扬光明正大的品德，在于使人弃旧图新，在于使人达到最完善的境界。

明确自己应达到的境界才能够志向坚定，志向坚定才能够镇静不躁，镇静不躁才能够所处而安，所处而安才能够思虑周详，思虑周详才能够得其处止。每样东西都有根本有枝末，每件事情都有开始有终结。明白了这本末始终的道理，就了解了事物发展的规律。

古代那些要想在天下弘扬光明正大品德的人，先要治理好自己的国家；要想治理好自己的国家，先要管理好自己的家庭和家族；要想管理好自己的家庭和家族，先要修养自身的品性；要想修养自身的品性，先要端正自己的心思；要想端正自己的心思，先要使自己的意念真诚；要想使自己的意念真诚，先要使自己获得知识；获得知识的途径在于认识、研究万事万物。通过对万事万物的认识、研究后才能获得知识；获得知识后意念才能真诚；意念真诚后心思才能端正；心思端正后才能修养品性；品性修养后才能管理好家庭和家族；管理好家庭和家族后才能治理好国家；治理好国家后天下才能太平。

上自国家元首，下至平民百姓，人人都要以修养品性为根本。若这个根本被扰乱了，家庭、家族、国家、天下要治理好是不可能的。不分轻重缓急，本末倒置却想做好事情，这也同样是不可能的！

中庸（节选）

【原文】

天命之谓性，率性之谓道，修道之谓教。道也者，不可须臾离也，可离非道也。是故君子戒慎乎其所不睹，恐惧乎其所不闻。莫见乎隐，莫显乎微。故君子慎其独也。

喜怒哀乐之未发，谓之中；发而皆中节，谓之和。中也者，天下之大本也；和也者，天下之达道也。致中和，天地位焉，万物育焉。

【译文】

人的自然禀赋叫做“性”，顺着本性行事叫做“道”，按照“道”的原则修养叫做“教”。“道”是片刻不可以离开的，如果可以离开，那就不是“道”了。所以，品德高尚的人在没有人看见的地方也是谨慎的，在没有人听见的地方也是有所戒惧的。越是隐蔽的地方越是明显，越是细微的地方越是显著。所以，品德高尚的人在一人独处的时候也是谨慎的。

喜怒哀乐没有表现出来的时候，叫做“中”；表现出来以后符合节度，叫做“和”。“中”，是人人都有的本性；“和”，是大家遵循的原则，达到“中和”的境界，天地便各在其位了，万物便生长繁育了。

【原文】

仲尼曰：“君子中庸，小人反中庸。君子之中庸也，君子而时中；小人之中庸也，小人而无忌惮也。”

【译文】

孔子说：“君子中庸，小人违背中庸。君子之所以中庸，是因为君子随时做到适中，无过无不及；小人之所以违背中庸，是因为小人肆无忌惮，专走极端。”

孙子兵法（节选）

【原文】

孙子曰：兵者，国之大事，死生之地，存亡之道，不可不察也。故经之以五事，校之以计，而索其情。一曰道，二曰天，三曰地，四曰将，五曰法。道者，令民于上同意也，故可以与之死，可以与之生，而不畏危也；天者，阴阳、寒暑、时制也；地者，远近、险易、广狭、死生也；将者，智、信、仁、勇、严也；法者，曲制、官道、主用也。凡此五者，将莫不闻，知之者胜，不知之者不胜。故校之以计，而索其情。曰：主孰有道？将孰有能？天地孰得？法令孰行？兵众孰强？士卒孰练？赏罚孰明？吾以此知胜负矣。将听吾计，用之必胜，留之；将不听吾计，用之必败，去之。

计利以听，乃为之势，以佐其外。势者，因利而制权也。兵者，诡道也。故能而示之不能，用而示之不用，近而示之远，远而示之近。利而诱之，乱而取之，实而备之，强而避之，怒而挠之，卑而骄之，佚而劳之，亲而离之，攻其无备，出其不意。此兵家之胜，不可先传也。

夫未战而庙算胜者，得算多也；未战而庙算不胜者，得算少也。多算胜，少算不胜，而况于无算乎！吾以此观之，胜负见矣。

【译文】

孙子说：战争是一个国家的头等大事，关系到军民的生死，国家的存亡，是不能不慎重周密地观察、分析、研究的。因此，必须通过敌我双方五个方面的分析、七种情况的比较，得到详情，来预测战争胜负的可能性。一是道，二是天，三是地，四是将，五是法。道，指君主和民众目标相同、意志统一，可以同生共死，而不会惧怕危险；天，指昼夜、阴晴、寒暑、四季更替；地，指地势的高低，路程的远近，地势的险要、平坦与否，战场的广阔、狭窄，是生地还是死地等地理条件；将，指将领足智多谋、赏罚有信、对部下真心关爱、勇敢果断、军纪严明；法，指组织结构、责权划分、人员编制、管理制度、资源保障、物资调配。对这五个方面，将领都不能不做深刻了解。了解就能胜利，否则就不能胜利。所以，要通过对双方各种情况的考察分析，并据此加以比较，从而来预测战争胜负。哪一方的君主是有道明君，能得民心？哪一方的将领更有能力？哪一方占有天时地利？哪一方的法规、法令更能严格执行？哪一方资源更充足、装备更精良、兵员更广大？哪一方的士兵训练更有素、更有战斗力？哪一方的赏罚更公正严明？通过这些比较，我就知道了胜负。将领听从我的计策，任用他必胜，我就留下他；将领不听从我的计策，任用他必败，我就辞退他。

听从了有利于克敌制胜的计策，还要创造一种势态，作为协助我方军事行动的外部条件。势，就是按照我方建立优势、掌握战争主动权的需要，根据具体情况采取不同的相应措施。用兵作战，就是诡诈。因此，有能力而装做没有能力，实际上要攻打而装做不攻打，欲攻打近处却装做攻打远处，攻打远处却装做攻打近处。对方贪利就用利益诱惑他，对方混乱就趁机攻取他，对方强大就要防备他，对方暴躁易怒就可以撩拨他怒而失去理智，对方自卑而谨慎就使他骄傲自大，对方体力充沛就使其劳累，对方内部亲密团结就挑拨离间，要攻打对方没有防备的地方，在对方没有料到的时机发动进攻。这些都是军事家克敌制胜的诀窍，不可先传泄于人也。

在未战之前，经过周密的分析、比较、谋划，如果结论是我方占据的有利条件多，就有八九成的胜利把握；如果结论是我方占据的有利条件少，只有六七成的胜利把握，则只有前一种情况在实战时才可能取胜。如果在战前不做周密的分析、比较，或分析、比较的结论是我方只有五成以下的胜利把握，那在实战中就不可能获胜。只要根据估算的结果，而不用实战，胜负就显而易见了。

尚书（节选）

【原文】

曰若稽古，帝尧曰放勋，钦明文思安安，允恭克让，光被四表，格于上下。克明俊德，以亲九族。九族既睦，平章百姓。百姓昭明，协和万帮，黎民与变时雍。

【译文】

考察古代传说，帝尧的名字叫放勋。他严肃恭谨，明察是非，善于治理天下，宽宏温和，诚实尽职，能够让贤，光辉普照四面八方，至于天上地下。他能够明察有才有德的人，使同族人亲密团结。族人亲密和睦了，又明察和表彰有善行的百官，协调诸侯各国的关系，民众也随着变得友善和睦起来了。

【原文】

王曰："古人有言曰：'牝鸡无晨；牝鸡之晨，惟家之索。'今商王受惟妇言是用，昏弃厥肆祀弗答，昏弃厥遗王父母弟不迪，乃惟四方之多罪逋逃，是崇是长，是信是使，是以为大夫卿士。俾暴虐于百姓，以奸宄于商邑。今予发惟恭行天之罚。今日之事，不愆于六步、七步，乃止齐焉。夫子勖哉！不愆于四伐、五伐、六伐、七伐，乃止齐焉。勖哉夫子！尚桓桓，如虎如貔，如熊如罴，于商郊。弗迓克奔，以役西土，勖哉夫子！尔所弗勖，其于尔躬有戮！"

【译文】

周武王对士兵说："古人说过：'母鸡在早晨不打鸣；如果谁家母鸡早晨打鸣，这个家就要衰落了。'现在商纣王听信妇人的话，轻蔑地抛弃了对祖先的祭祀，抛弃他的先王的后裔，不任用同宗的长辈和兄弟，却对四方八面来的罪人逃犯十分信任、任用并提拔他们，让他们当上大夫、卿士，他们残暴地虐待老百姓，在商国都城胡作非为。现在我姬发要恭敬地按上天的意志来讨伐商纣。今日决战，阵列的前后距离不超过六七步，保持整齐，不得拖拉。将士们，努力吧！刺杀不超过四伐、五伐、六伐、七伐，也要保持整齐，不得畏缩不前。努力吧，将士们！你们要威武雄壮，如虎如豹，似熊似罴，勇猛向前，在商都郊外大战一场。不要伤害向我们投降的人，让他们为我所用。努力吧，将士们！如果你们不努力，自身就会遭到杀戮！"

礼记（节选）

【原文】

孔子曰：“大道之行也，与三代之英，丘未之逮也，而有志焉。大道之行也，天下为公。选贤与能，讲信修睦，故人不独亲其亲，不独子其子，使老有所终，壮有所用，幼有所长，矜寡孤独废疾者，皆有所养。男有分，女有归。货，恶其弃于地也，不必藏于己；力，恶其不出于身也，不必为己。是故，谋闭而不兴，盗窃乱贼而不作，故外户而不闭，是谓大同。今大道既隐，天下为家，各亲其亲，各子其子，货力为己，大人世及以为礼。城郭沟池以为固，礼义以为纪：以正君臣，以笃父子，以睦兄弟，以和夫妇，以设制度，以立田里，以贤勇知，以功为己。故谋用是作，而兵由此起。禹汤文武成王周公，由此其选也。此六君子者，未有不谨于礼者也。以着其义，以考其信，着有过，刑仁讲让，示民有常。如有不由此者，在執者去，众以为殃，是谓小康。”

【译文】

孔子说：“原始社会至善至美的那些准则的实行，跟夏、商、周三代杰出人物，我赶不上他们，却也有志于此啊！大道实行的时代，天下是属于公众的。选拔道德高尚的人，推举有才能的人。讲求信用，调整人与人之间的关系，使它达到和睦。因此人们不只敬爱自己的父母，不只疼爱自己的子女。使老年人得到善终，青壮年人充分施展其才能，少年儿童有使他们成长的条件和措施。老而无妻者、老而无夫者、少而无父者、老而无子者，都有供养他们的措施。男人有职份，女人有夫家。人们厌恶财物被浪费，但不一定都藏在自己家里。人们讨厌在劳动中不肯尽力的，但不一定是为了自己。因此奸诈之心都不会有，盗窃、造反和害人的事情不会出现，因此外出不必关门，是高度太平、团结的局面。如今大道已经消失不见，天下成为私家的。人们只敬爱自己的父母，只疼爱自己的子女，对待财物和出力都是为了自己。天子诸侯把父子相传、兄弟相传作为礼制，以城郭、护城河作为防守设施，礼义作为准则：用礼义摆正君臣的关系，使父子关系纯厚，使兄弟关系和睦，使夫妻关系和谐，用礼义来建立制度，来建立户籍，按照礼义把有勇有谋的人当做贤者，按照礼义把自己看做有功。因此奸诈之心由此产生，战乱也由此兴起。夏禹、商汤、周文王、周武王、周成王、周公因此成为三代诸王中的杰出人物，是按照礼义从中选拔出来的。这六位杰出人物，没有不认真对待礼义的。以礼义表彰他们做对了事，以礼义成全他们讲信用的事，揭露他们有过错的事，把仁爱定为法式，提倡礼让，以礼义指示人们要遵循固定的规范。如果有不遵循礼义的人，在位的就会被罢免，老百姓把这当做祸害。这可以称为小小的安定。”

墨子（节选）

【原文】

圣人以治天下为事者也，必知乱之所自起，焉能治之；不知乱之所自起，则不能治。譬之如医之攻人之疾者然，必知疾之所自起，焉能攻之；不知疾之所自起，则弗能攻。治乱者何独不然，必知乱之所自起，焉能治之；不知乱之所自起，则弗能治。圣人以治天下为事者也，不可不察乱之所自起。

当察乱何自起？起不相爱。臣子之不孝君父，所谓乱也。子自爱，不爱父，故亏父而自利；弟自爱，不爱兄，故亏兄而自利；臣自爱，不爱君，故亏君而自利，此所谓乱也。虽父之不慈子，兄之不慈弟，君之不慈臣，此亦天下之所谓乱也。父自爱也，不爱子，故亏子而自利；兄自爱也，不爱弟，故亏弟而自利；君自爱也，不爱臣，故亏臣而自利。是何也？皆起不相爱。虽至天下之为盗贼者亦然：盗爱其室，不爱其异室，故窃异室以利其室；贼爱其身，不爱人，故贼人以利其身。此何也？皆起不相爱。虽至大夫之相乱家、诸侯之相攻国者亦然：大夫各爱其家，不爱异家，故乱异家以利其家；诸侯各爱其国，不爱异国，故攻异国以利其国。天下之乱物，具此而已矣。察此何自起？皆起不相爱。

若使天下兼相爱，爱人若爱其身，犹有不孝者乎？视父兄与君若其身，恶施不孝？犹有不慈者乎？视弟子与臣若其身，恶施不慈？故不孝不慈亡有。犹有盗贼乎？故视人之室若其室，谁窃？视人身若其身，谁贼？故盗贼亡有。犹有大夫之相乱家、诸侯之相攻国者乎？视人家若其家，谁乱？视人国若其国，谁攻？故大夫之相乱家、诸侯之相攻国者亡有。若使天下兼相爱，国与国不相攻，家与家不相乱，盗贼无有，君臣父子皆能孝慈，若此则天下治。故圣人以治天下为事者，恶得不禁恶而劝爱。故天下兼相爱则治，交相恶则乱。故子墨子曰：不可以不劝爱人者，此也。

【译文】

圣人是以治理天下为职业的人，必须知道混乱从哪里产生，才能对它进行治理；如果不知道混乱从哪里产生，就不能进行治理。这就好像医生给人治病一样，必须知道疾病产生的根源，才能进行医治；如果不知道疾病产生的根源，就不能医治。治理混乱又何尝不是这样，必须知道混乱产生的根源，才能进行治理；如果不知道混乱产生的根源，就不能治理。圣人是以治理天下为职业的人，不可不考察混乱产生的根源。

试考察混乱从哪里产生呢？起于人与人不相爱。臣与子不孝敬君和父，就是所谓乱。儿子爱自己而不爱父亲，因而损害父亲以自利；弟弟爱自己而不爱兄长，因而损害兄长以自利；臣下爱自己而不爱君上，因而损害君上以自利，这就是所谓混乱。反过来，即父亲不慈爱儿子，兄长不慈爱弟弟，君上不慈爱臣下，这也是天下的所谓混乱。父亲爱自己而不爱儿子，所以损害儿子以自利；兄长爱自己而不爱弟弟，所以损害弟弟以自利；君上爱自己而不爱臣下，所以损害臣下以自利。这是为什么呢？都是起于不相爱。即使天底下做盗贼的人，也是这样。盗贼只爱自己的家，不爱别人的家，所以盗窃别人的家以利自己的家；盗贼只爱自身，不爱别人，所以残害别人以利自己。这是什么原因呢？都起于不相爱。即使大夫相互侵扰家族，诸侯相互攻伐封国，也是这样。大夫各自爱他自己的家族，不爱别人的家族，所以侵扰别人的家族以利他自己的家族；诸侯各自爱他自己的国家，不爱别人的国家，所以攻伐别人的国家以利他自己的国家。天下的乱事，全部都具备在这里了。细察它从哪里产生呢？都起于不相爱。

假若天下都能相亲相爱，爱别人就像爱自己，还能有不孝的吗？看待父亲、兄弟和君上像自己一样，怎么会做出不孝的事呢？还会有不慈爱的吗？看待弟弟、儿子与臣下像自己一样，怎么会做出不慈的事呢？所以不孝不慈都没有了。还有盗贼吗？看待别人的家像自己的家一样，谁会盗窃？看待别人就像自己一样，谁会害人？所以盗贼没有了。还有大夫相互侵扰家族、诸侯相互攻伐封国吗？看待别人的家族就像自己的家族，谁会侵犯？看待别人的封国就像自己的封国，谁会攻伐？所以大夫相互侵扰家族、诸侯相互攻伐封国，都没有了。假若天下的人都相亲相爱，国家与国家不相互攻伐，家族与家族不相互侵扰，盗贼没有了，君臣父子间都能孝敬慈爱，像这样，天下也就治理了。所以圣人既然是以治理天下为职业的人，怎么能不禁止相互仇恨而鼓励相爱呢？因此天下的人相亲相爱就会治理好，相互憎恶则会混乱。所以墨子说：不能不鼓励爱别人，道理就在此。

庄子（节选）

【原文】

庖丁为文惠君解牛，手之所触，肩之所倚，足之所履，膝之所踦，砉然向然，奏刀騞然，莫不中音。合于《桑林》之舞，乃中《经首》之会。

文惠君曰："嘻，善哉！技盖至此乎？"

庖丁释刀对曰："臣之所好者道也，进乎技矣。始臣之解牛之时，所见无非牛者。三年之后，未尝见全牛也。方今之时，臣以神遇而不以目视，官知止而神欲行。依乎天理，批大郤，导大窾，因其固然，技经肯綮之未尝，而况大軱乎！良庖岁更刀，割也；族庖月更刀，折也。今臣之刀十九年矣，所解数千牛矣，而刀刃若新发于硎。彼节者有间，而刀刃者无厚；以无厚入有间，恢恢乎其于游刃必有余地矣，是以十九年而刀刃若新发于硎。虽然，每至于族，吾见其难为，怵然为戒，视为止，行为迟。动刀甚微，谍然已解，如土委地。提刀而立，为之四顾，为之踌躇满志，善刀而藏之。"

文惠君曰："善哉，吾闻庖丁之言，得养生焉。"

【译文】

有一个姓丁的厨师替梁惠王宰牛，手所接触的地方，肩所靠着的地方，脚所踩着的地方，膝所顶着的地方，都发出皮骨相离声，进刀时发出砉砉的响声，这些声音没有不合乎音律的。它合乎《桑林》舞乐的节拍，又合乎尧时《经首》乐曲的节奏。

梁惠王说："嘻！好啊！你的技术怎么会高明到这种程度呢？"

厨师放下刀子回答说："臣下所喜好的是自然的规律，这已经超过了对于宰牛技术的追求。当初我刚开始宰牛的时候，对于牛体的结构还不了解，看到的都是整只牛，和一般人所见一样。三年之后，见到的是牛的内部肌理筋骨，再也看不见整头的牛了。现在宰牛的时候，臣下只是用精神去和牛接触，而不用眼睛去看，就像视觉停止了而精神在活动。顺着牛体的肌理结构，劈开筋骨间大的空隙，沿着骨节间的空穴使刀，都是依顺着牛体本来的结构。宰牛的刀从来没有碰过经络相连的地方、紧附在骨头上的肌肉和肌肉聚结的地方，更何况股部的大骨呢？技术高明的厨工每年换一把刀，是因为他们用刀子去割肉。技术一般的厨工每月换一把刀，因为他们用刀子去砍骨头。现在臣下的这把刀已用了十九年了，宰牛数千头，而刀口却像刚从磨刀石上磨出来的。牛身上的骨节是有空隙的，但是刀刃没有厚度，用这样薄的刀刃刺入有空隙的骨节，那么在运转刀刃时就宽绰而有余地了，因此用了十九年而刀刃仍像刚从磨刀石上磨出来一样。即使这样，可是每当碰上筋骨交错的地方，我一见那里难以下刀，就十分警惕而小心翼翼，目光集中，动作放慢。刀子轻轻地动一下，哗啦一声骨肉就已经分离，像一堆泥土散落在地上了。我提起刀站着，为这一成功而得意地四下环顾，为这一成功而悠然自得、心满意足。擦拭好了刀把它收起来。"

梁惠王说："好啊！我听了你的话，学到了养生之道啊！"

韩非子（节选）

【原文】

晋文公攻原，裹十日粮，遂与大夫期十日，至原十日而原不下，击金而退，罢兵而去，士有从原中出者曰："原三日即下矣。"群臣左右谏曰："夫原之食竭力尽矣，君姑待之。"公曰："吾与士期十日，不去，是亡吾信也。得原失信，吾不为也。"遂罢兵而去。原人闻曰："有君如彼其信也，可无归乎？"乃降公。卫人闻曰："有君如彼其信也，可无从乎？"乃降公。孔子闻而记之曰："攻原得卫者信也。"

文公问箕郑曰："救饿奈何？"对曰："信。"公曰："安信？"曰："信名。信名，则群臣守职，善恶不逾，百事不怠；信事，则不失天时，百姓不逾；信义，则近亲劝勉，而远者归之矣。"

吴起出，遇故人而止之食，故人曰："诺，今返而御。"吴子曰："待公而食。"故人至暮不来，起不食待之。明日早，令人求故人，故人来方与之食。

魏文侯与虞人期猎。明日，会天疾风，左右止，文侯不听，曰："不可以风疾之故而失信，吾不为也。"遂自驱车往，犯风而罢虞人。

曾子之妻之市，其子随之而泣，其母曰："女还，顾反为女杀彘。"妻适市来，曾子欲捕彘杀之，妻止之曰："特与婴儿戏耳。"曾子曰："婴儿非与戏也。婴儿非有知也，待父母而学者也，听父母之教，今子欺之，是教子欺也。母欺子，子而不信其母，非以成教也。"遂烹彘也。

楚厉王有警，为鼓以与百姓为戍，饮酒醉，过而击之也，民大惊，使人止之。曰："吾醉而与左右戏，过击之也。"民皆罢。居数月，有警，击鼓而民不赴，乃更令明号而民信之。

李悝警其两和曰："谨警敌人，旦暮且至击汝。"如是者再三而敌不至，两和懈怠，不信李悝，居数月，秦人来袭之，至，几夺其军，此不信患也。一曰：李悝与秦人战，谓左和曰："速上，右和已上矣。"又驰而至右和曰："左和已上矣。"左右和曰："上矣。"于是皆争上。其明年与秦人战，秦人袭之，至，几夺其军，此不信之患。

有相与讼者，子产离之而毋使通辞，到至其言以告而知也。

惠嗣公使人伪关市，关市呵难之，因事关市以金，关市乃舍之，嗣公谓关市曰："某时有客过而予汝金，因谴之。"关市大恐，以嗣公为明察。

【译文】

晋文公攻打原国时，携带了十天的粮食，于是和大夫约定在十天内收兵。到达原地十天却没有攻下原国，文公遂鸣金后退，收兵离开。有个从原国都城中出来的文士说："原国三天内就可攻下了。"群臣近侍进谏说："原国城内已经粮食枯竭，力量耗尽了，君主暂且等一等吧。"文公说："我和武士约期十天，还不离开的话，那就失掉了我的信用。得到原国而失掉信用，我是不干的。"于是收兵离去。原国人听到后说："君主有像他那样守信用的，怎好不归顺呢？"就向晋文公投降了。卫国人听到后说："君主有像他那样守信用的，怎么能不跟从他呢？"随后投降了晋文公。孔子听到后记下来说："攻打原国而得到卫国，靠的是信用。"

晋文公问箕郑说："怎样救济饥荒？"箕郑回答说："守信用。"文公说："怎样守信用呢？"箕郑说："在名位、政事、道义上都要守信用：名位上守信用，群臣就会尽职尽责，好的坏的不会混杂，各种政事不会懈怠；政事上守信用，就不会错过天时季节，百姓不会三心二意；道义上守信用，亲近的人就会努力工作，疏远的人就会前来归顺了。"

吴起出门，碰到了老朋友，就留人家一起吃饭。老朋友说："好吧。马上就会回来吃饭的。"吴起说："我等您来吃饭。"老朋友到晚上还没来，吴起不吃饭等候着他。第二天早上，派人去请老朋友。老朋友来了，吴起才和他一起吃饭。

魏文侯和守山的人约定了打猎时间。第二天，正巧碰上天刮大风，近侍劝阻文侯不要再去，文侯不听，说："不可因风大的缘故而失掉信用，我不能那样处身行事。"于是亲自驾车前去，冒风告诉守山人打猎的事作罢。

曾子的妻子上集市去，小儿子跟在后面哭泣。孩子母亲说："你先回去，等我回来给你杀猪吃。”她去集市回来，曾子打算抓猪来杀。妻子阻止说：“不过是和小孩开玩笑罢了。”曾子说：“小孩可不是开玩笑的对象。小孩没什么才智，要靠父母做出榜样才会跟着学，完全听从父母的教诲。现在你欺骗了他，也就是教儿子学会骗人。做母亲的欺骗孩子，孩子就不相信母亲了，这不是进行教育的方法。”于是就把猪杀掉煮了。

楚厉王遇到军情警报，就立起军鼓作为号召，通知民众一起防守。他喝酒喝醉后，错误地敲响了军鼓，民众都非常惊慌。厉王派人安抚大家说：“我是醉酒后和近侍开玩笑，才错误地击了鼓。”于是民众都松懈了下来。过了几个月，又遇到军情警报，厉王击鼓，民众却不去备战。于是他更改命令，明确信号，这样民众才信从了。

李悝警告左右壁垒的军队说：“小心地警惕敌人，他们早晚会来袭击你们。”像这样的警告说了好多次，但敌人却没有来。左右壁垒的军队都松懈了下来，不再相信李悝，过了几个月，秦人前来袭击他们，打起来后，几乎消灭李悝全军，这是不讲信用的祸害。另一种说法：李悝和秦人就要交战，他对左边壁垒的军队说：“快上。右边壁垒的军队已经上阵了。”又骑马到右边壁垒的军队说：“左边壁垒的军队已经上阵了。”两翼军队都说：“上阵吧。”于是都争先恐后地上了阵。过后第二年，和秦人交战。秦人前来偷袭，一交手，差点儿消灭魏军。这是不讲信用的祸害。

有两个人争吵，请子产为他们评理。子产把他们隔离在两处，使他们互相不能交谈。然后把他们两人的话都颠倒其词告诉对方，是非曲直很快就知道了。

卫嗣公派人扮成经过关卡的人，这个人在过关时受到了主管官吏的非难，该人于是贿赂这个官吏，才得以顺利过关。后来，卫嗣公对那官吏说：“某月某日，有个人给了你钱，你才放他过关。”关卡上管理官吏特别害怕，认为卫嗣公什么都知道。

史记·李斯列传（节选）

（西汉）司马迁

【原文】

始皇三十四年，置酒咸阳宫，博士仆射周青臣等颂称始皇威德。齐人淳于越进谏曰："臣闻之，殷周之王千余岁，封子弟功臣自为支辅。今陛下有海内，而子弟为匹夫，卒有田常、六卿之患，臣无辅弼，何以相救哉？事不师古而能长久者，非所闻也。今青臣等又面谀以重陛下过，非忠臣也。"始皇下其议丞相。丞相谬其说，绌其辞，乃上书曰："古者天下散乱，莫能相一，是以诸侯并作，语皆道古以害今，饰虚言以乱实，人善其所私学，以非上所建立。今陛下并有天下，别白黑而定一尊；而私学乃相与非法教之制，闻令下，即各以其私学议之，入则心非，出则巷议，非主以为名，异趣以为高，率群下以造谤。如此不禁，则主势降乎上，党与成乎下。禁之便。臣请诸有文学《诗》《书》百家语者，蠲除去之。令到满三十日弗去，黥为城旦。所不去者，医药卜筮种树之书。若有欲学者，以吏为师。"始皇可其议，收去《诗》《书》百家之语以愚百姓，使天下无以古非今。明法度，定律令，皆以始皇起。同文书。治离宫别馆，周遍天下。明年，又巡狩，外攘四夷，斯皆有力焉。

【译文】

秦始皇三十四年（公元前 213 年），在咸阳宫设宴招待群臣，博士仆射周青臣等人称颂秦始皇的武威盛德。齐人淳于越劝谏道："我听说殷商和周朝统治达一千多年，分封子弟及功臣做为膀臂辅翼。而现在陛下您虽统一天下，但子弟却还是平民百姓，若一旦出现了田常、六卿夺权篡位的祸患，在朝中又没有强有力的辅佐之臣，靠谁来相救呢？办事不学习古代经验而长期统治的朝代，我还没有听说过。现在周青臣等人又当面阿谀奉承以加重您的错误，不是忠臣。"始皇把这种议论交给李斯处理，李斯认为这种论点是荒谬的，因此废弃不用，就上书给皇帝说："古时候天下分散败乱，彼此之间互不服从，所以才诸侯并起，一般舆论都称道古代以否定当代，装点一些虚夸不实的文辞来扰乱社会的实际，人们都认为自己的一派学问最好，以否定皇帝的政策法令。现在陛下统一了天下，分辨了黑白是非，使海内共同尊崇皇帝一人；而诸子百家各个学派却在一起任意批评朝廷的法令制度，听说朝廷令下，立刻就以自己学派的观点来议论它，回家便心中不满，出门则在街头巷尾纷纷议论，以批评君主来博得名声，认为和朝廷不一样便是本领高，并带领下层群众来制造诽谤。这样下去而不加以禁止的话，上面君主的权力威望就要下降，下面私人的帮派也要形成。因此，还是以禁止为好。我请求把人们收藏的《诗》、《书》和诸子百家的著作，都一概扫除干净。命令下达 30 天之后，若还有人不服从，判处黥刑并罚做筑城苦役。不在清除之列的，是医药、占卜、种植等类书籍。若有想学习法令的，以官吏为老师。"秦始皇批准了他的建议，没收了《诗经》、《尚书》和诸子百家的著作，以便使人民愚昧无知，使天下人无法用古代之事来批评当前朝廷。修明法制，制定律令，都从秦始皇开始。统一文字，在全国各地修建离宫别馆。第二年，始皇又四处巡视，平定了四方少数民族，这些措施，李斯都出了不少力。

春秋繁露（节选）

（西汉）董仲舒

【原文】

“楚庄王杀陈夏徵舒，《春秋》贬其文，不予专讨也；灵王杀齐庆封，而直称楚子，何也？”曰：“庄王之行贤，而徵舒之罪重。以贤君讨重罪，其于人心善，若不贬，孰知其非正经，《春秋》常于其嫌得者，见其不得也。是故齐桓不予专地而封，晋文不予致王而朝，楚庄弗予专杀而讨。三者不得，则诸侯之得，殆此矣。此楚灵之所以称子而讨也。《春秋》之辞多所况，是文约而法明也。”

问者曰：“不予诸侯之专封，复见于陈、蔡之灭；不予诸侯之专讨，独不复见于庆封之杀，何也？”曰：“《春秋》之用辞，已明者去之，未明者著之。今诸侯之不得专讨，固已明矣。而庆封之罪未有所见也，故称楚子以伯讨之，著其罪之宜死，以为天下大禁。曰：人臣之行，贬主之位，乱国之臣，虽不篡杀，其罪皆宜死，比于此其云尔也。”

“《春秋》曰：‘晋伐鲜虞。’奚恶乎晋，而同夷狄也？”曰：“《春秋》尊礼而重信。信重于地，礼尊于身。何以知其然也？宋伯姬疑礼而死于火，齐桓公疑信而亏其地，《春秋》贤而举之，以为天下法。曰礼而信，礼无不答，施无不报，天之数也。今我君臣同姓适女，女无良心，礼以不答，有恐畏我，何其不夷狄也！公子庆父之乱，鲁危殆亡，而齐侯安之。于彼无亲，尚来忧我，如何与同姓而残贼遇我。《诗》云：‘宛彼鸣鸠，翰飞戾天。我心忧伤，念彼先人。明发不昧，有怀二人。’人皆有此心也。今晋不以同姓忧我，而强大厌我，我心望焉，故言之不好，谓之晋而已，婉辞也。”

问者曰：“晋恶而不可亲，公往而不敢至，乃人情耳，君子何耻，而称公有疾也？”曰：“恶无故自来，君子不耻，‘内省不疚，何忧于志’，是已矣。今《春秋》耻之者，昭公有以取之也。臣陵其君，始于文而甚于昭。公受乱陵夷，而无惧惕之心，嚣嚣然轻计妄讨，犯大礼而取同姓，接不义而重自轻也。人之言曰：‘国家治则四邻贺，国家乱则四邻散。’是故季孙专其位，而大国莫之正，出走八年，死乃得归，身亡子危，困之至也。君子不耻其困，而耻其所以穷。昭公虽逢此时，苟不取同姓，讵至于是；虽取同姓，能用孔子自辅，亦不至如是。时难而治简，行枉而无救，是其所以穷也。”

【译文】

学生问：“楚庄王杀了陈国的大夫夏徵舒，《春秋》在记载时采用贬斥的写法，这是不赞成诸侯僭越天子的专讨之权；但是在记载楚灵王杀齐国大夫庆封时，却用‘楚子’这样的褒扬的称呼，这是为什么呢？”老师答：“楚庄王是个好人呀！那个夏徵舒却是个罪大恶极的坏人。人们都知道好人杀坏人，这是大快人心的事。但是，如果《春秋》不公开贬斥这件‘好人杀坏人’的好事，那么怎么能让大家知道这件事其实是‘不正经’的坏事呢？！《春秋》就是常常在这样的‘好事’中看到不好的地方。所以对齐桓公，《春秋》不赞成他没得到周天子的授权而擅自把土地分封给别人；对晋文公，《春秋》不赞成他把周天子叫过来开会；对楚庄王，《春秋》不赞成他没有天子的授权就去攻打别人还把人家给杀了。这三件都是看上去是好事，但《春秋》认为是错事的情况，那么其他诸侯的好事也都跟这三件事差不多了。这就是为什么虽然楚灵王讨伐庆封，但《春秋》却称他为‘楚子’。《春秋》里面的话大多都是这样的，文字虽然简略，但是其中的规矩还是很明确的。”

学生问：“不给予诸侯专门的封赏，此类事又见于陈、蔡两国被灭之事，却将灵王杀齐庆封一事作为例外，这是为什么？”老师答：“《春秋》行文用语，已经申明辨清的就弃而不再重复；没有说清楚的就要讲说清楚。如今诸侯不能给予专门讨伐别人的权力一事，已经说清楚了。而庆封的罪过在《春秋》并没有说明，所以让楚王以盟主的身份讨伐他，表明庆封罪该万死，让人们将他的行为视作天下之大禁。《春秋》认为，人臣的行为，使国君的地位遭受贬谪，就是乱国之臣，即使不篡夺君位，不弑国君，他的罪过也是死罪，后世人臣也要以此为例处置。”

学生问：“《春秋》记载：‘晋国攻伐鲜虞国。’为什么对晋国没有尊称，将它等同夷狄呢？”老师答：“《春秋》注重礼义而又重视诚信。诚信比土地更重要，礼义比人身要尊贵。我是怎么知道的呢？你看，宋伯姬为了严守礼法而被火烧死，齐桓公为了坚持诚信而损失了土地，但《春秋》认为他们的行为是贤德的，因此大力赞扬他们，将‘礼义’和‘诚信’作为天下人行事的基本法则。鲁国与晋国的国君都姓姬，本来应该是一家人，晋国却不对鲁国礼遇，不回报鲁国的恩情，反而恐吓囚禁鲁国的君臣，这和蛮夷之人有何区别呢？鲁国公子庆父造成的祸乱，使鲁国将近灭亡，后来是齐桓公帮助安定了鲁国。齐国和鲁国并非亲戚关系，尚且替鲁国排忧解难，为什么同为姬姓的晋国却像对待落难的贼子那样对待鲁国呢？《诗经》里说：‘小小的鸣鸠呀，一直高飞到天上。我心中忧伤，想念逝去的亲人。醒着睡不着觉，怀念我的父母。’人都有这种思想。晋国不但不帮助鲁国，反而借着国力强大压迫别人，鲁国人心中怨恨，所以对他不予肯定。对晋公不采取尊称，是一种委婉的表示。”

学生问：“晋国十分凶恶并且不可亲近，昭公前往晋国吊少姜之死却不敢进入晋国，这是人之常情啊，君子为什么把这当做耻辱而假称昭公有病呢？”老师答：“这种凶恶粗暴的对待是毫无道理的，但是君子并未把它当做耻辱，‘独自反省时不会内疚，无愧于心’，正是这种心态的写照。《春秋》之所以认为可耻，是因为昭公的境遇完全是咎由自取。臣下欺凌自己的国君，从文公时开始，而到昭公时最为严重。昭公时国家动乱衰落，却没有惧怕警惕之心，轻率地施用计策，随意征讨，触犯根本大礼而打败同姓诸侯，接触不义之国而把轻易决定的行为当做重要的事。人们常说：‘国家安定太平，四邻都来祝贺；国家动乱不安，四邻就要远离你。’因此季孙氏独掌鲁国大权，别的国家没有一个去干涉，昭公被迫在国外流浪 8 年，至死才得以回国，结果不但自己死得凄凉，自己孩子的地位也十分危险。君子不把遇到困难当做耻辱，而是耻笑他们没有应对之策。昭公虽然生逢此时，如果不随意攻取同姓国家，难道能到这种境况？即使攻取同姓国，能任用孔夫子之类的儒生辅助自己，也不至于到这种境地。时事艰难，对策又无章法，行为不正又无人补救，这就是鲁国最终衰败的原因。”

石渠议奏（节选）

【原文】

“玄冠朝服。戴圣曰：‘玄冠，委貌也。朝服布上素下，缁帛带，素韦韠。’”

【译文】

大家讨论《仪礼》首篇《士冠礼》首句“筮于庙门，主人玄冠朝服，缁带素韠”，戴圣解释说：“玄冠是与东汉的委貌冠相似的略带赤色的黑色礼帽，朝服就是上身黑衣、下身白裳的礼服，腰束黑色帛带，下系白色熟牛皮所制的蔽膝。都是在朝见君主、卜筮等较庄重场合所穿的服装。”

【原文】

“周以后稷、文武特七庙。”

【译文】

周代天子共立七庙以祭祀祖先，从上至下为祖考庙（祭祀后稷，也称大祖庙）、文王庙、武王庙、显考庙（祭祀高祖）、皇考庙（祭祀曾祖）、王考庙（祭祀祖父）、考庙（祭祀父）。显考庙、皇考庙、王考庙、考庙称为四亲庙，四亲庙只是死后冥路上必经的四个临时客栈，一旦后死者挤上来，先死者就要被挤出去，因此均为应迁之庙。祖考庙即始祖庙，文王、武王庙为二祧庙，此三庙为不迁之庙，凡后稷之后、文王以前之先公神主皆迁藏于祖考庙，而武王以后之先王神主则按昭穆辈行分别迁藏于文王或武王庙。西周以前只有祖考庙是不迁之庙，二祧庙是周代之特例，特为纪念文王、武王之功德而设。

【原文】

“问：‘父卒母嫁，为之何服？’萧太傅云：‘当服周，为父后则不服。’韦玄成以为：‘父殁则母无出义，王者不为无义制礼，若服周。则是子贬母也，故不制服也。’宣帝诏曰：‘妇人不养舅姑，不奉祭祀，下不慈子，是自绝也，故圣人不为制服，明子无出母之义，玄成议是也。’”

“又问：‘夫死，妻稚子幼，与之适人，子后何服？’韦玄成对：‘与出妻子同，服周。’或议以为：‘子无绝母，应三年。’”

【译文】

此节讨论的是母亲改嫁，儿子如何服丧。

《仪礼 · 丧服》“齐衰”篇：“父卒继母嫁，从，为之服，报。”即父亲去世后继母改嫁，继子年幼随继母嫁，为继母服“齐衰之礼”。如果父亲去世后生母改嫁，子为改嫁生母何服是有争论的。

萧望之认为应该比附经典中关于“子为出母（即生母被父休出）”的规定，为嫁母服齐衰，而嫡长子为嫁母不服。但韦玄成认为把嫁母等同于出母，是“子贬母”，是不符经义的，因此子为嫁母不服。宣帝同意韦玄成的意见。

但对于父死母嫁、子幼随嫁的情况，韦玄成认为子应为嫁母服齐衰，也有人认为应服标准丧三年，才符合典籍中“父卒为母三年”的规定。

新论·识通

（东汉）桓谭

【原文】

刘子政、子骏、子骏兄弟子伯玉三人，俱是通人。尤珍重《左氏》，教授子孙，下至妇女，无不读诵者，此亦蔽也。

汉高祖建立鸿基，侔功汤、武，及身病，得良医弗用，专委妇人，归之天命，亦以误矣。此必通人而蔽者也。

汉太宗文帝有仁智通明之德，承汉初定，躬俭省约，以惠休百姓，救赡困乏，除肉刑，减律法，薄葬埋，损舆服，所谓达于养生送终之实者也。及始从代征时，谋议狐疑，能从宋昌之策，应声驰来。即位而偃武修文，施布大恩，欲息兵革，与匈奴和亲。总撮纲纪，故遂褒增隆为太宗也。而溺于俗议，斥遂材臣，又不胜私恩，使嬖妾慎夫人与皇后同席，以乱尊卑之伦，所通而蔽也。

汉武帝材质高妙，有崇先广统之规，故即位而开发大志，考合古今，模获前圣故事，建正朔，定制度；招选俊杰，奋扬威怒，武义四加，所征者服；兴起六艺，广进儒术，自开辟以来，惟汉家最为盛焉，故显为世宗，可谓卓尔绝世之主矣。然上乃多过差，既欲斥境广土，又乃贪利，争物之无益者：闻西夷大宛国有名马，即大发军兵，攻取历年，士众多死，但得数十匹耳。又歌儿卫子夫，因幸爱重，乃阴求陈皇后过恶而废退之，即立子夫，更其男为太子。后听邪臣之谮，卫后以忧死，太子出走，灭亡不知其处。信其巫蛊，多征会邪僻，求不急之方，大起宫室。内竭府库，外罢天下，百姓之死亡不可胜数。此可谓通而蔽者也。

《汉书 · 陈遵传》云：“张竦为贼兵所杀。”李奇曰：“竦知有贼当去，会反支日，不去，因为贼所杀，桓谭以为通人之蔽也。”

扬子云为郎，居长安，素贫。比岁亡其两男，哀痛之，皆持归，葬于蜀，以此困乏。子云达圣道，明于死生，不下季札，然而慕恋死子，不能以义割恩，自令多费而致困贫。

【译文】

刘子政、刘子骏、刘子骏的侄子刘伯玉三个人，都是出名的看事情很全面周到的人。他们都认为《左氏春秋传》是天下最好的文章，把它教授给族中子弟，包括女子在内每个人都认真学习，但是这样做却是一种偏见，是被“偏爱”所蒙蔽。

汉高祖建立了宏伟的基业，他的功绩本来可以和商汤、周武相比，但他晚年生病之后，不肯任用良医，却听信妇人之言，将病症归结为天命，最终延误了治疗的时机而去世。这就是偏听偏信的后果。

汉文帝仁德贤明，最开始他在封国代国做王的时候，就提倡勤俭节约，对百姓采取“休养生息”的政策，减免赋税，废除残酷的刑罚，亲自做百姓的表率，使天下人都称颂并学习他。后来，“诸吕之乱”平定，朝中大臣迎接他去京城做皇帝，代国的臣子争议不休，他听从宋昌的建议，做了皇帝。即位后，他着力倡导教化，向百姓施恩，同时为了停止战争，与匈奴订立了和亲政策。他过世之后被尊为“太宗”。但是他在位期间，也曾经不听良言，贬斥良臣，另外他不能分辨公私，让妾侍慎夫人和皇后同席而坐，乱了尊卑的秩序，这也是眼睛被蒙蔽了的后果。

汉武帝十分英明，有平定天下的雄心壮志，因此一即位就做出了许多政绩，制定制度，选拔人才，进攻外敌，使四方臣服。自盘古开天辟地以来，这是最为盛大的朝代，所以他被尊为“世宗”，是旷世的君主。然而，他好大喜功，征战过多：他听说西方的大宛国生产良马，便发兵攻打大宛，耗时数年，将士死伤众多，最终得到的大宛良马也不过数十匹。另外，他宠爱歌女卫子夫，便废掉皇后陈阿娇，将卫子夫立为新皇后，并将她的儿子立为太子。后来又因为听信谗臣的话，以为太子用巫术害他，于是下旨查处，以致卫皇后忧愤而死，太子不知所踪。晚年他更信奉邪说，不惜代价求取长生不老之药。结果国库空虚，外敌纷纷而至，百姓伤亡不计其数。这也是被蒙蔽了。

《汉书 · 陈遵传》里说：“张竦被乱贼杀害。”李奇解释说：“张竦明知道有叛贼，本来应当及早撤退，他却犹豫不决，最终死于贼人之手。用桓谭的话来说就是被蒙蔽了，看不到事情发展的趋势。”

扬子云在京城做小官，家里没什么钱。不幸的是一年之内死了两个儿子，扬子云非常伤心，就将两个儿子的遗体运回四川老家，风光大葬，因此家中更加贫困衰败。扬子云本来是一个非常豁达的人，明白天道，对自己能看透生死，但是他偏偏放不下死去的儿子，被“爱”所蒙蔽，结果花费过多最终导致家道衰败。

白虎通义·三纲六纪

【原文】

三纲者，何谓也？谓君臣、父子、夫妇也。六纪者，谓诸父、兄弟、族人、诸舅、师长、朋友也。故《含文嘉》曰："君为臣纲，父为子纲，夫为妻纲。"又曰："敬诸父兄，六纪道行，诸舅有义，族人有序，昆弟有亲，师长有尊，朋友有旧。"何谓纲纪？纲者，张也；纪者，理也。大者为纲，小者为纪，所以张理上下，整齐人道也。人皆怀五常之性，有亲爱之心，是以纲纪为化，若罗网之有纪纲而万目张也。《诗》云："勉勉我王，纲纪四方。"

君臣、父子、夫妇，六人也，所以称三纲何？一阴一阳谓之道。阳得阴而成，阴得阳而序，刚柔相配，故六人为三纲。

三纲法天、地、人，六纪法六合。君臣法天，取象日月屈信归功天也。父子法地，取象五行转相生也。夫妇法人，取象人合阴阳有施化端也。六纪者为三纲之纪者也。师长，君臣之纪也，以其皆成己也；诸父、兄弟，父子之纪也，以其有亲恩连也；诸舅、朋友，夫妇之纪也，以其皆有同志为纪助也。

君臣者，何谓也？君，群也，下之所归心；臣者，繵坚也，属志自坚固。《春秋传》曰："君处此，臣请归也。"父子者，何谓也？父者，矩也，以法度教子；子者，孳孳无已也。故《孝经》曰："父有争子，则身不陷于不义。"夫妇者，何谓也？夫者，扶也，以道扶接也；妇者，服也，以礼屈服。《昏礼》曰："夫亲脱妇之缨。"《传》曰："夫妇判合也。"朋友者，何谓也？朋者，党也；友者，有也。《礼记》曰："同门曰朋，同志曰友。"朋友之交，近则谤其言，远则不相讪。一人有善，其心好之；一人有恶，其心痛之。货则通而不计，共忧患而相救。生不属，死不托。故《论语》曰："子路云：'愿车马衣轻裘，与朋友共敝之。'"又曰："朋友无所归，生于我乎馆，死于我乎殡。"朋友之道，亲存不得行者二：不得许友以其身，不得专通财之恩。友饥则白之于父兄，父兄许之，乃称父兄与之，不听则止。故曰：友饥为之减餐，大寒为之不重裘。故《论语》曰："有父兄在，如之何其闻斯行之也！"

男称兄弟，女称姊妹何？男女异姓，故别其称也。何以言之？《礼记》曰："男子先生称兄，后生称弟；女子先生为姊，后生为妹。"父之昆弟不俱谓之世叔，父之女昆弟俱谓之姑，何也？以为诸父曰内，亲也，故别称之也；姑当外适人，疏，故总言之也。至姊妹亦当外适人，所以别诸姊妹何？以为事诸姑礼等，可以外出又同，故称略也；至姊妹虽欲有略之，姊尊妹卑，其礼异也。《诗》云：“问我诸姑，遂及伯姊。”谓之舅姑者何？舅者，旧也；姑者，故也。旧、故之者，老人之称也。谓之姊妹何？姊者，咨也；妹者，末也。谓之兄弟何？兄者，况也；况父法也；弟者，悌也，心顺行笃也。称夫之父母谓之舅姑何？尊如父而非父者，舅也；亲如母而非母者，姑也。故称夫之父母为舅姑也。

【译文】

三纲制定的是什么规则？是君臣之道、父子之道、夫妻之道。六纪则是关于叔辈、兄弟、族人、舅辈、师长、朋友之间的相处之道。所以《含文嘉》里说：“君王是臣子的榜样，父亲是儿子的榜样，丈夫是妻子的榜样。”又说：“对长辈、兄弟、族人、师长、朋友，都要讲一定的礼节。”那什么是纲纪呢？纲，是规则；纪，是道理。有理有序，就是人与人之间的相处之道。每个人都有五常的本性，都应该相亲相爱，以纲纪为准则，那天下就会安定了。《诗经》里说：“我们的国君多么英明啊，他用道理和法纪来治理国家。”

君臣、父子、夫妇，是六个人啊，为什么叫三纲呢？一阴一阳就是“道”。阴阳相合，刚柔并济，所以六个人组成三对，称为“三纲”。三纲象征天、地、人，六纪则象征六合。君臣关系就像天象一样，日月交替。父子关系就像地理，五行相生。夫妇关系就是人性，合乎阴阳。六纪，就是这三种关系的道理。与师长相处就像君臣之间，因为他们教化我们；与长辈、兄弟相处就像父子，因为他们和我们血脉相连；与朋友相处就像夫妇，因为我们志同道合。

什么是“君臣”呢？君，就是“群”，是众望所归；臣，是心系国家的人，所以《春秋》中有个故事，楚国大臣子反当面批评楚庄王的过错，并对他说：“大王你要这么做的话请便，我要自己先走了。”什么是“父子”呢？父母，是“规矩”，教导子女做人的道理；子女，是父母生命的延续。所以《孝经》里说：“父母教养出正直可信的子女，那么自己也会避免陷入不义的境地。”什么是“夫妇”呢？夫，就是扶持，丈夫要对妻子尽责任；妇，就是顺服，妻子要在后面支持丈夫。《昏礼》中说：“成亲的时候丈夫亲手解下妻子束发的缨绳。”也就是后来所说的“结发夫妻”。什么是“朋友”呢？朋，就是党；友，就是有。《礼记》中说：“同门的就是朋，意气相投的就是友。”与朋友交往，不要随便说人坏话，也不要因为他犯了错而嘲笑他。朋友做了好事，我们齐声称赞；朋友做了坏事，我们痛心疾首。不计较钱财，患难与共，肝胆相照。所以《论语》说：“子路说：‘我愿意将我的一切，与朋友共享。’”又说：“朋友要是没有亲人了，活着的时候我照顾他，死了我帮他办丧事。”朋友相交之道，父兄在的情况下有两件事是不能轻易做的：对朋友不能轻许以身（如舍身为友报仇），也不能随意给朋友钱财。如果朋友贫困，首先应该告诉父兄，父兄允许，才以父兄之名接济他；不允许就罢了。所以才有种说法：“朋友吃不饱饭，我陪着他饿，朋友穿不暖衣，我陪着他冻。”如果自以为是的接济朋友，又将自己的亲人置于何处呢？《论语》中说：“还有父兄在上，怎可听到便做啊？”

为什么男的叫兄弟，女的叫姐妹呢？因为女子最终要嫁到别人家，跟随别人的姓氏，所以称呼有所不同。为什么这么说呢？《礼记》说：“男子先出生的叫兄，后出生的叫弟；女子先出生的叫姐，后出生的叫妹。”那为什么父亲的兄弟不全叫做“叔”，而父亲的姐妹不论大小全都叫做“姑”呢？因为，父亲的兄弟与我更亲近，所以称呼上要严格区分；而姑姑是要嫁到别家去的，所以不用分得很细。至于姐妹，也要嫁到别家去的，为什么却要分别叫做“姐姐”、“妹妹”呢？因为对待姑姑们是适用一样的长辈礼节的，所以不再另外分大小；而对平辈的姐妹，却要分大小尊卑来对待，礼节是不一样的。《诗经》里就有句话：“这件事情，要向我的姑姑和大姐姐请教。”为什么叫“舅姑”呢？舅，就是旧；姑，就是故。旧、故，都是称呼长辈的。为什么叫“姊妹”呢？姊，就是咨；妹，就是末。为什么叫“兄弟”？兄，就是学习，向父亲学习；弟，就是孝顺，行为端正。那么，为什么称丈夫的父母也叫“舅姑”呢？这是因为，他不是父亲，却要像尊敬父亲一样尊敬他，所以称为“舅”；她不是母亲，却要像亲近母亲一样亲近她，所以称为“姑”。这就是称呼丈夫的父母为“舅姑”的道理。

后汉书·党锢列传节选

（南朝宋）范晔

【原文】

范滂，字孟博，汝南征羌人也。少厉清节，为州里所服，举孝廉、光禄四行。……太守宗资先闻其名，请署功曹，委任政事。滂在职，严整疾恶。其有行违孝悌，不轨仁义者，皆埽迹斥逐，不与共朝。显荐异节，抽拔幽陋。滂外甥西平李颂，公族子孙，而为乡曲所弃，中常侍唐衡以颂请资，资用为吏。滂以非其人，寝而不召。资迁怒，捶书佐朱零。零仰曰：“范滂清裁，犹以利刃齿腐朽，今日宁受笞死，而滂不可违。”资乃止。郡中中人以下，莫不归怨，乃指滂之所用以为“范党”。

后牢脩诬言钩党，滂坐系黄门北寺狱。狱吏谓曰：“凡坐系皆祭皋陶。”滂曰：“皋陶贤者，古之直臣。知滂无罪，将理之于帝；如其有罪，祭之何益！”众人由此亦止。狱吏将加掠考，滂以同囚多婴病，乃请先就格，遂与同郡袁忠争受楚毒。桓帝使中常侍王甫以次辨诘，滂等皆三木囊头，暴于阶下。余人在前，或对或否，滂、忠于后越次而进。王甫诘曰：“君为人臣，不惟忠国，而共造部党，自相褒举，评论朝廷，虚构无端，诸所谋结，并欲何为？皆以情对，不得隐饰。”滂对曰：“臣闻仲尼之言，‘见善如不及，见恶如探汤。’欲使善善同其清，恶恶同其污，谓王政之所愿闻，不悟更以为党。”甫曰：“卿更相拔举，迭为唇齿，有不合者，见则排斥，其意如何？”滂乃慷慨仰天曰：“古之循善，自求多福；今之循善，身陷大戮。身死之日，愿埋滂于首阳山侧，上不负皇天，下不愧夷、齐。”甫愍然为之改容。乃得并解桎梏。

滂后事释，南归。……初，滂等系狱，尚书霍谞理之。及得免，到京师，往候谞而不为谢。或有让滂者。对曰：“昔叔向婴罪，祁奚救之，未闻羊舌有谢恩之辞，祁老有自伐之色。”竟无所言。

【译文】

范滂，字孟博，汝南征羌人。从小就磨砺出高洁的节操，被州里人所钦佩，因品行孝顺、正直，有敦厚、质朴、逊让、节俭的美德而被提拔。……太守宗资早已听说范滂之名，请他出任郡中功曹，并把政事都交给他处理。范滂在职期间，严加整顿不良风气。若有不孝顺父母、不友爱兄弟、不遵循仁义之道的，一律清除、驱逐出官府，不与其共事。大力推举那些品行卓异之人，选拔那些才高位卑的隐士。西平的李颂是范滂的外甥，官宦人家的后代，但他被乡里的人所唾弃，中常侍唐衡托宗资关照李颂，宗资便任用李颂为官吏。范滂认为李颂不适合做官，就搁置这件事，不召见李颂。宗资拿他也没办法，只好迁怒于他人，于是棒打书佐朱零。朱零抬头说：“范滂是主持公道的，他就好比用利刀去砍腐朽的东西一样。今天宁肯被棒打而死，也不能违背范滂。”宗资这才作罢。郡中才能中等以下的人，没有不怨恨范滂的，便共同指责范滂所用之人为“范党”。

后来牢脩诬告李膺结党对抗朝廷，范滂也受到牵连，被关押在黄门北寺牢狱内。狱中官吏对他说：“凡是犯法被关押在此的，都要先祭拜皋陶。”范滂说：“皋陶是贤者，古代的正直无私的大臣。倘若他知道我范滂无罪，将要到天帝那里去替我申诉；倘若我有罪，祭他又有什么好处！”因此，众人也一同停止祭拜了。狱吏要拷打囚犯，范滂以同狱囚犯大多身体患病为由，就请求率先受格刑，于是与同郡袁忠争着接受酷刑。桓帝派中常侍王甫按次序审问，范滂等人的手、足、颈都被锁上木制刑具，用囊蒙头，暴晒在阶下受刑。其他在前面的人，有的对，有的不对，范滂、袁忠超越众人来到前列。王甫责问道：“你作为国君臣子，不考虑尽忠报国，却共同结成朋党，互相褒扬提拔，评论朝廷，虚构一些没有的事情，你们所有的阴谋策划，都是想干什么呢？都要以实招认，不得隐藏掩饰。”范滂回答说：“我听孔子曾经说过，‘见到善事便争着去做，好像自己赶不上别人一样；见到恶事便马上躲避，好像手碰到了沸水一样。目的是褒扬善人以及其高尚品德，铲除恶人以及其污浊行为。’我认为这应是推行王政的人所愿听到的，并不知道什么是结成朋党。”王甫说：“你们互相提拔，互为唇齿，有志向不合的，就被你们排斥，你认为这样做对吗？”范滂情绪激昂，仰天叹息道：“古人做好事，能使自身多福；今人做好事，却身遭杀戮。我死之后，希望能埋在首阳山侧，对上，我没有辜负苍天，对下，我无愧伯夷、叔齐。”王甫心怀哀怜，脸色变了。就给他们解除了刑具。

后来，范滂之事得到化解，南行还乡。……起初，范滂等人被关进监狱，尚书霍谞为他上书申诉。等到后来事情了结，范滂再到京城，前去拜访霍谞，不因为解救自己而道谢。有人责备范滂，范滂回答：“古时叔向负罪入狱，祁奚救了他，没有听说叔向有谢恩的话，也没看到祁奚有自夸的神态。”最终他也没去道谢。

归田赋

（东汉）张衡

【原文】

游都邑以永久，无明略以佐时。徒临川以羡鱼，俟河清乎未期。感蔡子之慷慨，从唐生以决疑。谅天道之微昧，追渔父以同嬉。超埃尘以遐逝，与世事乎长辞。于是仲春令月，时和气清，原隰郁茂，百草滋荣。王雎鼓翼，鸧鹒哀鸣。交颈颉颃，关关嘤嘤。于焉逍遥，聊以娱情。尔乃龙吟方泽，虎啸山丘。仰飞纤缴，俯钓长流。触矢而毙，贪饵吞钩，落云间之逸禽，悬渊沉之魦鰡。于时曜灵俄景，系以望舒。极般游之至乐，虽日夕而忘劬。感老氏之遗诫，将回驾乎蓬庐。弹五弦之妙指，咏周、孔之图书。挥翰墨以奋藻，陈三皇之轨模。苟纵心于物外，安知荣辱之所如。

【译文】

在京都做官时间已长久，没有高明的谋略去辅佐君王。只在河旁称赞鱼肥味美，要等到黄河水清还不知是哪年。想到蔡泽的壮志不能如愿，要找唐举去相面来解决疑题。知道天道是微妙不可捉摸，要跟随渔夫去同乐于山川。丢开那污浊的社会远远离去，与世间的杂务长期分离。正是仲春二月，气候温和，天气晴朗。高原与低地，树木枝叶茂密，杂草滋长。鱼鹰在水面张翼低飞，黄莺在枝头婉转歌唱。河面鸳鸯交颈，空中群鸟飞翔。鸣声吱喳，美妙动听。逍遥在这原野的春光之中，令我心情欢畅。于是我就在大湖旁高唱，在小丘上吟诗。向云间射上箭矢，往河里撒下钓丝。飞鸟被射中毙命，鱼儿因贪吃上钩，天空落下了鸿雁，水中钓起了鱼儿。不多时夕阳西下，皓月升空。嬉游已经极乐，夜来还不知疲劳。想到老子的告诫，就该驾车回草庐。弹奏五弦琴指法美妙，读圣贤书滋味无穷。提笔作文，发挥文采，述说那古代圣王的教范。只要我置身于世人之外，哪管它荣耀与耻辱的所在。

论衡（节选）

（东汉）王充

【原文】

论人之性，定有善有恶。其善者，固自善矣；其恶者，故可教告率勉，使之为善。凡人君父，审观臣子之性，善则养育劝率，无令近恶；近恶则辅保禁防，令渐于善。善渐于恶，恶化于善，成为性行。

召公戒成（王）曰：“今王初服厥命，于戏！若生子，罔不在厥初生。”“生子”谓十五（生）子，初生意于善，终以善；初生意于恶，终以恶。《诗》曰：“彼姝者子，何以与之？”传言：“譬犹练丝，染之蓝则青，染之丹则赤。”十五之子其犹丝也，其有所渐化为善恶，犹蓝丹之染练丝，使之为青赤也。青赤一成，真色无异。是故杨子哭歧道，墨子哭练丝也，盖伤离本，不可复变也。人之性，善可变为恶，恶可变为善，犹此类也。蓬生麻间，不扶自直；白纱入缁，不练自黑。彼蓬之性不直，纱之质不黑，麻扶缁染，使之直黑。夫人之性犹蓬纱也，在所渐染而善恶变矣。

王良、造父称为善御，不能使不良为良也。如徒能御良，其不良者不能驯服，此则驵工庸师服驯技能，何奇而世称之？故曰：王良登车，马不罢驽；尧舜为政，民无狂愚。传曰："尧舜之民，可比屋而封；桀纣之民，可比屋而诛。""斯民也，三代所以直道而行也。"圣主之民如彼，恶主之民如此，竟在化不在性也。闻伯夷之风者，贪夫廉而懦夫有立志；闻柳下惠之风者，薄夫敦而鄙夫宽。徒闻风名，犹或变节，况亲接形，面相敦告乎！

孔门弟子七十之徒，皆任卿相之用，被服圣教，文才雕琢，知能十倍，教训之功而渐渍之力也。未入孔子之门时，闾巷常庸无奇。其尤甚不率者，唯子路也。世称子路无恒之庸人，未入孔门时，戴鸡佩豚，勇猛无礼。闻诵读之声，摇鸡奋豚，扬唇吻之音，聒贤圣之耳，恶至甚矣。孔子引而教之，渐渍磨砺，阊导牖进，猛气消损，骄节屈折，卒能政事，序在四科。斯盖变性使恶为善之明效也。

【译文】

研究人的德性，一定有善有恶。善的，固然开始就善；恶的，还能经过教育、劝告、引导、勉励，使他们成为善的。凡是做君主和父亲的，都会仔细观察臣与子的德性，善的就培养、教导、勉励、引导，不使他靠近恶的；恶的就教育、安抚、制止、防犯，使他向善的方面逐渐转化。善的不会变成恶，恶的逐渐转化为善，久而久之向善就会成为人的本性了。

召公告诫成王说："现在王开始行使自己的使命执政，呜呼！就像刚独立生活的人一样，没有不在其刚开始的时候就打好基础的。""生子"是说15岁的人，刚开始独立生活就要立志向好的方向发展，最终是善的；开始独立生活就愿意向坏的方向发展，最终是恶的。《诗经》上说："那个美好的人，拿什么赠送他？"传注说："比如像洁白的丝，用青色染料染它就是青色，用红色染料染它就是红色。"15岁的人他们像丝一样，会逐渐转化为善的或恶的，如同青色染料、红色染料染白丝，会使它变成青色、红色一样。一旦染成青色、红色，就跟真的颜色没有区别。所以杨子怕走岔路而哭泣，墨子怕丝染错颜色而哭泣，这大概是伤心一旦离开了正道或本色，就不能再改变。人的德性，善的能变成恶的，恶的也能变成善的，就像这种情况。飞蓬长在麻中间，不用扶持自然会直；白纱放进黑色的染缸，不用染色自然会黑。那飞蓬的生性不直，白纱的质地不黑，但由于大麻的扶持，黑色的染缸，使它们变直变黑。人的德性就像飞蓬和白纱一样，在逐渐浸染之下，善恶是会改变的。

王良、造父被称为善于驾驭车马的好手，能把不好的马驯成好马。如果只能驾驭好马，不好的马不能够驯服，这只能是普通马夫驾车的本领，有什么奇特的地方可以让世人称赞呢？所以说：王良一登上车，马就不会疲塌跑不快；尧舜治理国家，百姓不会狂妄愚蠢。传注上说："尧舜的百姓，能挨家挨户地被封赏；桀纣的百姓，要挨家挨户地被诛杀。""有夏、商、周这样的百姓，所以三代能够按正道而行。"圣明君主的百姓像那样，凶残君主的百姓像这样，归根到底在于教化而不在于本性。听到伯夷的品格，贪恋的人会廉洁，怯懦的人会立志；听到柳下惠的品格，刻薄的人会厚道，庸俗的人会宽容。仅仅是听到他们品格崇高，就有的变得有节操，何况是亲自接触本人，面对面地诚恳地告诫呢！

孔门弟子七十人，都有胜任卿相的才能，他们蒙受圣人教诲，文才得到精心培养，智慧和才能超过常人十倍，这都是教育训导的功绩，逐渐感化的功劳。他们没有进到孔子门下学习时，只是社会上平凡而不出奇的人。其中尤其最不顺服的是子路。世人说子路是做事没有恒心的庸人，在没有到孔子门下学习时，头戴鸡冠，臂挂猪尾，凶猛无礼。听见琅琅读书的声音，就摇头摆尾，噘嘴怪叫，吵闹之声直刺读书人的耳朵，可恶到极点。孔子把他叫来，并且教育他，逐渐感化、磨炼、启发、教导、诱导、进取，这样凶暴的气势消失了，骄横的现象收敛了，终于能办理政事，列入四科之内。这就是改变本性把恶人变成善人的证明。

神灭论（节选）

（南朝齐梁）范缜

【原文】

或问予云：神灭，何以知其灭也？

答曰：神即形也，形即神也。是以形存则神存，形谢则神灭也。

问曰：形者无知之称，神者有知之名。知与无知，即事有异，神之与形，理不容一。形神相即，非所闻也。

答曰：形者神之质，神者形之用。是则形称其质，神言其用；形之与神不得相异也。

问曰：神故非质，形故非用；不得为异，其义安在？

答曰：名殊而体一也。

问曰：名既已殊，体何得一？

答曰：神之于质犹利于刃，形之于用犹刃之于利。利之名非刃也，刃之名非利也，然而舍利无刃，舍刃无利；未闻刃没而利存，岂容形亡而神在？

问曰：刃之与利，或如来说，形之与神，其义不然。何以言之？木之质，无知也；人之质，有之也。人既有如木之质，而有异木之知，岂非木有其一，人有其二耶？

答曰：异哉言乎！人若有如木之质以为形，又有异木之知以为神，则可如来论也。今人之质，质有知也，木之质，质无知也；人之质非木质也，木之质非人质也。安在有如木之质而复有异木之知？

问曰：人之质所以异木质者，以其有知耳；人而无知，与木何异？

答曰：人无无知之质，犹木无有之知形。

问曰：死者之形骸，岂非无知之质耶？

答曰：是无知之质也。

问曰：若然者，人果有如木之质而有异木之知矣。

答曰：死者有如木之质而无异木之知；生者有异木之知而如木之质。

问曰：死者之骨骼，非生者之形骸耶？

答曰：生形之非死形，死形之非生形，区已革矣；安有生人之形骸而有死人之骨骼哉？

【译文】

有人问我：精神会消灭，凭什么知道它会消灭呢？

答：精神离不开形体，形体离不开精神。因此，形体存在，精神就存在；形体衰亡，精神也就消灭了。

问：形体是对没有知觉的东西的称呼，精神是对有知觉的东西的称呼。有知和无知根本是两回事，精神和形体，原则上不能混为一谈。形体和精神不可分离的说法，我没有听说过。

答：形体是精神的物质形式，精神是形体的外在表现。所以形体是指它的物质形式，精神是指它的外在表现。形体和精神不能割裂。

问：精神本来就不是一种物质形式，形体本来也不是一种外在表现，但二者又不能割裂，它的理论根据在哪里？

答：精神和形体名称不同，而实质上是一回事。

问：名称既然不同，本体怎么能是一个呢？

答：精神对于物质实体来说，恰如锋利和刀刃的关系一样。形体对于外在形式来说，恰如刀刃和锋利的关系一样。锋利这个概念不是刀刃；刀刃这个概念也不是锋利。但是离开了锋利就无所谓刀刃，离开了刀刃就无所谓锋利。从来没有听说过刀刃不存在而锋利单独存在的，哪能说形体死亡而精神能单独存在？

问：刀刃和锋利的关系，可能像您所说的那样，但是形体和精神的关系，它的道理却不是这样。为什么这样说呢？树木的物质实体是没有知觉的，人的物质实体是有知觉的。人既有相同于树木的物质实体，却有不同于树木的知觉。岂不是树木只有一种特性，人有两种特性吗？

答：这话可奇怪了！人若有以相同于树木的物质实体作为形体，又有以相异于树木的知觉作为精神，倒可以照您的说法；事实上人的物质实体，就在于它有知觉，树木的物质实体，就在于它没有知觉。人的物质实体不是树木的物质实体，树木的物质实体也不是人的物质实体。人怎么可能既有同于树木的物质实体，又有异于树木的知觉呢？

问：人的物质实体之所以不同于树木的物质实体，就在于人有知觉。人若是没有知觉，它和树木有什么区别呢？

答：人没有无知觉的物质实体，恰如树木没有有知觉的物质实体一样。

问：死人的形体岂不就是没有知觉的物质实体吗？

答：死人是没有知觉的物质实体。

问：既然这样，可见人确实既有相同于树木的物质实体又有不同于树木的知觉了。

答：死人虽然有相同于树木的物质实体却没有不同于树木的知觉；活人虽有不同于树木的知觉，却没有相同于树木的物质实体。

问：死人的骨骼不就是活人的形体吗？

答：活的形体不是死的形体，死的形体也不是活的形体，根本是不同的两类，怎能有活人的形体却具有死人的骨骼呢？

物不迁论（节选）

（东晋）僧肇

【原文】

夫生死交谢，寒暑迭迁，有物流动，人之常情。余则谓之不然。

何者？《放光》云：法无去来，无动转者，寻夫不动之作，岂释动以求静，必求静于诸动。必求静于诸动，故虽动而常静。不释动以求静，故虽静而不离动。然则动静未始异而惑者不同。缘使真言滞于竞辩，宗途屈于好异。所以静躁之极未易言也。

何者？夫谈真则逆俗，顺俗则违真。违真则迷信而莫返，逆俗则言淡而无味。缘使中人未分于存亡，下士抚掌而弗顾。近而不可知者其唯物性乎。然不能自已，聊复寄心于动静之际，岂曰必然？

试论之曰：

《道行》云：诸法本无所从来，去亦无所至。《中观》云：观方知彼去，去者不至方。斯皆即动而求静，以知物不迁明矣。

夫人之所谓动者，以昔物不至今，故曰动而非静；我之所谓静者，亦以昔物不至今，故曰静而非动。动而非静，以其不来；静而非动，以其不去。然则所造未尝异，所见未尝同。逆之所谓塞，顺之所谓通。苟得其道，复何滞哉？

【译文】

以为死生、寒暑交互出现，有东西在变动着，这是人们通常的看法。我独认为不是这样。

为什么？《放光经》说："事物没有生灭，没有变化。"佛经所谓不变，何尝教人离开了变化去寻求不变？而是教人在变动中去认识不变。必须在变动中去认识不变，所以说事物虽然在变动着，而实际却是不变的。不应在变动之外去追求不变，所以说事物虽然是不变的，但又不脱离变动。那么，变和不变本来没有区别，糊涂人才认为它们有区别。从而使真理陷于相互辩论中，大道宗途被好异的学说所歪曲。可见变与不变的道理不是容易讲得清楚的。

为什么？宣扬真理，就会与世俗之见不合；顺从了世俗之见，则违反了真理。违反真理，会使人迷惑本性以至于丧失本性；与世俗之见不合，人们听了会不感兴趣，从而使得中等天资的人对真理将信将疑，使得下等天资的人对真理嘲笑而置之不理。摆在眼前，却又搞不清楚的问题，恐怕就是关于事物本性的问题吧。可是我忍不住还要分析一下变与不变的关系问题，不敢说一定正确。

我的论述如下：

《道行经》说："一切事物不是从另外的地方变来的，也不会变到另外的地方去。"《中论》说："事物好像变到另外的地方，但实际上没有变到另外的地方去。"这都是通过事物的变以论证事物的不变，由此可知，事物不变，最明显不过。

一般人所谓变，他们的根据是过去的事物不会延续到现在，从而说事物是变的而不是不变的；我所谓事物不变的根据也是说过去的事物不会延续到现在，所以说事物是不变的而不是变动的。认为事物是变，根据是过去的事物不延续到现在；认为事物是不变，根据是现在的事物没有消逝。可见持这两种见解的人所接触到的问题虽然是一个，双方的理解却大不相同。违反真理的就是错误，符合真理的就是正确。如果真正掌握了真理，还有什么想不通的呢？

兰亭集序

（东晋）王羲之

【原文】

永和九年，岁在癸丑，暮春之初，会于会稽山阴之兰亭，修禊事也。群贤毕至，少长咸集。此地有崇山峻岭，茂林修竹，又有清流激湍，映带左右，引以为流觞曲水，列坐其次。虽无丝竹管弦之盛，一觞一咏，亦足以畅叙幽情。

是日也，天朗气清，惠风和畅。仰观宇宙之大，俯察品类之盛，所以游目骋怀，足以极视听之娱，信可乐也。

夫人之相与，俯仰一世。或取诸怀抱，悟言一室之内；或因寄所托，放浪形骸之外。虽趣舍万殊，静躁不同，当其欣于所遇，暂得于己，快然自足，不知老之将至；及其所之既倦，情随事迁，感慨系之矣。向之所欣，俯仰之间，已为陈迹，犹不能不以之兴怀，况修短随化，终期于尽！古人云："死生亦大矣。"岂不痛哉！

每览昔人兴感之由，若合一契，未尝不临文嗟悼，不能喻之于怀。固知一死生为虚诞，齐彭殇为妄作。后之视今，亦犹今之视昔，悲夫！故列叙时人，录其所述，虽世殊事异，所以兴怀，其致一也。后之览者，亦将有感于斯文。

【译文】

永和九年，是癸丑之年，阴历三月初，我们会集在会稽山阴的兰亭，为了做禊事。众多贤才都汇聚在这里，年龄大的小的都聚集在一起。兰亭这地方有高峻的山峰，茂盛的树林，高高的竹子。又有清澈湍急的溪流，环绕在亭子的四周，引清流激湍来作为流觞的曲水，列坐在曲水旁边。虽然没有演奏音乐的盛况，但饮酒一杯，咏诗一首，也足以令人抒发幽雅的情意。

这一天，清明爽朗，和风习习。向上看，天空广大无边，向下看，地上事物如此繁多，借以纵展眼力，开畅胸怀，极尽视听的乐趣，实在是快乐呀！

人与人相交往，很快便度过一生。有的人喜欢反躬自省；满足于一室之内的晤谈；有的人就着自己所爱好的事物，寄托自己的情怀，不受拘束，自由放纵地生活。虽然各有各的爱好，取舍爱好各不相同，恬静与躁动不同，可是当他们对所接触的事物感到高兴时，自己所要的东西暂时得到了，感到高兴和自足，不觉得老年即将到来；等到对于所喜爱或得到的东西已经厌倦，感情随着事物的变化而改变，感慨随着产生。过去感到高兴的事，转眼之间成为旧迹，仍然不能不因它引起心中的感触，何况寿命的长短，听凭造化，最后终究要归结于消灭！古人说："死生是一件大事。"怎么能不悲痛呢？

每当看到古人对死生发生感慨的原因，和我所感慨的像符契那样相合，没有不面对他们的文章而感叹悲伤的，不能明白于心。本来就知道，那种把死和生等同起来的说法是不真实的，把长命和短命等同起来的说法是妄造的。后代的人看现在，也正如同我们今天看过去一样，这真是可悲呀！所以我一个一个记下当时与会的人，抄录他们做的诗赋，即使时代变了，世事不同了，但是人们兴发感慨的缘由，人们的思想情趣是一样的。后世的读者，也将有感于这次聚会的诗文。

大唐三藏圣教序

（唐）李世民

【原文】

盖闻二仪有像，显覆载以含生；四时无形，潜寒暑以化物。是以窥天鉴地，庸愚皆识其端；明阴洞阳，贤哲罕穷其数。然而天地苞乎阴阳而易识者，以其有像也；阴阳处乎天地而难穷者，以其无形也。故知像显可征，虽愚不惑；形潜莫睹，在智犹迷。

况乎佛道崇虚，乘幽控寂，弘济万品，典御十方，举威灵而无上，抑神力而无下。大之则弥于宇宙，细之则摄于毫厘。无灭无生，历千劫而不古；若隐若显，运百福而长今。妙道凝玄，遵之莫知其际；法流湛寂，挹之莫测其源。故知蠢蠢凡愚，区区庸鄙，投其旨趣，能无疑惑者哉！

然则大教之兴，基乎西土，腾汉庭而皎梦，照东域而流慈。昔者，分形分迹之时，言未驰而成化；当常现常隐之世，民仰德而知遵。及乎晦影归真，迁仪越世，金容掩色，不镜三千之光；丽象开图，空端四八之相。于是微言广被，拯含类于三涂；遗训遐宣，导群生于十地。然而真教难仰，莫能一其旨归，曲学易遵，邪正于焉纷纠。所以空有之论，或习俗而是非；大小之乘，乍沿时而隆替。

有玄奘法师者，法门之领袖也。幼怀贞敏，早悟三空之心；长契神情，先苞四忍之行。松风水月，未足比其清华；仙露明珠，讵能方其朗润。故以智通无累，神测未形，超六尘而迥出，只千古而无对。凝心内境，悲正法之陵迟；栖虑玄门，慨深文之讹谬。思欲分条析理，广彼前闻，截伪续真，开兹后学。是以翘心净土，往游西域。乘危远迈，杖策孤征。积雪晨飞，途闲失地；惊砂夕起，空外迷天。万里山川，拨烟霞而进影；百重寒暑，蹑霜雨而前踪。诚重劳轻，求深愿达，周游西宇，十有七年。穷历道邦，询求正教，双林八水，味道餐风，鹿苑鹫峰，瞻奇仰异。承至言于先圣，受真教于上贤，探赜妙门，精穷奥业。一乘五律之道，驰骤于心田；八藏三箧之文，波涛于口海。

爰自所历之国，总将三藏要文，凡六百五十七部，译布中夏，宣扬胜业。引慈云于西极，注法雨于东垂，圣教缺而复全，苍生罪而还福。湿火宅之干焰，共拔迷途；朗爱水之昏波，同臻彼岸。是知恶因业坠，善以缘升，升坠之端，惟人所托。譬夫桂生高岭，零露方得泫其华；莲出渌波，飞尘不能污其叶。非莲性自洁而桂质本贞，良由所附者高，则微物不能累；所凭者净，则浊类不能沾。夫以卉木无知，犹资善而成善，况乎人伦有识，不缘庆而求庆！方冀兹经流施，将日月而无穷；斯福遐敷，与干坤而永大。

【译文】

听说天地有形状，所以显露在外、覆盖并且承载着一切有生命的东西；因为四季没有形状，所以深藏着严寒酷热来化育万物。因此观察体验天地的变化，即使是平凡而愚蠢的人也能知道它的一些征兆；要通晓明白阴阳变化，即使是贤能而有智慧的人也极少有研究透它的变化规律的。但是天地包容着阴阳变化而容易懂的原因，是因为天地有形状；阴阳变化在天地之间而难研究透的原因，是因为阴阳变化是没有形状的。所以天地的形象显露在外并能得到验证，即使愚蠢的人也会明白；而阴阳的变化隐藏了起来没有人能看得见，即使是聪明人仍会迷惑不解。

况且佛道推崇虚空，它驾乘着隐秘来操纵着超脱一切的境界，主张广泛救济众多生灵，用佛教的理论来治理天下。佛法一旦施发神威就没有上限，克制神奇的力量也没有下限。佛道从大处说它遍布宇宙，从小处说又能收拢于一丝一毫。因为佛道主张不生不灭，超脱一切，所以虽历经久远而永不衰落。它有时隐藏，有时显露，以多种多样的形式传送着无数的幸福直到如今。佛道中寓含的神妙的道理和高深的玄机，即使遵循它也没有谁知道它的边际的；佛法的流传，深邃而静远，即使推崇它也没有谁探究出它的根源。所以众多平凡而无知的人，以及那些平庸浅陋之辈，面对佛教高深的旨意，能没有疑惑不解吗？

然而佛教是在西土产生并兴起的，流传到大唐汉地就像明亮的美梦一样，照耀着大唐而流传着慈爱。很早很早以前天地初开的时候，语言还没有传播，教化还没有形成，当今人们敬慕德行也懂得遵循礼仪。在漫长的等待中，人类由混沌昏暗回归到今天正本清源的时候，世道更迭，法度发生了变化。早先佛祖那光辉的容颜被一种颜色所遮蔽，佛光照耀不到三千大千世界之上；今朝它美好的形象才得以展开，我们似乎看到了空中端坐着佛像，甚至连它身上的三十二个显著特征都清晰可见。于是精妙的语言广为流传，才得以从生死的苦难中去拯救万物。于是先辈说的有道理的话得以长久地传播，也才能在广阔的大地上引导众生度过苦难。但是在历史的长河中真的正教很难广泛流传，各种教派不能把真教的意旨精华统一归属到一起；而邪僻的不正当的学问却容易使人依从，于是邪正之间就在教义上交错杂乱。所以空宗派和有宗派有了各自的观点；有时沿袭着旧俗便产生了争执。于是，大乘佛教和小乘佛教的学说，就暂时沿着时间的流逝而在或兴或衰中交替流传。

有个叫玄奘的法师，是法门的领袖人物。他从小就很聪明，心怀忠诚，早就能明白“三空”的教义；长大后他的神情、性格又和佛教的要求很是投合，他总是坚持包括“四忍”境界的佛门修行。即使是松林间的清风、湖水中的朗月，也比不上他的清丽华美；即使是仙饮的晨露、明亮的珍珠，岂能和他的明朗润泽相比？所以他智慧超群，没有牵挂，精神清透，并不显露；他超出“六空”，不同于常人，多少年来没有人可以和他相比。他聚精会神地从内心修炼自己，常以正统佛学的衰落为悲伤；他静心钻研佛教，常因这精深的理论被谬传而感慨叹息；他想着要有条有理地分辨剖析经文，扩充佛学的经文典籍；取掉虚假的，保留真实的，让后辈学者从此开始不再混淆真伪。因此他向往净土，就到西域去求学。他冒着生命危险在万里征途上行进；他拄着拐杖独自远行。途中艰险无以计数，早晨的漫天飞雪，行进途中有时找不到栖身之地；傍晚的滚滚风沙，遮天蔽月难辨方向。在万里山川之上，有着他排开险阻、拨开迷雾前进的身影；在多少个严寒酷暑的季节里，留下他踩霜宿雨而前进的脚印。他凭着对佛祖的诚心，视付出的辛苦为小事，期望着自己的心愿得以实现。他游遍了西域各国，历时一十七年。他历经了所有经过的地方，探询追寻正教。他经双林，到八水，体会到了佛教圣地的高贵风尚；他去鹿苑，登鹫峰，瞻仰了佛祖生活过的奇珍异途。他在先贤圣人那里接受了深奥的学问。对于“一乘”“五律”的佛学教说，他很快就牢记在心中，对“八藏”“三箧”的佛学理论，他讲起来就像波涛流水，滔滔不绝。

玄奘从所经过的大小国家中，总共搜集吸取了三藏主要著作，一共657部，翻译成汉文后在中原传布，从此这宏大的功业得以宣扬。慈仁的云朵，从西地缓缓飘来，功德无量的佛法像及时雨一样遍洒在大唐的国土上。残缺不全的佛教教义终于恢复完整，在苦难中生活的百姓又得到了幸福。熄灭了火屋里燃烧的熊熊烈火，解救众苍生于水深火热之中，从此不再迷失方向；佛光普照，驱散了昏暗，照耀着众生到达超脱生死的彼岸。因此懂得了作恶必将因果报应而坠入苦海，行善也必定会凭着佛缘而升入天堂。为什么会有升有坠，那就只有看人的所作所为。比如桂花生长在高高的山岭上，天上的雨露才能够滋润它的花朵；莲花出自清澈的湖水，飞扬的尘土就不会玷污它的叶子。这并不是说莲花原本洁净，桂花原本贞洁，的确是因为桂花所依附的条件本来就高，所以那些卑贱的东西不能伤害到它；莲花依附的本来就很洁净，所以那些肮脏的东西就玷污不了它。花草树木没有知觉，尚且能凭借好的条件成就善事，更何况人类有血有肉有思维，却不能凭借好的条件去寻求幸福。希望这部《大唐三藏圣教》经得以流传广布，像日月一样，永放光芒；将这种福祉久远地布撒人间，与天地共存，发扬广大。

谏迎佛骨表

（唐）韩愈

【原文】

臣某言：伏以佛者，夷狄之一法耳，自后汉时流入中国，上古未尝有也。昔者黄帝在位百年，年百一十岁；少昊在位八十年，年百岁；颛顼在位七十九年，年九十八岁；帝喾在位七十年，年百五岁；帝尧在位九十八年，年百一十八岁；帝舜及禹，年皆百岁。此时天下太平，百姓安乐寿考，然而中国未有佛也。其后殷汤亦年百岁，汤孙太戊在位七十五年，武丁在位五十九年，书史不言其年寿所极，推其年数，盖亦俱不减百岁。周文王年九十七岁，武王年九十三岁，穆王在位百年。此时佛法亦未入中国，非因事佛而致然也。

汉明帝时，始有佛法，明帝在位，才十八年耳。其后乱亡相继，运祚不长。宋、齐、梁、陈、元魏已下，事佛渐谨，年代尤促。惟梁武帝在位四十八年，前后三度舍身施佛，宗庙之祭，不用牲牢，昼日一食，止于菜果，其后竟为侯景所逼，饿死台城，国亦寻灭。事佛求福，乃更得祸。由此观之，佛不足事，亦可知矣。

高祖始受隋禅，则议除之。当时群臣材识不远，不能深知先王之道，古今之宜，推阐圣明，以救斯弊，其事遂止，臣常恨焉。伏维睿圣文武皇帝陛下，神圣英武，数千百年已来，未有伦比。即位之初，即不许度人为僧尼道，又不许创立寺观。臣常以为高祖之志，必行于陛下之手，今纵未能即行，岂可恣之转令盛也？

今闻陛下令群僧迎佛骨于凤翔，御楼以观，舁入大内，又令诸寺递迎供养。臣虽至愚，必知陛下不惑于佛，作此崇奉，以祈福祥也。直以年丰人乐，徇人之心，为京都士庶设诡异之观，戏玩之具耳。安有圣明若此，而肯信此等事哉！然百姓愚冥，易惑难晓，苟见陛下如此，将谓真心事佛，皆云："天子大圣，犹一心敬信；百姓何人，岂合更惜身命！"焚顶烧指，百十为群，解衣散钱，自朝至暮，转相仿效，惟恐后时，老少奔波，弃其业次。若不即加禁遏，更历诸寺，必有断臂脔身以为供养者。伤风败俗，传笑四方，非细事也。

夫佛本夷狄之人，与中国言语不通，衣服殊制；口不言先王之法言，身不服先王之法服；不知君臣之义，父子之情。假如其身至今尚在，奉其国命，来朝京师，陛下容而接之，不过宣政一见，礼宾一设，赐衣一袭，卫而出之于境，不令惑众也。况其身死已久，枯朽之骨，凶秽之余，岂宜令入宫禁？

孔子曰："敬鬼神而远之。"古之诸侯，行吊于其国，尚令巫祝先以桃茢祓除不祥，然后进吊。今无故取朽秽之物，亲临观之，巫祝不先，桃茢不用，群臣不言其非，御史不举其失，臣实耻之。乞以此骨付之有司，投诸水火，永绝根本，断天下之疑，绝后代之惑。使天下之人，知大圣人之所作为，出于寻常万万也。岂不盛哉！岂不快哉！佛如有灵，能作祸祟，凡有殃咎，宜加臣身，上天鉴临，臣不怨悔。无任感激恳悃之至，谨奉表以闻。臣某诚惶诚恐。

【译文】

臣启奏陛下：我认为佛教不过是外国人的一种法术罢了，从后汉时传入中国，上古时从来没有。上古时，黄帝在位一百年，活了一百一十岁；少昊在位八十年，活了一百岁；颛顼在位七十九年，享年九十八岁；帝喾在位七十年，享年一百零五岁；帝尧在位九十八年，享年一百一十八岁；虞舜和大禹，也都活了一百岁。那个时候天下太平，百姓安乐长寿，然而中国并没有佛教。那以后，殷朝的商汤也活了一百岁。商汤的孙子太戊，在位七十五年，武丁在位五十九年，史书没有说他们活了多少年。推断他们的年龄，大概也都不少于一百岁。周文王享年九十七岁，周武王享年九十三岁，周穆王在位一百年，此时佛法也没有传入中国。他们并不是由于信奉佛教才活到这样的高寿。

汉明帝的时候，中国开始有了佛教，明帝在位才仅仅十八年。明帝以后国家战乱，皇帝一个接着一个夭折，国运不久长。宋、齐、梁、陈、元魏以来，信奉佛教越来越恭谨虔诚，立国的时间和皇帝的寿命却更加短暂。只有梁武帝做了四十八年的皇帝，他前后三次舍身佛寺做佛僧，他祭祀宗庙，不杀牲畜作祭品，他本人每天只吃一顿饭，只吃蔬菜和水果；但他后来竟被侯景所逼迫，饿死在台城，梁朝也很快灭亡。信奉佛教祈求保佑，反而遭到祸患。由此看来，佛不足以信奉，是十分明白的道理。

本朝高祖皇帝在刚刚接受隋朝天下时，就打算废除佛教。当时的群臣，才能见识短浅，不能深刻领会先王的旨意，不能了解从古到今普遍适用的治国措施，无法阐明并推行高祖皇帝神圣英明的主张，以纠正信奉佛法这种社会弊病，废除佛教这件事于是就停止没有实行。我对此常常感到遗憾。我认为睿圣文武的皇帝陛下，您的神圣、英明，几千年来没有人比得上。陛下即位的初期，就不准许剃度人当僧尼道士，更不准许创建佛寺道观，我常以为高祖皇帝消灭佛教的意愿，一定会在陛下手中得以实现，现在纵然不能立即实现，怎么可以放纵佛教转而让它兴盛起来呢？如今听说陛下命令大批僧人到凤翔迎接佛骨，陛下自己则亲自登楼观看，将佛骨抬入宫内，还命令各寺院轮流迎接供奉。我虽然十分愚蠢，也知道陛下一定不是被佛所迷惑，做这样隆重的道场来敬奉，只是希望求得幸福吉祥。不过是由于年成丰足，百姓安居乐业，顺应人们的心意，为京城的士人和庶民设置奇异的景观，以及游戏玩乐的东西罢了。哪有像您这样圣明的天子，而去相信佛骨有灵这种事呢？然而老百姓愚昧无知，容易迷惑难于清醒，如果他们看到陛下这样做，将会说陛下是真心诚意信奉佛法，都说："天子是无所不通的，还一心敬奉信仰佛；老百姓是何等样的人，怎么可以更加吝惜身体、性命而不去献身为佛徒呢？"于是他们就会焚灼头顶和手指，成十上百人聚在一起，施舍衣服钱财，从早到晚，辗转着互相仿效唯恐落在后边。老少奔波着，丢弃了他们所从事的工作和本分。如果不立即加以禁止，佛骨再经过各寺院，必定有人砍掉胳臂，割下身上的肉来奉献佛陀。伤风败俗，四方传为笑谈，这可不是小事啊！

佛本来是不开化的外国人，和中国言语不通，衣服样式不同；嘴里不讲先王留下的合乎礼法的道理，身上不穿先王规定的合乎礼法的衣服；不懂得君臣仁义、父子之情。假如他至今还活着，奉了他的国君的命令，来到我国京城朝拜，陛下容纳接待他，不过在宣政殿接见一次，由礼宾院设一次酒筵招待一下，赐给他一套衣服，派兵护卫着让他离开我国境内，不许他迷惑百姓。何况他已经死了很久，枯朽的指骨，是污秽不祥的死尸的残留部分，怎么可以让它进入宫廷里！

孔子说："严肃地对待鬼神，但却离它远远的。"古代的诸侯，在他的国家举行祭吊活动，尚且命令巫师首先用桃枝扎成的笤帚举行"祓"礼，以消除不祥，这之后才进行祭吊。现在无缘无故地取来朽烂污秽的东西，陛下亲临观看它，却不先让巫师消除邪气，不用桃枝扎成的笤帚扫除污秽，群臣不说这种做法不对，御吏不指出这种做法的错误，我实在感到羞耻。我请求将佛骨交给有关部门，扔进火里水里，永远灭绝这个佛僧骗人的根本，断绝天下人的疑虑，杜绝后代人的迷惑。使天下的人知道大圣人的所作所为，远远地超出普通人之上，这岂不是大好事吗？岂不是十分快乐的事吗？佛如果真的灵验，能降下灾祸的话，那么，一切的祸殃，都应加在我的身上，老天爷在上面看着，我绝不后悔埋怨。我不胜感激恳切之至，谨奉献上这个表章让陛下知闻，我真是诚惶诚恐。

太极图说

（北宋）周敦颐

【原文】

无极而太极。太极动而生阳，动极而静；静而生阴，静极复动。一动一静，互为其根。分阴分阳，两仪立焉。阳变阴合，而生水、火、木、金、土。五气顺布，四时行焉。五行，一阴阳也；阴阳，一太极也；太极，本无极也。

五行之生也，各一其性。无极之真，二五之精，妙合而凝。乾道成男，坤道成女。二气交感，化生万物，万物生生而变化无穷焉。

惟人也，得其秀而最灵。形既生矣，神发知矣。五性感动而善恶分，万事出矣。

圣人定之以中正仁义而主静，立人极焉。故圣人与天地合其德，日月合其明，四时合其序，鬼神合其吉凶。君子修之吉，小人悖之凶。故曰：立天之道，曰阴与阳；立地之道，曰柔与刚；立人之道，曰仁与义。又曰：原始反终，故知死生之说。大哉易也，斯其至矣！

【译文】

宇宙之初是从“无极”状态演变为“太极”状态。“太极”状态运动起来就生出“阳气”。而当运动的速度达到极快，运动的规模达到极大时，就会产生静的感觉。这种“静”的状态就生出“阴气”。当这种“静”的状态达到极致的时候，就会发现它其实还是在“动”的。可见，“动”与“静”是相对的。动和静，互相成为对方存在的根据。分出了阴阳以后，就逐步形成了“天地”这两个仪态。由于阴阳的变化与融合，就生出了水、火、木、金、土这五种物质形态。“五行”按照顺序分布与排列，春夏秋冬四季就出现了。可见：五行，来源于阴阳；阴阳，来源于太极；太极，来源于无极。

五行产生之后，它们各自就具有了其自身的特性。无极的真谛，阴阳、五行的精妙，均来源于巧妙的融合与凝聚。由乾健之性生成阳男，由坤柔之性生成阴女。这两种形态的交感融合就衍生出万物（此语出《周易》：“乾道成男，坤道成女”。乾，阳也、天也、雄也；坤，阴也、地也、雌也）。乾道即天道，坤道即地道。万物生生不息，所以宇宙也就变化无穷了。

只有人类，得到了太极的真性、阴阳五行的精粹，因此在万物中他最灵慧。人的形体一旦生成，精神、思想就产生了，人凭着思想而获得知识，五行的本性逐步被人感触和认识，通过对五行的感知认识，人分辨出善恶，从此，人类社会中的各种各样的事情就出现和发生了。

圣人定下“中正仁义”的原则并提倡“无欲”、“主静”的修养方法，这就确立了做人的根本准则。所以圣人的德性与天地相符，明智与日月相合，行事的次序与四时的推移相协调，趋吉避凶，与鬼神的功能相一致。君子按照这个原则来修身，所以总是吉利；小人违背它行事，所以难免凶险。因此说：确立天道的准则，叫做阴和阳；确立地道的准则，叫做柔和刚；确立人道的准则，叫做仁和义。也可以说：开始到终结总是周而复始进行的。由此，我们也就可以悟出生与死的规律和道理了。这样的大道理实际上是很容易理解的啊，而恰恰是这样简易的道理却说出了世界的真正根源和本质！

定性书

（北宋）程颢

【原文】

所谓定者，动亦定，静亦定；无将迎，无内外。

苟以外物为外，牵己而从之，是以己性为有内外也。且以性为随物于外，则当其在外时，何者为在内？是有意于绝外诱，而不知性之无内外也。既以内外为二本，则又乌可遽语定哉？

夫天地之常，以其心普万物而无心；圣人之常，以其情顺万物而无情。故君子之学，莫若廓然而大公，物来而顺应，《易》曰："贞吉悔亡，憧憧往来，朋从尔思。"苟规规于外诱之除，将见灭于东而生于西也。非惟日之不足，顾其端无穷，不可得而除也。

人之情各有所蔽，故不能适道，大率患在于自私而用智。自私则不能以有为为应迹，用智则不能以明觉为自然。今以恶外物之心，而求照无物之地，是反鉴而索照也。《易》曰："艮其背，不获其身。行其庭，不见其人。"孟氏亦曰："所恶于智者，为其凿也。"与其非外而是内，不若内外之两忘也。

两忘则澄然无事矣。无事则定，定则明，明则尚何应物之为累哉？

圣人之喜，以物之当喜；圣人之怒，以物之当怒。是圣人之喜怒不系于心，而系于物也。是则圣人岂不应于物哉？乌得以从外者为非，而更求在内者为是也。今以自私用智之喜怒，而视圣人喜怒之正为如何哉？

夫人之情，易发而难制者，唯怒为甚。第能于怒时遽忘其怒，而观理之是非，亦可见外诱之不足恶，而于道亦思过半矣。

【译文】

真正的定，是内心的安定，动也是定，静也是定，就好像一面镜子，虽然它能照出来任何事物的影子，但是它本身是不动的。人的"本性"和所谓外界的东西，本来是没有内外之分的，所以必须从无内外这个前提出发，才可以达到"动亦定，静亦定"的精神境界。

不要把主观与客观对立起来，而要变二本为一本。如果不能明白这个道理，非要分出个内外，一定要杜绝外在的诱惑，其实反而无法把持真正的自我。

宇宙没有自己的心，一切有心的东西的心，都是宇宙的心。对于宇宙来说，没有主观与客观之分。也就是说，圣人的精神境界是和宇宙一样的广大，对于他也没有主观和客观的分别，所以他没有专为他自身的利益而引起的感情，他的感情是无私的。所以《周易》里说，顺其自然才能大吉大利。

一般人的喜怒，多是从个人利害出发的，所以遇见于自己有利的事就喜，遇见于自己有害的事就怒。一般人的喜怒都是与自私关系密切，在喜怒上可以看见自私的表现。如果一个人完全没有自私，他的喜怒就不是从他自己的利害出发，而是从社会的利害出发。遇见于社会有利的事，虽然于自己有害，他的心里自然的明觉也自然会发出喜的反应。遇见于社会有害的事，虽然于自己有利，他的心的自然明觉，也会发出怒的反应。所以《周易》里解释说，人的身体，最不容易动的地方就是背部，所以代表静，背部静止时，代表思想无歪念，即使是身体想动，也不容易使它牵动，所以用背来代表内心不被外间的欲念所动，无欲则真理常存，不受外界的刺激，永远保持内心清静，则当然不会有灾难。孟子也表示，之所以讨厌聪明的人，是因为他穿凿附会、歪曲事实。一个人如果能够做到内外两忘，廓然大公，那么他在应事之际就不可能“用智”。这里所说的“智”乃“私智”，故“用智”实是“自私”的结果。

真正做到物我两忘就是所谓的“定”了，定就会“明”，一旦达到“明”，还有什么道理想不明白呢？

圣人高兴就是高兴，生气就是生气，而不是因为出于利益心态。如果不能做到廓然大公、泯然忘私，那么这样的自私之“智”，恰恰是圣人所批判的。

作为人之常情，最容易出现并且难以控制的，莫过于愤怒之心。如果能在发怒的时候，迅速平息怒火，静下心来考虑是非对错，这样一来外在的诱惑不足为惧，所谓的“道”也就悟到一半了。

颜子所好何学论（节选）

（北宋）程颐

【原文】

圣人之门，其徒三千，独称颜子为好学。夫《诗》、《书》、六艺，三千子非不习而通也，然则颜子所独好者，何学也？学以至圣人之道也。

圣人可学而至欤？曰：然。学之道如何？曰：天地储精，得五行之秀者为人。其本也真而静，其未发也五性具焉，曰仁、义、礼、智、信。形既生矣，外物触其形而于动中矣，其中动而七情出焉，曰喜、怒、哀、惧、爱、恶、欲。情既炽而益荡，其性凿矣。是故觉者约其情使合于中，正其心，养其性，故曰“性其情”。愚者则不知制之，纵其情而至于邪僻，梏其性而亡之，故曰“情其性”。凡学之道，正其心，养其性而已。中正而诚，则圣矣。

君子之学，必先明诸心，知所养，然后力行以求至，所谓“自明而诚”也。故学必尽其心，尽其心则知其性。知其性，反而诚之，圣人也。故《洪范》曰：“思曰睿，睿作圣。”诚之之道，在乎信道笃。信道笃则行之果，行之果则守之固，仁、义、忠、信不离乎心，造次必于是，颠沛必于是，出处语默必于是。久而弗失，则居之安，动容周旋中礼，而邪僻之心无自生矣。故颜子所事，则曰“非礼勿视，非礼勿听，非礼勿言，非礼勿动”。仲尼称之，则曰“得一善则拳拳服膺，而弗失之矣”，又曰“不迁怒，不贰过”，“有不善未尝不知，知之未尝复行也”。此其好之笃，学之之道也。视听言动皆礼矣，所异于圣人者，圣人则不思而得，不勉而中，从容中道；颜子则必思而后得，必勉而后中。故曰：颜子之与圣人，相去一息。孟子曰：“充实而有光辉之谓大，大而化之之谓圣，圣而不可知之谓神。”颜子之德，可谓充实而有光辉矣；所未至者，守之也，非化之也。以其好学之心，假之以年，则不日而化矣。故仲尼曰：“不幸短命死矣！”盖伤其不得至于圣人也。所谓化之者，入于神而自然，不思而得，不勉而中之谓也，孔子曰“七十而从心所欲，不逾矩”是也。

或曰：“圣人，生而知之者也。今谓可学而至，其有稽乎？”曰：“然。孟子曰：‘尧、舜，性之也；汤、武，反之也。’性之者，生而知之者也；反之者，学而知之者也。”又曰：“孔子则生而知也，孟子则学而知也。后人不达，以谓‘圣本生知，非学可至’，而为学之道遂失。不求诸己而求诸外，以博文强记、巧文丽辞为工，荣华其言，鲜有至于道者，则今之学与颜子所好异也。”

【译文】

孔圣人门下有三千弟子，独独称赞颜回好学。《诗》、《书》、六艺等，三千弟子并不是没有修习掌握，但是孔子唯独称赞颜回好学。学的是什么呢？是通过学习来达到圣人之道。

圣人的境界可以通过学习来达到吗？是的。学习的方法是怎样的呢？人荟萃天地之精华，得五行的灵秀。人的根本淳真而静，具有仁、义、礼、智、信的五性。人的形体生成以后，外界的事物与人接触，人的内心被触动，产生七情，叫做喜、怒、哀、惧、爱、恶、欲。七情产生后，若不加约束，就会愈发浓烈，需要心性来雕琢。所以警醒的人会约束他的感情，使之合乎中道，正心养性，就叫作“性其情”。愚钝的人却不懂得制约，放纵他的感情而达到极端的地步，以致禁锢了自己的心性，心性就泯灭了，就叫做“情其性”。学习的方法，就是正心养性。内心中正，真诚信实，就可称为圣人了。

君子的学问，必须首先了解自己的内心，知道道理所在，然后努力修行以达到更高的境界，这就是所谓的“自明而诚”。所以学习必须尽心，尽心才能了解真相。了解事物的道理后反过来更加虔诚的，是圣人。所以《洪范》里说：“思考就是睿智的表现，睿智的人才能成为圣人。”

要做到诚，关键在于心。有心就会有结果，并且坚定不移地走下去。仁、义、忠信都离不开诚心，只要不失去诚心，任何状况下都会处之泰然，不会产生愚妄邪心。所以颜回做事，讲究“非礼勿视，非礼勿听，非礼勿言，非礼勿动”。孔子称赞他，说他“学到好的道理就坚持履行，绝不贪惰”，又说他“不迁怒，不贰过”，“如果做错了事他会马上认识到过错，改正之后就不会再犯类似的错误了”。这就是颜回的学习之道。做任何事都要合乎礼节，这样一来，颜回和圣人的唯一区别就只在于，圣人生来就知道，而颜回需要通过学习才能明白。所以说，颜回和圣人，相差已经不远了。孟子说：“充实而且有光辉就叫做大，大的更高境界就是圣，圣的最高境界是神。”颜回的德行，已经可以算是充实而有光辉了，只要能一直坚持下去，以他的好学之心，迟早有一天他能成为圣人。所以孔子说：“可惜他死得太早了！”正是感伤他没能活到成为圣人的那一天。所谓化，就是不用思考，顺其自然却不做错事，也就是孔子所说的“我七十岁的时候能顺应自己的内心做事，而且没有做错的时候”。

有的人说：“圣人，生来就是知道真理的。今天的人却说通过学习也可以达到这种境界，岂不是非常滑稽吗？”我说：“当然不是。孟子曾说过：‘尧、舜，天性使然；汤、武，确是反其道而行之的。’天性，就是生来就知道的；反，则是学习之后明白道理的。”又，“孔子就是生而知之，孟子却是学了才知。后人不明白这个道理，还以为圣人都是生而知之的，没办法通过学习探寻真理，使得学习的风气消失了。不反省自身而只知道求助于别人，以为多读书多背书就可以了，只知道用华丽的辞藻堆积文章，却很少有人真正研究学问，这就是今天很多人与颜回学习的不同之处。”

大学章句序

（南宋）朱熹

【原文】

《大学》之书，古之大学所以教人之法也。

盖自天降生民，则既莫不与之以仁义礼智之性矣。然其气质之禀或不能齐，是以不能皆有以知其性之所有而全之也。一有聪明睿智能尽其性者出于其间，则天必命之以为亿兆之君师，使之治而教之，以复其性。此伏羲、神农、黄帝、尧、舜，所以继天立极，而司徒之职、典乐之官所由设也。

三代之隆，其法浸备，然后王宫、国都以及闾巷，莫不有学。人生八岁，则自王公以下，至于庶人之子弟，皆入小学，而教之以洒扫、应对、进退之节，礼、乐、射、御、书、数之文；及其十有五年，则自天子之元子、众子，以至公、卿、大夫、元士之适子，与凡民之俊秀，皆入大学，而教之以穷理、正心、修己、治人之道。此又学校之教、大小之节所以分也。

夫以学校之设，其广如此，教之之术，其次第节目之详又如此，而其所以为教，则又皆本之人君躬行心得之余，不待求之民生日用彝伦之外，是以当世之人无不学。其学焉者，无不有以知其性分之所固有，职分之所当为，而各俛焉以尽其力。此古昔盛时所以治隆于上，俗美于下，而非后世之所能及也！

及周之衰，贤圣之君不作，学校之政不修，教化陵夷，风俗颓败。时则有若孔子之圣，而不得君师之位以行其政教，于是独取先王之法，诵而传之以诏后世。若《曲礼》、《少仪》、《内则》、《弟子职》诸篇，固小学之支流余裔。而此篇者，则因小学之成功，以著大学之明法，外有以极其规模之大，而内有以尽其节目之详者也。三千之徒，盖莫不闻其说，而曾氏之传独得其宗，于是作为传义，以发其意。及孟子没而其传泯焉，则其书虽存，而知者鲜矣！

自是以来，俗儒记诵词章之习，其功倍于小学而无用；异端虚无寂灭之教，其高过于大学而无实。其他权谋术数，一切以就功名之说，与夫百家众技之流，所以惑世诬民、充塞仁义者，又纷然杂出乎其间。使其君子不幸而不得闻大道之要，其小人不幸而不得蒙至治之泽，晦盲否塞，反覆沉痼，以及五季之衰，而坏乱极矣！

天运循环，无往不复。宋德隆盛，治教休明。于是河南程氏两夫子出，而有以接乎孟氏之传。实始尊信此篇而表章之，既又为之次其简编，发其归趣，然后古者大学教人之法、圣经贤传之指，粲然复明于世。虽以熹之不敏，亦幸私淑而与有闻焉。顾其为书犹颇放失，是以忘其固陋，采而辑之，间亦窃附己意，补其阙略，以俟后之君子。极知僭逾，无所逃罪，然于国家化民成俗之意、学者修己治人之方，则未必无小补云。

【译文】

《大学》这部书，是用来说明古代大学教学的原则和方法的。

自从上天降生人类以来，就赋予每一个人以仁、义、礼、智的本性。然而人与人的天资和智力存在差别，所以不是每个人都能知道自己本来就应该具备这些善良和理智的本性而努力保全它。许多人由于没有认识到自己作为一个人本来应该具备的善良和理智的本性，在日常生活中缺乏修养，逐步减少甚至丧失了这种善良的本性。一旦在社会群体中出现了聪明智慧并且能充分发展其善良本性的人，那么，上天必定赋予他一个使命，让他担当众人的君师（即领袖，或领导人），使其治理和教育众人，以恢复众人本来应有的善良和理性的本性。这就是伏羲、神农、黄帝、尧、舜之所以承受天命而成为人民的君师和榜样的原因，也是承担教育职责的司徒、典乐之类的官职之所以设立的理由。

夏、商、周三代兴旺发达，时代久远，我们的祖先对生产、生活法则的认识，以及在社会生活典章制度的建立等方面都积累了丰富的经验，逐渐达到了比较齐备的程度，在这样的基础上，为了传承这些经验从王宫到国都以及普通街巷，无不设立学校。八岁的孩子，上自王公的子孙，下至老百姓的子弟，都进入小学学习。小学教学的内容是：日常生活、待人接物的基本礼节，礼仪、音乐、射箭、驾车、识字、计算等基础知识和基本技能。待孩子长到十五岁，则自君王可继位的太子和其他儿子，以及公侯、大臣、官员之正妻所生的儿子，连同老百姓中的优秀子弟，都进入大学。教学的内容是穷尽事理、端正本心、修养自身、管理人的原则和方法。这就是说，学校教育在年龄界限和深浅难易上是以大学、小学来划分的。

学校的设置是如此广泛，教学方法的次序和内容是如此详细分明，而所教的内容，都是人君亲身经历的经验、教训和心得，不要求学习人民群众日常生活规则和伦理之外的知识。正因为这样，当世之人没有不学习的。这些学习的人，没有不知道自己所固有的天赋本性的，也没有不明白自己的职分所应当做和不应当做的，这样各人就埋头尽力来做好自己的事情。这就是古代兴盛时政治修明于上，风俗美善于下，而后世赶不上的原因。

到周朝衰落后，贤圣之君没有出现，上述学校的教学体制不能推行，教化随世事而变迁，风俗也颓废败坏。在这样的时代，出现了一个像孔子这样的圣人，却得不到君师的地位来推行他的政教学说，于是他就独自去总结先王的法则，讲习、传诵以昭告后世。开设私人学校，仿效先王之法，招收弟子习读《诗》、《书》和历史文献，把先王之道传授弟子，再由弟子传教后人。例如，《曲礼》、《少仪》、《内则》、《弟子职》等篇，都是小学的内容，以支流末节的形式流传下来。而这一篇《大学》，是在小学得以成功存留的基础上，用来讲明大学的教学方法的。《大学》这部书，就其涉及范围而言，所研究的对象非常广泛，规模极其广大，而就其内容来说，条理十分清楚，内容十分详细。孔子有三千多学生，没有一个没听过孔子讲解这些内容的，却只有曾子明白其中的真义，于是写成书籍，作为传讲的精义，并在此基础上加以发挥和说明，传播到后世。到孟子死后，孔子的传统消失了。《大学》这部书虽然存在，但知其真义者太少了。

从这以后，普通学者诵读记忆词句文章，所下的工夫数倍于小学但没有用；那些异端虚无寂灭的说教，他们所谓的高妙超过了大学却无实际的意义。其他的什么权谋术数之类，一切以成就功名利禄为目的的说教，以及形形色色的技能、技巧等，尽管其中也充塞着仁义的说教，又纷然杂出并流行于世，实际上都是蛊惑人心、误导民众的理论。以上这些原因使得君王、大臣、官员不幸而听不到根本道理的要义，使平民百姓不幸不能得到政治修明的恩泽，昏暗不明，德教不行，这样沉重的社会弊病反反复复积累下来，到五代十国之时衰败、坏乱到了极点。

“天”是以不断循环的方式运行的，没有什么过去了就不再重复出现的情形。到了宋朝，道德又开始兴盛起来了，社会安定了，教育又重新引起社会的重视。于是出了河南程氏（程颢、程颐）两位先生，继承孟子的传统，开始尊崇、信奉《大学》这部书并不断传扬，又将传下来的古书重新编辑，发挥其中的旨趣和深义，至此以后，古代大学教育人的原则和方法，古代圣贤经传的宗旨，重新放射出粲然光彩。虽然我朱熹不够聪明，也有幸从我老师那里听说了程氏两先生的学说。我觉得程氏两先生编写的书仍有缺点和失误，于是忘记我自己的浅陋，将该书重新编辑，其间也把我自己的见解写入书中，补充了其中的缺漏之处，等待以后的学者纠正。我深深知道自己超越了本分，我必须为书中的瑕疵承担责任，然而，对于为国家净化民俗的想法，对于给学习的人提供修养自身和管理他人的方式方法来说，这样做未必不是小有裨益的。

宋元学案（节选）

（清）黄宗羲整理

【原文】

赵复，字仁甫，德安人。元师伐宋，屠德安。姚枢在军前，凡儒、道、释、医、卜占一艺者，活之以归，先生在其中。姚枢与之言，奇之，而先生不欲生，月夜赴水自沉。枢觉而追之，方行积尸间，见有解发脱屦呼天而泣者，则先生也，亟挽之出。至燕，以所学教授学子，从者百余人。当是时，南北不通，程、朱之书不及于北，自先生而发之。

枢与杨惟中建太极书院，立周子祠，以二程、张、杨、游、朱六君子配食，选取遗书八千余卷，请先生讲授其中。先生以周、程而后，其书广博，学者未能贯通，乃原羲、农、尧、舜所以继天立极，孔子、颜、孟所以垂世立教，周、程、张、朱所以发明绍续者，作《传道图》，而以书目条列于后。枢退隐苏门，以传其学，由是许衡、郝经、刘因皆得其书而崇信之，学者称之曰江汉先生。

世祖尝召见曰："我欲取宋，卿可导之乎？"对曰："宋，父母国也，未有引他人之兵以屠父母者。"世祖义之，不强也。先生虽在燕，常有江、汉之思，故学者因而称之。

百家谨案：自石晋燕、云十六州之割，北方之为异域也久矣，虽有宋诸儒叠出，声教不通。自赵江汉以南冠之囚，吾道入北，而姚枢、窦默、许衡、刘因之徒，得闻程、朱之学以广其传，由是北方之学郁起，如吴澄之经学，姚燧之文学，指不胜屈，皆彬彬郁郁矣。

【译文】

赵复，字仁甫，德安人。元军攻打宋朝的时候，在德安屠城。姚枢当时下令，凡是研究儒家、道家、佛家或者有医学、占卜方面的技艺的人才，都可以活下来，赵复也在其中。姚枢与赵复谈了一番，十分赞赏他的才能，赵复却不愿意苟且偷生，晚上自己跑去跳河自杀。姚枢发现后立即派人寻找，在尸体堆里发现一个人正披散着头发恸哭，正是赵复。后来赵复到了燕京，以自己平生所学教人，跟随他的学生有数百人。当时，南北交通不便，程朱的学问没能流传到北方，是赵复传过来的。

姚枢和杨惟中建立太极书院，修建周子祠，供奉二程（程颢、程颐）、张载、杨时、游酢、朱熹等人，又选取他们的著作，请赵复来讲课。赵复认为周敦颐、二程之后的学问太过博杂，学习的人没有办法融会贯通，所以他从最早的伏羲、神农、尧舜开始讲解，把孔子、颜回、孟子等人看做是先圣人的继承者，而周敦颐、二程、张载、朱熹等人又是对他们的延续。他写作《传道图》，条分缕析，讲述清楚明白。后来姚枢归隐，也共同宣扬他的学说，及至后来的许衡、郝经、刘因都是他的传承者，当时的学者都称赵复为“江汉先生”。

元世祖曾经召见赵复，问他：“我想要消灭宋朝，你可以帮我吗？”赵复回答道：“宋，是我的祖国，哪有人会带着别人的军队跑去屠杀自己的同胞呢？”世祖赞赏他的忠义，就没有强迫他。赵复虽然人在燕京，但心中却常常思念故乡，思念母亲河长江、汉江，所以大家尊称他为“江汉先生”。

自从燕云十六州被占领后，北方人就很少能得到正统学习的机会了。即使宋朝出现了很多著名学者，他们的学说却始终未能传播到北方。而赵复被俘虏到北方后，将学问传递了过去，又经姚枢、窦默、许衡、刘因这些人共同传播，终使程朱理学在北方广传，北方的学派才逐渐兴起，包括后来的吴澄之经学、姚燧之文学等，数不胜数，这都是赵复的功劳。

瘗旅文

（明）王守仁

【原文】

维正德四年秋月三日，有吏目云自京来者，不知其名氏；携一子一仆，将之任，过龙场，投宿土苗家。予从篱落间望见之，阴雨昏黑，欲就问讯北来事，不果。明早遣人觇之，已行矣。薄午有人自蜈蚣坡来，云一老人死坡下，傍两人哭之哀。予曰：“此必吏目死矣。伤哉！”薄暮复有人来，云：“坡下死者二人，傍一人坐叹。”询其状，则其子又死矣。明日复有人来，云：“见坡下积尸三焉。”则其仆又死矣。呜呼伤哉！念其暴骨无主，将二童子持畚锸，往瘗之，二童子有难色然。予曰：“嘻！吾与尔犹彼也。”二童悯然涕下，请往；就其傍山麓为三坎埋之，又以只鸡饭三盂，嗟吁涕洟而告之。曰：

呜呼伤哉！系何人？系何人？吾龙场驿丞余姚王守仁也。吾与尔皆中土之产，吾不知尔郡邑，尔乌为乎来为兹山之鬼乎？古者重去其乡，游宦不逾千里。

吾以窜逐而来此，宜也；尔亦何辜乎？闻尔官，吏目耳，俸不能五斗，尔率妻子躬耕，可有也，乌为乎以五斗而易尔七尺之躯？又不足，而益以尔子与仆乎？呜呼伤哉！尔诚恋兹五斗而来，则宜欣然就道，乌为乎吾昨望见尔容蹙然，盖不任其忧者？夫冲冒雾露，扳援崖壁，行万峰之顶，饥渴劳顿，筋骨疲惫，而又瘴厉侵其外，忧郁攻其中，其能以无死乎？吾固知尔之必死，然不谓若是其速，又不谓尔子尔仆亦遽尔奄忽也。皆尔自取，谓之何哉！吾念尔三骨之无依而来瘗尔，乃使吾有无穷之怆也，呜呼痛哉！纵不尔瘗，幽崖之狐成群，阴壑之虺如车轮，亦必能葬尔于腹，不致久暴露尔。尔既已无知，然吾何能为心乎？自吾去父母乡国而来此，二年矣，历瘴毒而苟能自全，以吾未尝一日之戚戚也。念悲伤若此，是吾为尔者重而自为者轻也。吾不宜复为尔悲矣。吾为尔歌，尔听之。

歌曰："连峰际天兮，飞鸟不通；游子怀乡兮，莫知西东。莫知西东兮，维天则同。异域殊方兮，环海之中；达观随寓兮，奚必予宫？魂兮魂兮，无悲以恫！"又歌以慰之，曰："与尔皆乡土之离兮，蛮之人言语不相知兮。性命不可期，吾苟死于兹兮，率尔子仆来从予兮。吾与尔遨以嬉兮，骖紫彪而乘文螭兮，登望故乡而嘘唏兮。吾苟获生归兮，尔子尔仆尚尔随兮，无以无侣悲兮。道傍之冢累累兮，多中土之流离兮，相与呼啸而徘徊兮。飧风饮露，无尔饥兮；朝友麋鹿，暮猿与栖兮。尔安尔居兮，无为厉于兹墟兮！"

【译文】

正德四年八月三日，有位据称是从北京城来的吏目，不知道他姓名；带着一个孩子、一个仆人要前去上任，路过龙场，投宿在当地苗人的家里。我从篱笆间看到他们，那时正下着阴阴的细雨、光线昏暗，我本想往前去问问他们从北方来的种种事情，结果没去成。隔天早上，派人过去看看他们，却已走了。将近中午，有人从蜈蚣坡过来，说："有一名老人死在山坡底下，旁边有两个人哭得很哀伤。"我说："这一定是那个吏目死了，真让人难过啊！"到了傍晚，又有人来说："山坡底下死了两个人，旁边坐着一个人在那里哀叹。"问问那个情况，则吏目的孩子又死了。第三天，又有人来说："看到山坡底下堆积了三具尸体。"知道是吏目的仆人又死了。唉！真叫人悲伤！我顾念到他们的尸骨暴露野外、没人收埋，于是领着两个小仆人拿着畚箕、铁锹前往埋葬他们，两个小仆人面有难色，我说："唉！我和你们的处境就像他们哪！"两个小仆人听完后就哀怜地掉下眼泪，请求前往。我就在那尸骨旁边的山脚下挖了三个洞，埋葬他们。又准备了一只鸡、三碗饭来当祭品，边长叹边掉泪地祭告说：

唉，真是悲伤啊！你是谁呀？你是谁？我是龙场驿余姚王守仁啊。我和你都是出生在中原本土的人，我不知道你是哪一府、哪一县的人，你为什么要来这山上做鬼魂呢？古人不轻易离开自己的家乡，出外做官也不会超过千里之远。我因为被贬逐到这儿来，是应该的；你又犯了什么罪过呢？听说你的官职，不过是一名吏目罢了，俸禄还不到五斗米，你带着你的妻儿亲自耕种就可以获得了，为什么要用这五斗米来换你身长七尺的一条命呢？这还不够，又加上你儿子和仆人的生命呢？

唉，真是悲伤啊！你如果真的贪恋这五斗米而来的话，那就应该快快乐乐地上路才对呀；为什么昨天我看到你的时候，却满脸愁容、不堪其忧的样子？冲着雾气、冒着露水，攀援高崖、峭壁，走在层层的峰顶上面，又饥渴又劳苦，筋骨疲惫不堪，加上瘴疠毒气从外侵袭，忧郁哀情自内攻击，又怎能不死呢？我本来就知道你一定会死掉的，却没想到死得这么快；更没料到你的儿子、你的仆人，也这么快就死掉了！这些都是你自己招来的，还有什么好说呢？我想到你们三具尸骨无依无靠而前来埋葬你们，却使我有着无穷无尽的悲怆啊！

唉，真悲伤啊！即使我不埋葬你们，深崖里的狐狸成群，阴谷中的毒蛇大如车轮，也一定能够把你们吞葬在它们的肚子里面，不至于让你们长久曝露在外面。虽然你们已经没有知觉了，可是我的良心又怎么过意得去呢？自从我离开父母、家乡而来到这儿，已经两年了；经受瘴疠毒气而还能侥幸地保全自己，这是因为我一天也不曾忧愁、恐惧啊。今天我竟然如此悲伤，是为你着想的多，而替自己设想的少；我不应该再为你悲伤了！我来为你们唱首歌，请你们听听吧！

歌词是："连绵的山峰与天接近啊，鸟儿也飞不过去了。游子怀念着家乡啊，难以分辨西或东。难以分辨西或东啊，只有苍天是一样的。身处在他乡异地啊，也总是在这四海之内。随遇而安、看开一切啊，何必非要住在自己家里呢。鬼魂哪，鬼魂哪，你就不要再悲伤、不要再哀痛了！"又唱歌安慰他们说："我和你们一样都是远离家乡的人，蛮人的语言谁也听不懂，是死是活都难以预料！如果我死在这个地方的话，你就带着你的儿子和仆人，前来跟从我吧！我和你们一同到处遨游、到处嬉戏，驾着紫色小老虎、乘着彩色的龙螭，登上高处、眺望故乡而悲泣、而抽咽。如果我能够活着回去，你的儿子、你的仆人仍与你相随。道旁的坟墓重重叠叠，他们大多是从中原流离到这儿的人。你可以和他们相互招呼，叫啸流连！餐着风饮着露，不会让你们挨饿的。从早到晚，可以和麋鹿做朋友，可以和猿猴共同栖息。你就安心地住下去吧！不要在这个地方做恶鬼来害人。"

赞刘谐

（明）李贽

【原文】

有一道学，高屐大履，长袖阔带，纲常之冠，人伦之衣，拾纸墨之一二，窃唇吻之三四，自谓真仲尼之徒焉。时遇刘谐。刘谐者，聪明士，见而哂曰："是未知我仲尼兄也。"其人勃然作色而起曰："天不生仲尼，万古如长夜。子何人者，敢呼仲尼而兄之？"刘谐曰："怪得羲皇以上圣人尽日燃纸烛而行也！"其人默然自止。然安知其言之至哉！

李生闻而善曰："斯言也，简而当，约而有余，可以破疑网而昭中天矣。其言如此，其人可知也。盖虽出于一时调笑之语，然其至者百世不能易。"

【译文】

有一位道学先生，脚穿宽大而高底的木屐，身上的服饰长袖阔带，俨然以纲常为冠、以人伦为衣，从故纸堆里拣来了只言片语，又窃取到了一些陈词滥调，便自以为是真正的孔子信徒了。这时他遇见刘谐。刘谐，是一位聪明博学的才子，见了他微笑说："这是因为你不知道我是孔子的兄长啊。"那位道学先生顿时生气地变了脸色，站起来说："上天如果不降生孔子，世界就会千秋万代如在黑夜之中。你是什么人，敢直呼孔子的名字而以兄长自居？"刘谐说："怪不得羲皇以前的圣人都是整天点着纸烛走路啊！"那人无言答对，但他又怎能理解刘谐一番话的深刻道理呢？

李贽听说以后赞美道："这句话，简明而恰当，概括性强而又启人思考，可以冲散云雾的遮蔽而使天空晴朗。他的言论这样，他的人品也就可以知道了。因为这虽然是出于一时的玩笑话，然而其中的深刻道理却是千百年不可改变的。"

廉耻（节选）

（清）顾炎武

【原文】

《五代史 · 冯道传论》曰："'礼义廉耻，国之四维；四维不张，国乃灭亡。'

善乎管生之能言也！礼义，治人之大法；廉耻，立人之大节。盖不廉则无所不取，不耻则无所不为。人而如此，则祸败乱亡，亦无所不至。况为大臣而无所不取，无所不为，则天下其有不乱，国家其有不亡者乎？”然而四者之中，耻尤为要，故夫子之论士曰：“行己有耻。”孟子曰：“人不可以无耻，无耻之耻，无耻矣。”又曰：“耻之于人大矣！为机变之巧者，无所用耻焉。”所以然者，人之不廉而至于悖礼犯义，其原皆生于无耻也。故士大夫之无耻，是谓国耻。

吾观三代以下，世衰道微，弃礼义，捐廉耻，非一朝一夕之故。然而松柏后凋于岁寒，鸡鸣不已于风雨，彼昏之日，固未尝无独醒之人也。

顷读《颜氏家训》，有云：“齐朝一士夫，尝谓吾曰：‘我有一儿，年已十七，颇晓书疏。教其鲜卑语及弹琵琶，稍欲通解，以此伏事公卿，无不宠爱。’吾时俯而不答。异哉，此人之教子也！若由此业自致卿相，亦不愿汝曹为之！”

嗟呼！之推不得已而仕于乱世，犹为此言，尚有《小宛》诗人之意；彼阉然媚于世者，能无愧哉！

【译文】

《五代史 · 冯道传论》道：“‘礼义廉耻，国之四维，四维不张，国乃灭亡。’妙啊，管子的善于立论！礼义，是治理人民的大法；廉耻，是为人立身的大节。大凡不廉便什么都可以拿；不耻便什么都可以做。人到了这种地步，那灾祸、失败、逆乱、死亡，也就都随之而来了；何况身为大臣而什么都拿，什么都做，那么天下哪有不乱，国家哪有不亡的呢？”然而在这四者之间，耻尤其重要。因此孔子论及怎么才可以称为士，说道：“个人处世必须有耻。”孟子说：“人不可以没有耻，对可耻的事不感到羞耻，便是无耻了。”又说：“耻对于人关系大极了，那些搞阴谋诡计要花样的人，是根本谈不上耻的。”其所以如此，因为一个人的不廉洁，乃至于违犯礼义，推究其原因都产生在无耻上。因此（国家领袖人物）士大夫的无耻，可谓国耻。

我考察自三代以下，社会和道德日益衰微，礼义被抛弃，廉耻被抛在一边，不是一朝一夕的事了。但是凛冽的冬寒中有不凋的松柏，风雨如晦中有警世的鸡鸣，那些昏暗的日子中，实在未尝没有独具卓识的清醒者啊！

最近读到《颜氏家训》上有一段话说：“齐朝一个士大夫曾对我说：‘我有一个儿子，年已十七岁，颇能写点文件书牍什么的，教他讲鲜卑话，也学弹琵琶，使之稍为通晓一点，用这些技能侍候公卿大人，到处受到宠爱。’我当时低首不答。怪哉，此人竟是这样教育儿子的！倘若通过这些本领能使自己做到卿相的地位，我也不愿你们这样干。”

哎！颜之推不得已而出仕于乱世，尚且能说这样的话，还有《小宛》诗人的精神，那些卑劣地献媚于世俗的人，能不感到惭愧吗？

清史稿·庄存与传

【原文】

存与，字方耕，江南武进人。乾隆十年一甲二名进士，授编修。四迁内阁学士。二十一年，督直隶学政。按试满洲、蒙古童生，严，不得传递，群哄。御史汤世昌论劾，命夺存与官。上恶满洲、蒙古童生纵恣，亲覆试，搜得怀挟文字。临鞫，童生海成最狡黠，言：“何不杀之？”上怒，立命诛之。哄堂附和者三人，发拉林种地；四十人令在旗披甲；不得更赴试。并以存与督试严密，仍命留任。擢礼部侍郎。遭父丧。服除，补内阁学士，仍授原官，直上书房。遭母丧。服除，补原官。五十一年，以衰老休致。五十三年，卒。

存与廉鲠。典浙江试，巡抚馈金不受，遗以二品冠，受之。及涂［途］，从者以告曰：“冠顶真珊瑚，直千金！”存与使千余里返之。为讲官，上御文华殿，进讲礼毕，存与奏：“讲章有舛误，臣意不谓尔。”奉书进，复讲，尽其旨，上为留听之。

【译文】

武进人庄存与，乾隆十年考中一甲第二名进士，被授予翰林编修的官职。后来四次升迁为内阁学士。乾隆二十一年，他负责直隶省的科举考试。他监考满洲、蒙古的考生，非常严格，不许传递信息，很多人因此不满，在考场上喧哗起来。御史汤世昌弹劾庄存与，想让他罢官。皇帝却讨厌满洲、蒙古的考生太张狂，于是亲自测试他们，结果发现有人挟带作弊。在案件进行审问的时候，有个叫海成的考生还表现得十分狡猾，皇帝震怒，下令处死了他。一起喧哗的其他三人被发配去种田，四十多人被处罚，并且以后都不许再参加科举考试。因为庄存与监督严格，皇帝没有责罚他，命他留任原职。庄存与的父亲过世时，他告假回家守孝。等到三年孝满回到朝中，皇帝任命他为内阁学士，仍然负责原先的工作，还可在上书房行走。后来庄存与又回乡为母亲守孝，孝满回朝后仍任原职。乾隆五十一年，庄存与告老还乡，于乾隆五十三年去世。

庄存与性格耿直清廉，在浙江督考时，巡抚送他金子他并没有接受，后来巡抚给了他一个二品官员（侍郎是二品）的顶戴，他接受了。等到了路上，随从对他说：“那帽子顶上的可是真珊瑚，值一千两金子。”庄存与于是奔驰千余里将帽子归还。庄存与当讲官的一天，皇上亲自驾临文华殿，讲习完毕后，皇上正准备起身离开，庄存与忽然奏告皇上说刚才讲的文章有错误，要重新讲一遍。于是捧着书本近前讲解，皇上为此停留了一会儿，并对他的讲解点头认同。

病梅馆记

（清）龚自珍

【原文】

江宁之龙蟠，苏州之邓尉，杭州之西溪，皆产梅。或曰：“梅以曲为美，直则无姿；以欹为美，正则无景；以疏为美，密则无态。”固也。此文人画士，心知其意，未可明诏大号以绳天下之梅也；又不可以使天下之民，斫直、删密、锄正，以夭梅病梅为业以求钱也。梅之欹之疏之曲，又非蠢蠢求钱之民能以其智力为也。有以文人画士孤癖之隐明告鬻梅者，斫其正，养其旁条，删其密，夭其稚枝，锄其直，遏其生气，以求重价：而江浙之梅皆病。文人画士之祸之烈至此哉！

予购三百盆，皆病者，无一完者。既泣之三日，乃誓疗之：纵之顺之，毁其盆，悉埋于地，解其棕缚；以五年为期，必复之全之。予本非文人画士，甘受诟厉，辟病梅之馆以贮之。

呜呼！安得使予多暇日，又多闲田，以广贮江宁、杭州、苏州之病梅，穷予生之光阴以疗梅也哉！

【译文】

江宁的龙蟠里，苏州的邓尉山，杭州的西溪，都产梅。有人说：“梅以枝干弯曲为美，笔直了就没有风姿；以枝干横斜为美，端正了就没有景致；以枝干疏朗为美，稠密了就没有姿态。”本来嘛，这些文人画士心里明白它的意思，却不便公开宣告，大声号召用这个标准来衡量天下的梅；也不可以使天下种梅人，砍掉笔直的，删掉繁密的，锄掉端正的，把梅弄成奇形怪状，弄成病态，拿这作为职业来赚钱。梅的枝干的横斜、疏朗、弯曲，又不是愚蠢的只知赚钱的人能凭他们的智慧能力做得到的。有人把文人画士这独特偏嗜的隐衷明白告诉卖梅的人，使他们砍掉端正的，培养横斜的侧枝，删掉繁密的，杀害它的嫩枝，锄掉笔直的，阻抑它的生机，这样谋求高价：于是江苏、浙江的梅都病残了。文人画士所造成的祸害的酷烈，竟到了这个地步啊！

我买了三百盆梅，都是病残的，没有一盆完好的。已经为它们流了三天泪，于是发誓要治好它们：我放开它们，顺着它们的天性，毁掉那些盆子，把梅全部种在地里，解开捆绑它们的棕绳；以五年为期限，一定要使它们恢复本性，保全健康的形态。我本来不是文人画士，甘心情愿受到辱骂，设立一个病梅馆来贮存它们。

唉！怎样才能使我有很多空暇的时间，又有很多空闲的田地，来大量贮存江宁、杭州、苏州的病梅，尽我一生的时光来治疗病梅呢？

诫子书

（清）曾国藩

【原文】

余通籍三十余年，官至极品，而学业一无所成，德行一无可许，老大徒伤，不胜悚惶惭赧。今将永别，特立四条以教汝兄弟。

一曰慎独则心安。自修之道，莫难于养心；养心之难，又在慎独。能慎独，则内省不疚，可以对天地质鬼神。人无一内愧之事，则天君泰然，此心常快足宽平，是人生第一自强之道，第一寻乐之方，守身之先务也。

二曰主敬则身强。内而专静纯一，外而整齐严肃，敬之工夫也；出门如见大宾，使民为承大祭，敬之气象也；修己以安百姓，笃恭而天下平，敬之效验也。聪明睿智，皆由此出。庄敬日强，安肆日偷。若人无众寡，事无大小，一一恭敬，不敢懈慢，则身体之强健，又何疑乎？

三曰求仁则人悦。凡人之生，皆得天地之理以成性，得天地之气以成形，我与民物，其大本乃同出一源。若但知私己而不知仁民爱物，是于大本一源之道已悖而失之矣。至于尊官厚禄，高居人上，则有拯民溺救民饥之责。读书学古，粗知大义，即有觉后知觉后觉之责。孔门教人，莫大于求仁，而其最初者，莫要于欲立立人、欲达达人数语。立人达人之人有不悦而归之者乎？

四曰习劳则神钦。人一日所着之衣所进之食，与一日所行之事所用之力相称，则旁人韪之，鬼神许之，以为彼自食其力也。若农夫织妇终岁勤动，以成数石之粟数尺之布，而富贵之家终岁逸乐，不营一业，而食必珍馐，衣必锦绣。酣豢高眠，一呼百诺，此天下最不平之事，鬼神所不许也，其能久乎？古之圣君贤相，盖无时不以勤劳自励。为一身计，则必操习技艺，磨炼筋骨，困知勉行，操心危虑，而后可以增智能而长才识。为天下计，则必己饥己溺，一夫不获，引为余辜。大禹、墨子皆极俭以奉身而极勤以救民。勤则寿，逸则夭，勤则有材而见用，逸则无劳而见弃，勤则博济斯民而神祇钦仰，逸则无补于人而神鬼不歆。

此四条为余数十年人世之得，汝兄弟记之行之，并传之于子子孙孙。则余曾家可长盛不衰，代有人才。

【译文】

我在朝为官三十多年，做到一品大员，然而在学术上却一无所成，德行上也没什么值得嘉许的，年纪越大，越是惶恐惭愧。如今我即将离开人世，特意写下四条家训教诲你们兄弟。

第一，慎独则心安。自我修养，最难的就是修心；修心最难的，就是慎独。能够做到慎独，就可以在内省的时候无愧于心，无愧天地鬼神。人心中无愧，就会处世泰然，心中常常感到快乐满足，这是人生第一的自强之道，第一的快乐良方，是修身的根本。

第二，主敬则身强。内心平静安定，外在形象整齐严肃，是敬的工夫；出门在外气度庄严，使人尊敬，是敬的气象；修身养性，最后治国平天下，是敬的效用。聪明睿智，都来源于此。每天修习敬的工夫，不分人多人少，不管事大事小，都恭敬处理，不会松懈怠慢。这样身体会更加强健，这是毫无疑问的。

第三，求仁则人悦。人之所以诞生，都是以宇宙的真理为本性，宇宙的气象为形体，万事万物都出于同一个源头。如果一个人只知道自己的私利而不知道仁民爱物，就违背了我们同宗同源的道理。越是身居高位、富贵荣华的人，越应该有济世救民的责任心。读书做学问的人，明白道理之后，就有启蒙教诲其他人的责任。孔子教育我们，要做一个仁者，自己要发达，先让别人发达，这些话很简单，也很深刻。先让别人得到好处的人难道不会得到别人的喜爱和拥戴吗？

第四，习劳则神钦。人的衣食住行，应当与他付出的努力成正比，这样才会得到旁人的肯定、鬼神的称赞，这就是所谓的自食其力。如果普通百姓辛苦一年，只获得很少的东西，而富贵之家的人不事生产，却生活奢侈，这样的事情是不公平的，也必然不会长久。古代的圣君贤相，都是以勤劳著称的。练习技艺，磨炼筋骨，艰苦奋斗，才能增长知识和才干。为了天下百姓，自己再辛苦也是值得的。大禹、墨子都是勤俭节约、救济百姓的圣人。勤劳的人长寿，懒惰的人短命，勤劳的人有才能会被重用，懒惰的人没有才能会被抛弃，勤劳的人连神明都敬佩，而懒惰的人连鬼神都不喜欢。

这四条是我几十年为人处世的感悟，你们兄弟要谨记于心，依照行事，并将它传给后代子孙。这样我们曾家就可以长盛不衰，代代有人才持家了。

孔子改制考序

康有为

【原文】

孔子卒后二千三百七十六年，康有为读其遗言，渊渊然思，凄凄然悲，曰：嗟夫！使我不得见太平之治，被大同之乐者，何哉？使我中国二千年，方万里之地，四万万神明之裔，不得见太平之治，被大同之乐者，何哉？使大地不早见太平之治，逢大同之乐者，何哉？

天既哀大地生人之多艰，黑帝乃降精而救民患，为神明，为圣王，为万世作师，为万民作保，为大地教主。生于乱世，乃据乱世而立三世之法，而垂精太平。乃因其所生之国，而立三世之义，而注意于大地远近、大小若一之大一统。乃立元以统天，以天为仁，以神气流形而教庶物，以不忍心而为仁政。合鬼神山川、公侯庶人、昆虫草木一统于其教，而先爱其圆颅方趾之同类，改除乱世勇乱战争角力之法，而立《春秋》新王行仁之制。其道本神明，配天地，育万物，泽万世，明本数，系末度，小大精粗，六通四辟，无乎不在。此制乎，不过于元中立诸天，于一天中立地，于一地中立世，于一世中随时立法，务在行仁，忧民忧，以除民患而已。《易》之言曰："书不尽言，言不尽意。"《诗》、《书》、《礼》、《乐》、《易》、《春秋》，为其书，口传七十子后学为其言。此制乎，不过其夏葛冬裘，随时救民之言而已。

若夫圣人之意，窈矣！深矣！博矣！大矣！世运既变，治道斯移，则始于粗粝，终于精微。教化大行，家给人足。无怨望忿怒之患，强弱之难，无残贼妒疾之人。民修德而美好，被发衔哺而游，毒蛇不螫，猛兽不搏，抵虫不触。朱草生，醴泉出，凤凰麒麟游于郊陬。囹圄空虚，画衣裳而民不犯。则斯制也，利用发蒙，声色之以化民，末矣！

夫两汉君臣儒生，尊从《春秋》拨乱之制，而杂以霸术，犹未尽行也。圣制萌芽，新歆遽出，伪《左》盛行，古文篡乱。于是削移孔子之经而为周公，降孔子之圣王而为先师;《公羊》之学废，改制之义湮，三世之说微；太平之治，大同之乐，暗而不明，郁而不发。我华我夏，杂以魏晋隋唐佛老词章之学，乱以氐羌、突厥、契丹、蒙古之风，非惟不识太平，并求汉人拨乱之义，亦乖剌而不可得。而中国之民遂二千年被暴主夷狄之酷政，耗矣。哀哉！

朱子生于大统绝学之后，揭鼓扬旗而发明之。多言义，而寡言仁；知省身救过，而少救民患；蔽于据乱之说，而不知太平大同之义。杂以佛老，其道觳苦。所以为治教者，亦仅如东周、刘蜀、萧詧之偏安而已。大昏也，博夜也，冥冥汶汶，雺雾雰雰，重重锢昏，皎日坠渊。万百亿千缝掖俊民，跂跂脉脉而望，篝灯而求明，囊萤而自珍，然卒不闻孔子天地之全，太平之治，大同之乐。悲夫！

天哀生民，默牖其明，白日流光，焕炳莹晶。予小子梦执礼器而西行，乃睹此广乐钧天，复见宗庙百官之美富。门户既得，乃扫荆榛而开途径，拨云雾而览日月，非复人间世矣。不敢隐匿大道，乃与门人数辈，朝夕钩撢，八年于兹。删除繁芜，就成简要，为《改制考》三十卷。同邑陈千秋礼吉、曹泰箸伟，雅才好博，好学深思，编检尤劳，墓草已宿。然使大地大同太平之治可见，其亦不负二三子铅椠之劳也夫！

嗟夫！见大同太平之治也，犹孔子之生也。《孔子改制考》成书，去孔子之生二千四百四十九年也。

【译文】

孔子过世 2376 年后，我读他的遗书，深思之下，感到非常悲痛。唉！为什么我无法见到太平治世，享受到大同的幸福生活呢？为什么我们中国两千年以来，拥有方圆万里的土地，四万万神明的子孙，却无法见到太平治世，享受到大同的幸福生活呢？为什么大地不及早出现太平治世，以迎接大同的幸福生活呢？

上天怜悯天下老百姓的多灾多难，于是黑帝便降下精魂，以解救人民的灾患，让孔子做神明、做圣王、做万世的良师、做万民的守护者、做天下共尊的教主。他生在乱世，因此根据乱世而定出“三世”的原则，而精神则专注于太平世。于是就他所生的鲁国，确立了“三世”的含义，而殷殷致意于天下远近、大小皆如一的“大一统”世界。于是定立“元”以统一万事万物的道理，以天是具有仁心的，利用元气流布而生成万物的道理教导众生，以不忍人之心发为仁政。将鬼神、山川、贵族、平民、昆虫、草木，都统一在他的政教当中，而先亲爱自己圆头方足的同类；为消除乱世中以侵夺、战争互相攻击的现象，因而以《春秋》当新王，推行仁政。他的道理之神妙，是本于神明，足以匹配天地、化育万物、流泽万世的；同时，以仁为道的根本，具体的表现在一切礼制中，无论是小大、精粗的事物，或是通达、偏僻的地方，都可以看到它的存在。这个制度，不过是在“元”中建立宇宙，在宇宙的地球上建立了地，在地球上建立了“三世”，而在各世中依据不同境况而随时定立出法则；主要在推行仁政，忧民之忧，以解救人民的灾患而已。《易经》说：“文字无法完全表达言语，言语无法完全表达思想。”《诗》、《书》、《礼》、《乐》、《易》、《春秋》是孔子的文字，口头传授给 72 个弟子的是他的言语。这个制度，不过像夏天穿葛衣、冬天袭皮裘一样，是他依据不同境况以解救人民的言论而已。

至于圣人的思想，是精奥、深远、广博、伟大的，世道既然有所改变，治法也必随之变化，通常都是由粗糙的小康开始，然后进于精微的大同。在教化普遍施行之后，便可以使家给人足，而没有怨恨、愤怒的忧患，及以强凌弱的灾祸，也不会有残暴、妒忌的人。每一个人都能修身养性，富有道德，能自由自在地悠游于世，毒蛇不会咬他、猛兽不会攻击他、有角的兽类也不会触击他。朱草遍生，醴泉涌出，凤凰麒麟在郊野出游；监狱空虚，只要在衣服上画着应有的刑罚，就没有人敢犯法了。这个制度，是利用大同之治来开化人民；一般只用言语来教化人民的方式，不是根本的办法。

汉代的君臣、儒生，虽然尊奉《春秋》拨乱反正的制度，但其中却掺杂了霸术，还不算完全推行王道。就在这圣人的制度刚刚萌芽的时候，新莽的刘歆突然出现，伪造的《左传》大为盛行，伪“古文经”篡乱了圣经。于是将孔子作的《六经》改归于周公名下，同时将他自圣王的地位贬降成先师。《公羊》的学说被废除，孔子改制的大义就埋没了，而三世的学说也衰微了。太平治世、大同福祉，晦暗而不明，湮没而无法阐发。我堂堂华夏之国，居然掺杂着魏、晋、隋、唐的佛教、道教及诗赋词章的学说，而且被氐、羌、突厥、契丹、蒙古等异族的政教风俗所淆乱，不但不明白什么是太平，即使是想明白汉人的拨乱反正的意义，也不可能了。因此中国的人民，遂被两千年来残暴的君主和夷狄残酷的统治所折磨。这真是悲哀啊！

朱熹生在大一统学说灭绝之后，他想要大张旗鼓的来阐明这个道理。但是他却多说“义”而很少提到“仁”，只知道修养自身以减少过错，而不太致力于解救人民的灾患，蔽于据乱的说法所蒙蔽而不明白太平、大同的真义；同时又掺杂佛教、老庄之说，他的方法是浅薄而难行的。因此他所致力的政治教化，也只能够像东周、蜀汉、后梁一样，偏安一隅而已。世界一片黑暗，像迷蒙的长夜一般，昏昏沉沉，云雾层层，在一重重的封锢之下，光耀的太阳便永远沉于深渊了。几千万亿的儒生、百姓，在黑暗中翘首仰望，企图提着灯笼以寻求光明，找到一些些值得珍视的微光，但是终究无法认识孔子像天地一般无所不包的全体学问，以及太平治世、大同福祉。真悲哀呀！

上天怜悯普天下的百姓，默默地启发他们的智慧，大白天里闪出一阵耀眼的光芒，光亮剔透地照亮了天地。我梦到捧着礼器西行晋见孔子，因此才能看到像钧天广乐般的大道，同时更窥见了其中像宗庙之美、百官之富的内涵。既然寻得了门径，于是便开始扫除荆棘，而开辟一条坦坦大道，自觉像是拨开云雾而见到青天白日一样，不再是从前的境界了。我不敢私自隐藏这大道，于是和几位门人，早晚研究讨论，到现在已经 8 年了。我将其中的繁杂之处删除，使议论简明扼要，完成了《改制考》30 卷。同乡的门人陈千秋字礼吉、曹泰字箸伟，才能淹雅，学问广博，好学而肯深思，在编缉检阅上出力很多，如今他们的坟前已长满了野草，但是，若是大同、太平的治世得以出现在这世界上，也应该不会辜负了他们在出版此书中所付出的劳力了吧？

唉！若能见到大同、太平的盛世，就等于孔子再生一样了。《孔子改制考》成书，距孔子出生时已经 2449 年了。

论毅力

梁启超

【原文】

天下古今成败之林，若是其莽然不一途也。要其何以成，何以败？曰：有毅力者成，反是者败。

盖人生历程，大抵逆境居十六七，顺境亦居十三四，而逆境又常相间以迭乘。无论事之大小，必有数次乃至十数次之阻力，其阻力虽或大或小，而要之必无可逃避者也。其在志力薄弱之士，始固曰吾欲云云，其意以为天下事固易易也，及骤尝焉而阻力猝来，颓然丧矣；其次弱者，乘一时之意气，透过此第一关，遇再挫而退；稍强者，遇三四挫而退；更稍强者，遇五六挫而退；其事愈大者，其遇挫愈多；其不退也愈难，非至强之人，未有能善于其终者也。

夫苟其挫而不退矣，则小逆之后，必有小顺。大逆之后，必有大顺。盘根错节之既经，而随有应刃而解之一日。旁观者徒艳羡其功之成，以为是殆幸运儿，而天有以宠彼也，又以为我蹇于遭逢，故所就不彼若也。庸讵知所谓蹇焉、幸焉者，皆彼与我之相同，而其能征服此蹇焉，利用此幸焉与否，即彼成我败所由判也。更譬诸操舟，如以兼旬之期，行千里之地者，其间风潮之或顺或逆，常相参伍。分彼以坚苦忍耐之力，冒其逆而突过之，而后得从容以进度其顺。我则或一日而返焉，或二三日而返焉，或五六日而返焉，故彼岸终不可达也。

孔子曰："譬如为山，未成一篑，止，吾止也；譬如平地，虽复一篑，进，吾往也。"孟子曰："有为者，譬若掘井，掘井九仞，而不及泉，犹为弃井也。"成败之数，视此而已。

【译文】

天下古往今来种种成败的人和事，它们所经历的道路是如此的纷繁不同。概括地推究：它们为什么成功，又为什么失败呢？回答是：有毅力的就成功，反之则失败。

人生的历程，大体逆境占了十分之六七，顺境也占了十分之三四，而顺逆这两种境遇又常常是相互交替着轮流出现。无论事情是大是小，必然会遇到几次乃至十几次的阻力，这种阻力虽然有的大有的小，但总之必定是不可避免的。那些在意志和能力方面薄弱的人，开始的时候一定会说我想要如何如何，我要如何如何，他心里认为天下事本来就是很简单容易的，刚开始尝试，阻力就来临，便颓然丧失了信心。那些意志能力比较弱的人，凭着一时的意气，通过了这第一关，遇到第二次挫折就退缩了；意志能力稍强的人，遇到三四次挫折才退缩；再坚强些的人，遇到五六次挫折才退缩。他所做的事情越大，他遇到的挫折就越多，他不退缩也就越难。不是极其坚强的人，就没有能够顺利达到终点的。

如果遇到挫折而不退缩，那么小的逆境之后，必定有小的顺境；大的逆境之后，必定会有大的顺境。经过了盘根错节的复杂情况以后，而后随之才会有迎刃而解的一天。旁观者只是非常羡慕别人的成功，认为这个人大概是个幸运儿，而老天总是因为某种缘故宠爱他；又认为我遭遇不顺利，所以成就也比不上他。这种人哪里知道所谓的"不顺"啊、"幸运"啊，对于任何人都是相同的，而是否能征服这些"不顺"，同时又利用这些"幸运"，正是他成我败的区别所在。再用驾船来做个比方，如果用二十天的时间，来走一千里的路程，这期间风向潮流有时顺有时逆，常常交互错杂。他凭着艰苦忍耐的力量，迎着那逆风逆流冲了过去，然后能从容地前进，去渡过顺风顺水的一段。但是我或者一天就退回来了，或者两三天就回来了，或者五六天就回来了，所以就始终不可能到达彼岸。

孔子说："比如堆土成山，只差一筐土了，如果停了下来，这是我自己停了下来的。又比如平整土地，即使刚倒下一筐土，只要前进，我也在往前进行。"孟子也说："要有作为，就譬如掏井，掏到七八丈深，还不见泉水，仍然还是一个废井。"成败的规律，看看这两段话也就知道了。

驳康有为论革命书（节选）

章太炎

【原文】

夫以种族异同，明白如此，情伪得失，彰较如彼，而长素犹偷言立宪而力排革命者，宁智不足、识不逮耶？吾观长素二十年中，变易多矣。始孙文倡义于广州，长素尝遣陈千秋、林奎往，密与通情。及建设保国会，亦言保中国、不保大清，斯固志在革命者。未几，瞑瞒于富贵利禄，而欲与素志调和，于是戊戌柄政，始有变法之议。事败亡命，作衣带诏，立保皇会，以结人心。然庚子汉口之役，犹以借遵皇权，密约唐才常等，卒为张之洞所发。当是时，素志尚在，未尽澌灭也。唐氏既亡，保皇会亦渐溃散。长素自知革命之不成，则又瞑瞒于富贵利禄，而今之得此，非若畴昔之易，于是宣布是书，其志岂果在保皇立宪耶？亦使满人闻之，而曰长素固忠贞不贰，竭力致死以保我满洲者。而向之所传，借遵皇权保中国不保大清诸语，是皆人之所以诬长素者，而非长素故有是言也。荣禄既死，那拉亦耄，载湉春秋方壮，他日复辟，必有其期，而满洲之新起柄政者，其势力权借或不如荣禄诸奸，则工部主事可以起复，虽内阁军机之位，亦可以觊觎矣。长素固云：穷达一节，不变塞焉。盖有之矣，我未之见也。

抑吾有为长素忧者，向日革命之议，哗传于人间，至今未艾。陈千秋虽死，孙文、林奎尚在；唐才常虽死，张之洞尚在；保国会之微言不著竹帛，而入会诸公尚在；其足以证明长素之有志革命者，不可件举，虽满人之愚蒙，亦未必遽为长素欺也。呜呼哀哉！"南海圣人"，多方善疗，而梧鼠之技，不过于五，亦有时而穷矣。满人既不可欺，富贵既不可复，而反使炎、黄遗胄受其蒙蔽，而缓于自立之图。惜乎！己既自迷，又使他人沦陷，岂直二缶钟惑而已乎！此吾所以不得不为之辨也。

【译文】

中国的发展方向，都已经非常明确了，而康有为还在叫嚣保皇立宪，反对革命，他是智慧不足，还是见识短浅呢？依我看，康有为在短短20年间，多次变换立场。最初孙中山在广州倡立革命，康有为还曾派陈千秋、林奎前去密会。后来建立保国会，也说是保中国、不保大清的，看起来确实是有志于革命的。可没过多久，他又想要将富贵利禄与革命情怀二者兼得，所以有了戊戌变法。变法失败后，他四处流亡，又建立保皇会，笼络人心。庚子年他假借得到皇帝命令，秘密约见唐才常等，结果被张之洞揭发。那时候，他的革命志向还没有消失掉。后来唐才常过世，保皇会也逐渐衰败。康有为认为革命没有希望了，又放不下富贵利禄，所以才写下《答南北美洲诸华侨论中国只可行立宪不可行革命书》，难道还指望他真的是为了保皇立宪吗？满人看到这篇文章后，认为康有为是忠臣，是誓死保卫满洲的，认为以前听说的康有为保中国而不保大清的传闻是别人污蔑他，并不是他的原话。荣禄已经死了，那拉氏也老了，载湉正值壮年，有朝一日回复皇权，康有为就有好日子过了。虽然不能一步登天，但至少可以恢复他原来工部主事的职位，即便内阁军机大臣这样的地位，也并不是不能做到的。康有为说他自己即使再潦倒，也始终未改革命之志。也许曾经有过，但我是没有见到的。

我为康有为担心的是，当初他的革命宣言，流传很广，一直到今天都还有人记得。陈千秋虽然死了，孙中山、李奎还活着；唐才常虽然死了，张之洞还活着；保国会的资料记载可能并不详细，但是当初入会的革命者很多还健在；这些人都可以证明康有为是革命者，就算满人愚蠢，也不会被他蒙蔽太久。哎呀！“南海圣人”啊，就算他再会粉饰太平，也终究有暴露的一天。满人是不会被欺骗太久的，他的富贵荣华是得不到的，反而使得炎黄子孙受到蒙蔽，不能坚定地投入到革命大军中来。可惜啊！自己迷失了方向，还让他人也沦陷了，岂不就是是非不明吗！这一点我不得不为他分析分析啊。

大乱者，救中国之妙药也

黄　侃

【原文】

中国情势，事事皆现死机，处处皆成死境，膏肓之疾，已不可为。然犹上下醉梦，不知死期之将至。长日如年，昏沉虚度，软痈一朵，人人病夫。此时非有极大之震动，极烈之改革，唤醒四万万人之沉梦，亡国奴之官衔，行见人人欢戴而不自知耳。和平改革既为事理所必无，次之则为无规则之大乱，予人民以深痛巨创，使至于绝地，而顿易其亡国之观念，是亦无可奈何之希望。故大乱者，实今日救中国之妙药也。呜呼！爱国之志士乎？救国之健儿乎！和平已无可望矣！国危如是，男儿死耳，好自为之，毋令黄祖呼侫而已。

【译文】

现在中国的情况是，就像一个人已经病入膏肓，一件事情已经毫无转机，快要灭亡了。然而很多人还身处睡梦之中，不知道死期就要到了。人民浑浑噩噩，度日如年，每个人都像是生了病一样，软绵绵毫无生气。这种境况下，除非进行非常大的革命，对社会产生极大震动，把四万万同胞从睡梦中唤醒，否则的话，我们戴着“亡国奴”的帽子欢天喜地而不自知。和平改革已经是没有希望了，现在天下就要大乱，人民会遭受巨大的创伤，甚至到达绝望的境地，但是如果能置之死地而后生，从亡国灭种的绝境中奋发起来，也不得不说是最后的希望。所以说，大乱不可怕，它极可能是救治中国的良药。哎呀！做爱国的志士？还是救国的健儿！和平已经是不可能的事情了！国家到了危急存亡的关头，好男儿不要怕死，要奋勇向前，千万不要让地下的祖先骂我们是“不肖子孙”哪！

蔡孑民先生逝世后感言

陈独秀

“人生自古谁无死”，原来算不了什么，然而我对于蔡孑民先生之死，于公义，于私情，都禁不住有很深的感触！四十年来社会政治之感触！

我初次和蔡先生共事，是在清朝光绪末年。那时杨笃生、何海樵、章行严等，在上海发起一个学习炸药以图暗杀的组织，行严写信招我，我由安徽一到上海便加入了这个组织。住上海月余，天天从杨笃生、钟宪鬯试验炸药，这时孑民先生也常常来试验室练习、聚谈。我第二次和蔡先生共事，乃是民国五、六、七年间在北京大学。在北大和蔡先生共事较久，我知道他为人也较深了。

一般的说来，蔡先生乃是一位无可无不可的老好人；然有时有关大节的事或是他已下决心的事，都很倔强的坚持着，不肯通融，虽然态度还很温和；这是他老先生可令人佩服的第一点。自戊戌政变以来，蔡先生自己常常倾向于新的进步的运动，然而他在任北大校长时，对于守旧的陈汉章、黄侃，甚至主张清帝复辟的辜鸿铭，参与洪宪运动的刘师培，都因为他们学问可为人师而和胡适、钱玄同、陈独秀容纳在一校；这样容纳异己的雅量，尊重学术思想自由的卓见，在习于专制好同恶异的东方人中实所罕有；这是他老先生更可令人佩服的第二点。

蔡先生没有了，他的朋友，先生的学生，凡是追悼蔡先生的人，都应该服膺他这两点美德呀！

蔡先生逝世后，有一位北大旧同学写信嘱我撰一文，备登公祭时特刊之类，并且说："自五四起，时人间有废弃国粹与道德之议，先生能否于此文辟正之。"关于此问题，我的意见是这样：

凡是一个像样的民族，都有他的文化，或者说他的国粹；在全世界文化的洪炉中，各民族有价值的文化，即是可称为国"粹"而不是国"渣"的，都不容易被熔毁，甚至那一民族灭亡了，他的文化生命比民族生命还要长。问题是在一民族的文化，是否保存在自己民族手中，若一民族灭亡了，甚至还未灭亡，他的文化即国粹乃由别的民族来保存，那便糟透了，"保存国粹"之说，在这点是有意义的，如果有人把民族文化离开全世界文化孤独的来看待，把国粹离开全世界学术孤独的来看待，在抱残守缺的旗帜之下，闭着眼睛自大排外，拒绝域外学术之输入，甚至拒绝用外国科学方法来做整理本国学问的工具，一切学术失了比较研究的机会，便不会择精语详，只有抱着国"渣"当国"粹"，甚至于高喊读经的人，自己于经书的训诂义理毫无所知，这样的国粹家实在太糟了！

人与人相处的社会，法律之外，道德也是一种不可少的维系物，根本否认道德的人，无论他属那一阶级，那一党派，都必然是一个邪僻无耻的小人。但道德与真理不同，他是为了适应社会的需要而产生的，他有空间性和时间性，此方所视为道德的，别方则未必然。古时所视为不道德的，现代则未必然，譬如：活焚寡妇，在古代印度视为道德，即重视守节的中国人也未必以为然；寡妇再嫁，在中国视为不道德的事，在西洋即现时的中国，也不算得什么大不好的事；杀人是最不道德的事，然而在战场上能多杀伤人才算是勇士，殉葬和割股更是古代的忠孝美谈；男女平权之说，由西洋传到中国，当然和中国固有的道德即礼教，太不相容了，然而现代的中国绅士们，在这方面已不公然死守固有的道德了。其实男子如果实行男女平权，是需要强毅的自制力之道德的。总之，道德是应该随时代及社会制度变迁，而不是一成不变的；道德是用以自律，而不是拿来责人的；道德是要躬行实践，而不是放在口里乱喊的，道德喊声愈高的社会，那社会必然落后，愈堕落；反之，西洋诸大科学家的行为，不比道貌尊严的神父牧师坏，清代的朴学大师们，比同时汤斌、李光地等一班道学家的心术要善良的多。就以蔡先生而论，他是主张以美育代替宗教的，他是反对祀孔的，他从来不拿道德向人说教，可是他的品行要好过许多高唱道德的人。

这不仅是我个人的意见，我敢说蔡先生和适之先生在这两个问题上和我的意见大致是相同的；适之还活着，人们不相信可以去问他。凡是熟知蔡先生言行的人，也不至于认为我这话是死无对证信口开河。

五四运动，是中国现代社会发展之必然的产物，无论是功是罪，都不应该专归到那几个人；可是蔡先生、适之和我，乃是当时在思想言论上负主要责任的人，关于重大问题，时论既有疑义，适之不在国内，后死的我，不得不在此短文中顺便申说一下，以告天下后世，以为蔡先生纪念！

容忍与自由（节选）

胡　适

十七八年前，我最后一次会见我的母校康耐儿大学的史学大师布尔先生（George Lincdn Burr）。我们谈到英国文学大师阿克顿（Lord Acton）一生准备要着作一部《自由之史》，没有写成他就死了。布尔先生那天谈话很多，有一句话我至今没有忘记。他说，“我年纪越大，越感觉到容忍（tolerance）比自由更重要”。

布尔先生死了十多年了，他这句话我越想越觉得是一句不可磨灭的格言。我自己也有“年纪越大，越觉得容忍比自由还更重要”的感想。有时我竟觉得容忍是一切自由的根本：没有容忍，就没有自由。

我十七岁的时候（1908 年）曾在《竞业旬报》上发表几条《无鬼丛话》，其中有一条是痛骂小说《西游记》和《封神榜》的，我说：

《王制》有之：“假于鬼神时日卜筮以疑众，杀。”吾独怪夫数千年来之排治权者，之以济世明道自期者，乃懵然不之注意，惑世诬民之学说得以大行，遂举我神州民族投诸极黑暗之世界！

这是一个小孩子很不容忍的“卫道”态度。我在那时候已是一个无鬼论者、无神论者，所以发出那种摧除迷信的狂论，要实行《王制》(《礼记》的一篇）的

“假于鬼神时日卜筮以疑众，杀”的一条经典！

……

那一段《王制》的全文是这样的：

析言破律，乱名改作，执左道以乱政，杀。作淫声异服奇技奇器以疑众，杀。行伪而坚，言伪而辩，学非而博，顺非而泽以疑众，杀。假于鬼神时日卜筮以疑众，杀。此四诛者，不以听。

我在五十年前，完全没有懂得这一段话的“诛”正是中国专制政体之下禁止新思想、新学术、新信仰、新艺术的经典的根据。我在那时候抱着“破除迷信”的热心，所以拥护那“四诛”之中的第四诛：“假于鬼神时日卜筮以疑众，杀。”我当时完全没有梦到第四诛的“假于鬼神……以疑众”和第一诛的“执左道以乱政”的两条罪名都可以用来摧残宗教信仰的自由。……故第二诛可以用来禁绝艺术创作的自由，也可以用来“杀”许多发明“奇技异器”的科学家。故第三诛可以用来摧残思想的自由，言论的自由，著作出版的自由。

我在五十年前引用《王制》第四诛，要“杀”《西游记》、《封神榜》的作者。那时候我当然没有想到十年之后我在北京大学教书时就有一些同样“卫道”的正人君子也想引用《王制》的第三诛，要“杀”我和我的朋友们。当年我要“杀”人，后来人要“杀”我，动机是一样的：都只因为动了一点正义的火气，就都失掉容忍的度量了。

我自己叙述五十年前主张“假于鬼神时日卜筮以疑众，杀”的故事，为的是要说明我年纪越大，越觉得“容忍”比“自由”还更重要。

……

我自己总觉得，这个国家，这个社会，这个世界，绝大多数人是信神的，居然能有这雅量，能容忍我的无神论，能容忍我这个不信神也不信灵魂不灭的人，能容忍我在国内和国外自由发表我的无神论的思想，从没有人因此用石头掷我，把我关在监狱里，或把我捆在柴堆上用火烧死。我在这个世界里居然享受了四十多年的容忍与自由。我觉得这个国家，这个社会，这个世界对我的容忍度量是可爱的，是可以感激的。

所以我自己总觉得我应该用容忍的态度来报答社会对我的容忍。所以我自己不信神，但我能诚心地谅解一切信神的人，也能诚心地容忍并且敬重一切信仰有神的宗教。

我要用容忍的态度来报答社会对我的容忍，因为我年纪越大，我越觉得容忍的重要意义。若社会没有这点容忍的气度，我决不能享受四十多年大胆怀疑的自由，公开主张无神论的自由。

在宗教自由史上，在思想自由史上，在政治自由史上，我们都可以看见容忍的态度是最难得、最稀有的态度。人类的习惯总是喜同而恶异的，总不喜欢和自己不同的信仰、思想、行为。这就是不容忍的根源。不容忍只是不能容忍和我自己不同的新思想和新信仰。一个宗教团体总相信自己的宗教信仰是对的，是不会错的，所以它总相信那些和自己不同的宗教信仰必定是错的，必定是异端，邪教。一个政治团体总相信自己的政治主张是对的，是不会错的，所以它总相信那些和自己不同的政治见解必定是错的，必定是敌人。

一切对异端的迫害，一切对异己的摧残，一切宗教自由的禁止，一切思想言论的被压迫，都由于这一点深信自己是不会错的心理。因为深信自己是不会错的，所以不能容忍任何和自己不同的思想信仰了。

试看欧洲的宗教革新运动的历史。马丁·路德（Martin Luther）和约翰·高尔文（John Calvin）等人起来革新宗教，本来是因为他们不满意于罗马旧教的种种不容忍，种种不自由。但是新教在中欧北欧胜利之后，新教的领袖们又都渐渐走上了不容忍的路上去，也不容许别人起来批评他们的新教条了。高尔文在日内瓦掌握了宗教大权，居然会把一个敢独立思想，敢批评高尔文的教条的学者塞维图斯（Servetus）定了“异端邪说”的罪名，把他用铁链锁在木桩上，堆起柴来，慢慢的活烧死。这是 1953 年 10 月 23 日的事。

这个殉道者塞维图斯的惨史，最值得人们的追念和反省。宗教革新运动原来的目标是要争取“基督教的人的自由”和“良心的自由”。何以高尔文和他的信徒们居然会把一位独立思想的新教徒用慢慢的火烧死呢？何以高尔文的门徒（后来继任高尔文为日内瓦的宗教独裁者）柏时（de Beze）竟会宣言“良心的自由是魔鬼的教条”呢？

基本的原因还是那一点深信我自己是“不会错的”的心理。像高尔文那样虔诚的宗教改革家，他自己深信他的良心确是代表上帝的命令，他的口和他的笔确是代表上帝的意志，那地他的意见还会错吗？他还有错误的可能吗？在塞维图斯被烧死之后，高尔文曾受到不少人的批评。1954 年，高尔文发表一篇文字为他自己辩护，他毫不迟疑地说：“严厉惩治邪说者的权威是无可疑的，因为这就是上帝自己说话。……这工作是为上帝的光荣战斗。”

上帝自己说话，还会错吗？为上帝的光荣作战，还会错吗？这一点“我不会错”的心理，就是一切不容忍的根苗。深信我自己的信念没有错误的可能（infallible），我的意见就是“正义”，反对我的人当然都是“邪说”了。我的意见代表上帝的意旨，反对我的人的意见当然都是“魔鬼的教条”了。

这是宗教自由史给我们的教训：容忍是一切自由的根本；没有容忍“异己”的雅量，就不会承认“异己”的宗教信仰可以享受自由。但因为不容忍的态度是基于“我的信念不会错”的心理习惯，所以容忍“异己”是最难得，最不容易养成的雅量。

在政治思想上，在社会问题的讨论上，我们同样的感觉到不容忍是常见的，而容忍总是很稀有的。我试举一个死了的老朋友的故事作例子。四十多年前，我们在《新青年》杂志上开始提倡白话文学的运动，我曾从美国寄信给陈独秀，我说：

此事之是非，非一朝一夕所能定，亦非一二人所能定。甚愿国中人士能平心静气与吾辈同力研究此问题。讨论既熟，是非自明。吾辈已张革命之旗，虽不容退缩，然亦决不敢以吾辈所主张为必是而不容他人之匡正也。

独秀在《新青年》上答我道：

鄙意容纳异议，自由讨论，固为学术发达之原则，独于改良中国文学当以白话为正宗之说，其是非甚明，必不容反对者有讨论之余地；必以吾辈所主张者为绝对之是，而不容他人之匡正也。

我当时看了就觉得这是很武断的态度。现在在四十多年之后，我还忘不了独秀这一句话，我还觉得这种“必以吾辈所主张者为绝对之是”的态度是很不容忍的态度，是最容易引起别人的恶感，是最容易引起反对的。

我曾说过，我应该用容忍的态度来报答社会对我的容忍。我现在常常想我们还得戒律自己：我们若想别人容忍谅解我们的见解，我们必须先养成能够容忍谅解别人的见解的度量。至少至少我们应该戒约自己决不可“以吾辈所主张者为绝对之是”。我们受过实验主义的训练的人，本来就不承认有“绝对之是”，更不可以“以吾辈所主张者为绝对之是”。

国史大纲·前言

钱穆

凡读本书请先具下列诸信念：

一、当信任何一国之国民，尤其是自称知识在水平线以上之国民，对其本国已往历史，应该略有所知。（否则最多只算一有知识的人，不能算一有知识的国民。）

二、所谓对其本国已往历史略有所知者，尤必附随一种对其本国已往历史之温情与敬意。（否则只算知道了一些外国史，不得云对本国史有知识。）

三、所谓对其本国已往历史有一种温情与敬意者，至少不会对其本国历史抱一种偏激的虚无主义，（即视本国已往历史为无一点有价值，亦无一处足以使彼满意。）亦至少不会感到现在我们是站在已往历史最高之顶点，（此乃一种浅薄狂妄的进化观。）而将我们当身种种罪恶与弱点，一切诿卸于古人。（此乃一种似是而非之文化自谴。）

四、当信每一国家必待其国民具备上列诸条件者比较渐多，其国家乃再有向前发展之希望。（否则其所改进，等于一个被征服国或次殖民地之改进，对其自身国家不发生关系。换言之，此种改进，无异是一种变相的文化征服，乃其文化自身之萎缩与消灭，并非其文化自身之转变与发皇。）

国史大纲·引论（节选）

钱穆

中国为世界上历史最完备之国家，举其特点有三。一者“悠久”。从黄帝传说以来约得四千六百余年。从《古竹书纪年》以来，约得三千七百余年。（夏四七二，殷四九六，周武王至幽王二五七，自此以下至民国纪元二六八一。）二者“无间断”。自周共和行政以下，明白有年可稽。（《史记 · 十二诸侯年表》从此始，下至民国纪元二七五二。）自鲁隐公元年以下，明白有月日可详。（《春秋》编年从此始，下至民国纪元二六三三。鲁哀公卒，《左传》终，中间六十五年史文稍残缺。自周威烈王二十三年《资治通鉴》托始，至民国纪元凡二三一四年。）三者“详密”。此指史书体裁言。要别有三：一曰编年，（此本《春秋》。）二曰纪传，（此称正史，本《史记》。）三曰纪事本末。（此本《尚书》。）其他不胜备举。（可看《四库书目》“史部”之分类。）又中国史所包地域最广大，所含民族分子最复杂，因此益形成其繁富。若一民族文化之评价，与其历史之悠久博大成正比，则我华夏文化，与并世固当首屈一指。

然中国最近，乃为其国民最缺乏国史知识之国家。何言之？“历史知识”与

“历史资料”不同。我民族国家已往全部之活动，是为历史。其经记载流传以迄于今者，只可谓是历史的材料，而非吾侪今日所需历史的知识。材料累积而愈多，知识则与时以俱新。历史知识，随时变迁，应与当身现代种种问题，有亲切之联络。历史知识，贵能鉴古而知今。至于历史材料，则为前人所记录，前人不知后事，故其所记，未必一一有当于后人之所欲知。然后人欲求历史知识，必从前人所传史料中觅取。若蔑弃前人史料而空谈史识，则所谓“史”者非史，而所谓“识”者无识，生乎今而臆古，无当于“鉴于古而知今”之任也。

今人率言“革新”，然革新固当知旧。不识病象，何施刀药？仅为一种凭空抽象之理想，蛮干强为，求其实现，卤莽灭裂，于现状有破坏无改进。凡对于已往历史抱一种革命的蔑视者，此皆一切真正进步之劲敌也。惟藉过去乃可认识现在，亦惟对现在有真实之认识，乃能对现在有真实之改进。故所贵于历史知识者，又不仅于鉴古而知今，乃将为未来精神尽其一部分孕育与向导之责任也。

且人类常情，必先“认识”乃生“情感”。人最亲者父母，其次兄弟、夫妇乃至朋友。凡其所爱，必其所知。人惟为其所爱而奋斗牺牲。人亦惟爱其所崇重，人亦惟崇重其所认识与了知。求人之敬事上帝，必先使知有上帝之存在，不啻当面睹体焉，又必使熟知上帝之所以为上帝者，而后其敬事上帝之心油然而生。人之于国家民族亦然。惟人事上帝本乎信仰，爱国家民族则由乎知识，此其异耳。人之父母，不必为世界最伟大之人物；人之所爱，不必为世界最美之典型，而无害其为父母，为所爱者。惟知之深，故爱之切。若一民族对其已往历史无所了知，此必为无文化之民族。此民族中之分子，对其民族，必无甚深之爱，必不能为其民族真奋斗而牺牲，此民族终将无争存于并世之力量。今国人方蔑弃其本国已往之历史，以为无足重视；既已对其民族已往文化，懵无所知，而犹空乎爱国。此其为爱，仅当于一种商业之爱，如农人之爱其牛。彼仅知彼之身家地位有所赖于是，彼岂复于其国家有逾此以往之深爱乎！凡今之断胸而不顾，以效死于前敌者，彼则尚于其国家民族已往历史，有其一段真诚之深爱；彼固以为我神州华裔之生存食息于天壤之间，实自有其不可辱者在也。

故欲其国民对国家有深厚之爱情，必先使其国民对国家已往历史有深厚的认识。欲其国民对国家当前有真实之改进，必先使其国民对国家已往历史有真实之了解。我人今日所需之历史知识，其要在此。

论快乐

钱钟书

在旧书铺里买回来维尼（Vigny）的《诗人日记》（Journal d'un poète），信手翻开，就看见有趣的一条。他说，在法语里，喜乐（bonheur）一个名词是“好”和“钟点”两字拼成，可见好事多磨，只是个把钟头的玩意儿（Si le bonheurn'étaitqu'unebonnedenie!）。我们联想到我们本国话的说法，也同样的意味深永，譬如快活或快乐的快字，就把人生一切乐事的飘瞥难留，极清楚地指示出来。所以我们又慨叹说：“欢娱嫌夜短！”因为人在高兴的时候，活得太快，一到困苦无聊，愈觉得日脚像跛了似的，走得特别慢。德语的沉闷（Langeweile）一词，据字面上直译，就是“长时间”的意思。《西游记》里小猴子对孙行者说：“天上一日，下界一年。”这种神话，确反映着人类的心理。天上比人间舒服欢乐，所以神仙活得快，人间一年在天上只当一日过。从此类推，地狱里比人间更痛苦，日子一定愈加难度；段成式《酉阳杂俎》就说：“鬼言三年，人间三日。”嫌人生短促的人，真是最“快活”的人；反过来说，真快活的人，不管活到多少岁死，只能算是短命夭折。所以，做神仙也并不值得，在凡间已经三十年做了一世的人，在天上还是个未满月的小孩。但是这种“天算”，也有占便宜的地方：譬如戴孚《广异记》载崔参军捉狐妖，“以桃枝决五下”，长孙无忌说罚得太轻，崔答：“五下是人间五百下，殊非小刑。”可见卖老祝寿等等，在地上最为相宜，而刑罚呢，应该到天上去受。

“永远快乐”这句话，不但渺茫得不能实现，并且荒谬得不能成立。快过的决不会永久；我们说永远快乐，正好像说四方的圆形、静止的动作同样地自相矛盾。在高兴的时候，我们的生命加添了迅速，增进了油滑。像浮士德一样，我们空对瞬息即逝的时间喊着说：“逗留一会儿罢！你太美了！”那有什么用？你要永久，你该向痛苦里去找。不讲别的，只要一个失眠的晚上，或者有约不来的下午，或者一课沉闷的听讲——这许多，比一切宗教信仰更有效力，能使你尝到什么叫做“永生”的滋味。人生的刺，就在这里，留恋着不肯快走的，偏是你所不留恋的东西。

快乐在人生里，好比引诱小孩子吃药的方糖，更像跑狗场里引诱狗赛跑的电兔子。几分钟或者几天的快乐赚我们活了一世，忍受着许多痛苦。我们希望它来，希望它留，希望它再来——这三句话概括了整个人类努力的历史。在我们追求和等候的时候，生命又不知不觉地偷度过去。也许我们只是时间消费的筹码，活了一世不过是为那一世的岁月充当殉葬品，根本不会享到快乐。但是我们到死也不明白是上了当，我们还理想死后有个天堂，在那里——谢上帝，也有这一天！我们终于享受到永远的快乐。你看，快乐的引诱，不仅像电兔子和方糖，使我们忍受了人生，而且仿佛钓钩上的鱼饵，竟使我们甘心去死。这样说来，人生虽痛苦，却不悲观，因为它终抱着快乐的希望；现在的账，我们预支了将来去付。为了快活，我们甚至于愿意慢死。

穆勒曾把“痛苦的苏格拉底”和“快乐的猪”比较。假使猪真知道快活，那么猪和苏格拉底也相去无几了。猪是否能快乐得像人，我们不知道；但是人会容易满足得像猪，我们是常看见的。把快乐分肉体的和精神的两种，这是最糊涂的分析。一切快乐的享受都属于精神的，尽管快乐的原因是肉体上的物质刺激。小孩子初生下来，吃饱了奶就乖乖地睡，并不知道什么是快活，虽然它身体感觉舒服。缘故是小孩子的精神和肉体还没有分化，只是混沌的星云状态。洗一个澡，看一朵花，吃一顿饭，假使你觉得快活，并非全因为澡洗得干净，花开得好，或者菜合你口味，主要因为你心上没有挂碍，轻松的灵魂可以专注肉体的感觉，来欣赏，来审定。要是你精神不痛快，像将离别时的宴席，随它怎样烹调得好，吃来只是土气息，泥滋味。那时刻的灵魂，彷佛害病的眼怕见阳光，撕去皮的伤口怕接触空气，虽然空气和阳光都是好东西。快乐时的你一定心无愧怍。假如你犯罪而真觉快乐，你那时候一定和有道德、有修养的人同样心安理得。有最洁白的良心，跟全没有良心或有最漆黑的良心，效果是相等的。

发现了快乐由精神来决定，人类文化又进一步。发现这个道理，和发现是非善恶取决于公理而不取决于暴力，一样重要。公理发现以后，从此世界上没有可被武力完全屈服的人。发现了精神是一切快乐的根据，从此痛苦失掉它们的可怕，肉体减少了专制。精神的炼金术能使肉体痛苦都变成快乐的资料。于是，烧了房子，有庆贺的人；一箪食，一瓢饮，有不改其乐的人；千灾百毒，有谈笑自若的人。所以我们前面说，人生虽不快乐，而仍能乐观。譬如从写《先知书》的所罗门直到做《海风》诗的马拉梅（Mallarmé），都觉得文明人的痛苦，是身体困倦。但是偏有人能苦中作乐，从病痛里滤出快活来，使健康的消失有种赔偿。苏东坡诗就说：“因病得闲殊不恶，安心是药更无方。”王丹麓《今世说》也记毛稚黄善病，人以为忧，毛曰：“病味亦佳，第不堪为躁热人道耳！”在着重体育的西洋，我们也可以找着同样达观的人。工愁善病的诺凡利斯（Novalis）在《碎金集》里建立一种病的哲学，说病是“教人学会休息的女教师”。罗登巴煦（Rodenbach）的诗集《禁锢的生活》（Les Vies Encloses）里有专咏病味的一卷，说病是“灵魂的洗涤（épuration）”。身体结实、喜欢活动的人采用了这个观点，就对病痛也感到另有风味。顽健粗壮的十八世纪德国诗人白洛柯斯（B.H.Brockes）第一次害病，觉得是一个“可惊异的大发现（Eine bewanderungswürdige Erfindung）”。对于这种人，人生还有什么威胁？这种快乐，把忍受变为享受，是精神对于物质的最大胜利。灵魂可以自主——同时也许是自欺。能一贯抱这种态度的人，当然是大哲学家，但是谁知道他不也是个大傻子？

是的，这有点矛盾。矛盾是智慧的代价。这是人生对于人生观开的玩笑。

容 忍

季羡林

人处在家庭和社会中，有时候恐怕需要讲点容忍的。

唐朝有一个姓张的大官，家庭和睦，美名远扬，一直传到了皇帝的耳中。皇帝赞美他治家有道，问他道在何处，他一气写了一百个“忍”字。这说得非常清楚：家庭中要互相容忍，才能和睦。这个故事非常有名。在旧社会，新年贴春联，只要门楣上写着“百忍家声”就知道这一家一定姓张。中国姓张的全以祖先的容忍为荣了。

但是容忍也并不容易。1935年，我乘西伯利亚铁路的车经苏联赴德国，车过中苏边界上的满洲里，停车四小时，由苏联海关检查行李。这是无可厚非的，入国必须检查，这是世界公例。但是，当时的苏联大概认为，我们这一帮人，从一个资本主义国家到另一个资本主义国家，恐怕没有好人，必须严查，以防万一。检查其他行李，我决无意见。但是，在哈尔滨买的一把最粗糙的铁皮壶，却成了被检查的首要对象。这里敲敲，那里敲敲，薄薄的一层铁皮决藏不下一颗炸弹的，然而他却敲打不止。我真有点无法容忍，想要发火。我身旁有一位年老的老外，是与我们同车的，看到我的神态，在我耳旁悄悄地说了句：“Patience is the great virtue”（容忍是很大的美德）。我对他微笑，表示致谢。我立即心平气和，天下太平。

看来容忍确是一件好事，甚至是一种美德。但是，我认为，也必须有一个界限。我们到了德国以后，就碰到这个问题。旧时欧洲流行决斗之风，谁污辱了谁，特别是谁的女情人，被污辱者一定要提出决斗，或用手枪，或用剑。普希金就是在决斗中被枪打死的。我们到了的时候，此风已息，但仍发生。我们几个中国留学生相约：如果外国人污辱了我们自身，我们要揣度形势，主要要容忍，以东方的恕道克制自己。但是，如果他们污辱我们的国家，则无论如何也要同他们玩儿命，决不容忍。这就是我们容忍的界限。幸亏这样的事情没有发生，否则我就活不到今天在这里舞笔弄墨了。

现在我们中国人的容忍水平，看了真让人气短。在公共汽车上，挤挤碰碰是常见的现象。如果碰了或者踩了别人，连忙说一声："对不起！"就能够化干戈为玉帛，然而有不少人连"对不起"都不会说了。于是就相吵相骂，甚至于扭打，甚至打得头破血流。我们这个伟大的民族怎么竟变成了这个样子！我在自己心中暗暗祝愿：容忍兮，归来！

后 记

为了拓宽学生的知识面，弘扬爱国主义精神，进一步提升学生文化素养，我们组织编写了这本《国学概说》教材。

本书编写分工如下：

主审：夏华；

绪论、第七章：夏华；

第二章、第三章、第四章：宋武俊云；

第六章：陈珍；

第一章、第五章、第八章、第九章：庞念念；

第十章：陈薇。

（封面及扉页所列编著者，按本书章次排名）

在成书过程中，我们得到了四川航天职业技术学院领导及教务处等部门的大力支持和鼓励，同时得到了北京航空航天大学出版社的热情帮助，责任编辑做了大量细致完善的工作，在此表示诚挚的谢意！此外，书中尚引述或参考了其他相关书籍、论文的观点，也在此向其作者致意！

编著

参考文献

[1] 二十五史 . 北京：中华书局，1966.
[2] 朱维焕 . 国学入门 . 北京：中国人民大学出版社，2005.
[3] 南怀瑾 . 论语别裁 . 上海：复旦大学出版社，2005.
[4] 林语堂 . 老子的智慧 . 西安：陕西师范大学出版社，2006.
[5] 傅佩荣 . 傅佩荣《庄子》心得 . 北京：国际文化出版公司，2007.
[6] 葛兆光 . 道教与中国文化 . 上海：上海人民出版社，1987.
[7] 张岂之 . 中国传统文化 . 北京：高等教育出版社，2005.
[8] 樊树志 . 国史十六讲 . 北京：中华书局，2006.
[9] 章太炎 . 国学概论 . 北京：中华书局，2003.
[10] 桑兵 . 国学与汉学 . 北京：人民出版社，1999.
[11] 曹伯韩 . 国学常识 . 北京：生活·读书·新知三联书店，2002 .
[12] 袁行霈 . 中国文学史 . 北京：高等教育出版社 ,1999.
[13] 戴逸，龚书铎 . 中国通史 . 少年彩图版 . 郑州 : 海燕出版社，2002.
[14] 冯克诚，田晓娜 . 中国通史故事全编 . 西宁 : 青海人民出版社，1998.
[15] 张岱年 . 中国文史百科 . 杭州 : 浙江人民出版社，1998.
[16] 文物出版社 . 中华文明五千年 . 北京 : 文物出版社，2002.
[17] 李泽厚 . 中国古代思想史论 . 北京：人民出版社，1985.
[18] 马书田 . 中国道教诸神 . 北京 : 团结出版社，2002.
[19] 宽忍 . 佛教手册 . 北京 : 中国文史出版社，2001.
[20] 谢晓辉，等 . 中国地图册 . 2 版 . 成都 : 成都地图出版社，1996.
[21] 成都地图出版社 . 世界地图册 . 成都 : 成都地图出版社，2005.
[22] 刘蕙孙 . 中国文化史稿 . 北京 : 文化艺术出版社，1990.

[23] 冯天瑜，等．中国文化史．北京：高等教育出版社，2005.

[24] 张岱年，方克立．中国文化概论．北京：北京师范大学出版社，1994.

[25] 谭家健．中国文化史概要．增订版．北京：高等教育出版社，1997.

[26] 王瑾瑾．中国文化概论．北京：机械工业出版社，2006.

[27] 柳诒徵．中国文化史．北京：中国大百科全书出版社，1988.

[28] 钱穆．中国文化史导论．北京：商务印书馆，1994.

[29] 商聚德，等．中国传统文化导论．保定：河北大学出版社，1994.

[30] 金元浦，等．中国文化概论．北京：首都师范大学出版社，1999.

[31] 吴小如．中国文化史纲要．北京：北京大学出版社，2001.